W0067914

störung / Angst, sich die eigene Orientierungslosigkeit einzugestehen / Wenn man sich zum selbsternannten Therapeuten phantasiert / Der zunehmende Verlust der Daseinsbezüge / Frauen gehen eher zum Therapeuten, Männer fliehen in die Betäubung / Ausschlußdiagnose und Drehtürversorgung / Panikattacken / Eine Panikattacke im Kaufhaus / Verunsicherungen im Gebogenheitsgefüge / Verborgene Ausbruchsphantasien: Wenn man nicht mehr über Brücken fahren kann / Die Angst, verrückt zu werden / Exkarnationsgefühle: Das Vegetativum spielt verrückt / Der Therapeut verbindet sich mit dem Engel des Patienten / Jede Angststörung ist individuell / Angststörungen durch Mißbrauch und Schwangerschaftsabbruch / Riemanns Grundformen der Angst / Im Spannungsfeld zwischen Vergangenheit und Zukunft / Die dunkelste Zeit im Leben des Menschen / ... und die hellste Zeit / „Die Angst an den Tisch bitten" / Wenn die Maske fällt.

Angstanfälle und ihre Heilung
Interview mit Hertha Lauer von Wolfgang Weirauch

Die Aufgabe des vegetativen Nervensystems / Mit Angstattacken tritt etwas aus dem vegetativen Bereich ins Bewußtsein / Die Heilmethode Hertha Lauers / Zur Medikation / Durch drei Anamnesen zur Diagnose / Grundlegende Faktoren im ersten Lebensjahrsiebt, die auf spätere Angstanfälle hindeuten können / Die Angst vor Menschen im zweiten Lebensjahrsiebt / Drogen im dritten Lebensjahrsiebt hemmen die Gefühlsentwicklung / Neurotische Störungen in der Gefühlsentwicklung / Der konkrete Angstanfall in der ersten Lebenshälfte / Angststörungen werden oft nicht als solche erkannt / Das Schicksal kann zur Gesundung führen / Psychosenahe Angstanfälle / Angstanfälle in der zweiten Lebenshälfte als Begleiter von Körperkrankheiten.

Zu den Steiner-Zitatangaben in den FLENSBURGER HEFTEN: Die GA-Nummern beziehen sich auf die jeweilige Bibliographie-Nummer der Rudolf Steiner Gesamtausgabe im Rudolf Steiner Verlag, Dornach/Schweiz. Danach sind in der Regel das Erscheinungsjahr der benutzten Ausgabe, das Vortragsdatum bzw. Kapitel und die Seitenzahl angegeben, von der Autor-, Titel- und Ortsnennung wird abgesehen. Nach Bibliographie-Nummern geordnet ist die Rudolf Steiner Gesamtausgabe im Katalog des Rudolf Steiner Verlags aufgeführt. Der Katalog ist durch den Buchhandel erhältlich.

Liebe Leserinnen und Leser!

Ein vielleicht zehnjähriges Mädchen steht auf dem Schulhof, ihm gegenüber – mit einigem Abstand – eine ganze Horde etwa gleichaltriger Kinder. Das Mädchen legt die Hände wie einen Trichter an den Mund und ruft: „Wer hat Angst vorm schwarzen Mann?" Und zur Antwort brüllt die Kinderschar: „Niemand!" Darauf das Mädchen: „Und wenn er kommt?" – „Dann laufen wir!"

Die Kinder laufen los, dem Mädchen entgegen. Während das Mädchen nun versucht, möglichst viele Kinder zu berühren, versuchen die Kinder ihrerseits, der Berührung durch das Mädchen zu entkommen. Wer es nicht schafft, wird selbst zum schwarzen Mann. – Die Kinder haben offensichtlich Spaß an ihrem Treiben.

Gewiß, dies ist nur ein Kinderspiel. Aber aus einer bestimmten Perspektive gewinnt es eine tiefere Bedeutung. Fragen Sie sich einmal selbst: Wer kann es sich heute wirklich leisten, seine Angst – wovor auch immer – öffentlich zuzugeben? Wer kann zu seiner Angst stehen, ohne Schaden zu erleiden, ohne einen Verlust an Ansehen oder Macht befürchten zu müssen? Eltern vor ihren Kindern? Lehrer vor ihren Schülern? Therapeuten vor ihren Klienten? Politiker vor ihren Wählern? Jeder vor sich selbst? Wir benehmen uns oft wie die Kinder im Spiel, wir leugnen die Angst in unserem Leben und versuchen, vor ihr davonzulaufen. Doch irgendwann holt sie uns wieder ein!

Dabei ist Angst ein alltägliches und allgegenwärtiges Phänomen. Sie setzt uns z.B. die Grenzen, innerhalb derer wir uns gefahrlos bewegen können. Wer nicht weiß, was Angst ist und welche Rolle sie in seinem Leben spielt, wird auf die Dauer nur schwerlich zurechtkommen. Es gilt, das haben wir bei der Beschäftigung mit dem Thema gelernt, die eigene Angst und auch die Angst der anderen zu akzeptieren, sie zu verstehen und zu lernen, mit ihr umzugehen. Mitunter kann die Angst im Leben eines Menschen allerdings so gewaltig werden, daß der Betroffene von sich aus nicht mehr in der Lage ist, seiner Angst Herr zu werden und psychisch erkrankt.

„Ein psychisch Kranker ist ein Mensch, der bei der Lösung einer altersgemäßen Lebensaufgabe in eine Sackgasse geraten ist. Das Ergebnis nennen wir Krankheit, Kränkung, Störung, Leiden, Abweichung. Es sind grundsätzlich allgemein-menschliche Möglichkeiten: d.h. sie sind für uns alle unter bestimmten inneren oder äußeren Kontext-Bedingungen Ausdrucksformen der Situation 'so geht es nicht mehr weiter'. Daher sind sie grundsätzlich uns allen innerlich zugänglich und bekannt." (Klaus Dörner/Ursula Plog: Irren ist menschlich. Lehrbuch der Psychiatrie/Psychotherapie. Bonn [8]1994, S.12)

Je nachdem, welchen Zugang man zum Phänomen Angst wählt – ob psychiatrisch, neurologisch, verhaltens- oder gestalttherapeutisch, psychoanalytisch oder lerntheoretisch –, werden die Begriffe zur Einteilung der Ängste, die Erklärungsmodelle und die Therapieformen wechseln. An dem Facettenreichtum der Erscheinungsformen selbst jedoch ändert sich nichts.

Mit dem vorliegenden FLENSBURGER HEFT wollen wir dazu anregen, sich mit der Angst im eigenen Leben und im Leben anderer auseinanderzusetzen. Wir möchten von Angst gepeinigten Menschen Mut machen, standzuhalten, den Ursachen ihrer Angst auf den Grund zu gehen und sich gegebenenfalls professionellen therapeutischen Rat zu holen. Schließlich wollen wir Verständnis für diejenigen wecken, denen die Angst keine Ruhe mehr läßt, damit sich zu ihrer Angst nicht auch noch die Einsamkeit der Verlassenen gesellt.

Es grüßt Sie
Ihre
FLENSBURGER HEFTE-Redaktion

Warum Angst?

Zur Phänomenologie der Angst

Thomas Höfer

Angst ist ein Gefühl, das jeder Mensch aus eigenem Erleben kennt. Kaum ein Tag vergeht, an dem es nicht für jeden von uns eine mehr oder weniger angstbesetzte Situation gäbe, in der Gefühle der Beengtheit oder Beklemmung auftauchten oder in der man sich bedroht fühlte. Schon das unbehagliche Empfinden, nicht rechtzeitig zur Arbeit zu kommen, weil man den Wecker nicht gehört und verschlafen hat, ist Angst: Angst, den Bus zu verpassen, Angst, zu spät zu kommen, Angst vor einer vermeintlichen Blamage vor den Kollegen. Der Druck in der Magengegend, die kaltfeuchten Hände, der Kloß im Hals, das Zittern – all dies kennt jeder Mensch aus eigener, innerer Erfahrung.

Angst ist, was ein Mensch als Angst erlebt

Auf diese innere Erfahrung muß immer verwiesen werden, wenn von Angst die Rede ist. Angst läßt sich nicht definieren und deshalb die Frage „Was ist Angst?" nicht beantworten, ohne auf eigene Erfahrungen zu verweisen. Genau dies ist das Problem des einfältigen Menschen in dem „Märchen, von einem der auszog, das Fürchten zu lernen" der Brüder Grimm: Niemand kann ihm sagen, was es heißt, sich zu fürchten. Er muß es erst erleben, um es zu begreifen.

So kann man sagen, daß Angst das ist, was ein Mensch als Angst erlebt. Das bedeutet nicht, daß es unmöglich wäre zu beschreiben, wie Angst sich in unterschiedlichen Zusammenhängen äußert.

Menschen haben Angst, den Arbeitsplatz zu verlieren, fürchten sich vor sozialem Abstieg, vor Prüfungen oder vor Einsamkeit; sie haben Angst, Post vom Vermieter zu bekommen, Kontoauszüge zu holen, oder sie haben Angst, in einer öffentlichen Versammlung aufzustehen und das Wort zu ergreifen. Sie fürchten sich vor Krieg und Elend, vor atomarer Bedrohung, Umweltzerstörung, Hunger, Schmerzen und Tod, ängstigen sich vor einer unvermeidbar bevorstehenden Operation oder dem Hund des Nachbarn. Manche Menschen quält Angst vor Spinnen, Schlangen oder Fledermäusen oder vor dem Leben schlechthin. Die Aufzählung ließe sich endlos fortsetzen. Angst empfindet jeder anders und in jeweils verschiedenen Situationen, aber sie gehört, so unterschiedlich sie sich auch äußern mag, zum Leben des Menschen wie andere Gefühle auch, wie Hunger und Durst, Frohsinn, Trauer oder Wut. Ein Leben ohne Angst gibt es nicht.

Angst ist auch nicht auf ein bestimmtes Lebensalter beschränkt. Angst spürt der Säugling wie das Schulkind, der Jugendliche wie der Erwachsene, der 40- wie der 80jährige, Angst spüren Männer wie Frauen, in allen Kulturen, überall auf der Erde, zu allen Zeiten. Bei allen Ratschlägen und Methoden zur Angstbewältigung oder Angstüberwindung ist immer zu bedenken: Der Sieg über die Angst ist nie endgültig und oft nur ein Phyrrussieg.

Um dem Wesen der Angst zunächst näher auf die Spur zu kommen, möchte ich der Frage nachgehen, wann ein Mensch eigentlich Angst spürt. Was sind das für Situationen, und welche Bedeutung hat in ihnen jeweils die Angst? Das ist die Frage nach der Funktion der Angst.

Angst als Schutzimpuls vor akuten Gefahren

Angst ist zunächst eine natürliche Reaktion des Menschen auf Gefahren, die eine Bedrohung für Gesundheit oder Leben darstellen. Diese Art der Angst schützt tagtäglich unser Leben, z.B. im Straßenverkehr. Sie gemahnt und erzieht uns zur Vorsicht und hindert uns daran, unbedacht und völlig sorglos eine stark befahrene Straße zu überqueren, ohne auch nur im geringsten auf den Verkehr zu achten.

Ein anderes Beispiel ist der Umgang mit Maschinen, etwa einer Kreissäge. Eine Kreissäge läßt sich gefahrlos bedienen, wenn man gewisse Sicherheitsmaßnahmen beachtet. Dennoch wird sich kaum jemand, der das Gerät einmal im Einsatz gesehen hat, ohne weiteres daran zu schaffen machen. Die Angst, man könnte der Anforderung nicht gewachsen sein, die Maschine könnte einem entgleiten und Schaden anrichten, hält einen ab. Indem man aber den sachgemäßen Umgang mit einer Kreissäge erlernt, kann man die anfängliche Angst und die Scheu, sich des Gerätes zu bedienen, überwinden. Erst dann kann man auch den Nutzen einer Kreissäge schätzen lernen.

Insbesondere im Umgang mit alltäglichen Gefahren entwickelt sich meist eine Routine, die verhindert, daß man die Angst ständig im Bewußtsein hat. Man weiß, wie man sich verhalten muß, damit einem nichts geschieht, und dieses Wissen gibt einem Sicherheit. Diese Sicherheit kann so weit gehen, daß sie in Sorglosigkeit umschlägt, die zur Unachtsamkeit im Umgang mit der Gefahr führt. Einmal überquert man die Straße, ohne hinzuschauen, und schon ist der Unfall geschehen! Fehlt die Sicherheit im Umgang mit der Gefahr, weiß man also

Lithographie von A. Paul Weber
© VG Bild-Kunst Bonn, 1995

nicht, wie man sich in einer bestimmten Situation verhalten muß, damit einem nichts geschehen kann, wird man diese Situation meiden, ihr aus dem Wege gehen. Diese Reaktion wird uns später bei den Angststörungen wieder begegnen.

Nicht nur in alltäglichen, immer wiederkehrenden Situationen spielt die Angst als Schutzimpuls eine Rolle, sondern insbesondere in überraschend auftretenden Momenten. Ein Wanderer etwa, der beim Durchstreifen einer Heidelandschaft unvermittelt auf eine Kreuzotter stößt, wird sich entsprechend vorsichtig verhalten, um das Tier nicht zum Beißen zu reizen. Die Angst, gebissen zu werden, kann die Quelle der Vorsicht sein. Je unvorbereiteter man auf die Begegnung und je unerfahrener man im Umgang mit solchen Situationen ist, desto größer das Angstpotential.

In eine vergleichbare Lage kommt ein Mensch, der Opfer eines Überfalls wird. Von einem Augenblick auf den nächsten sieht er sich etwa einer Bedrohung für sein Leben gegenüber und verspürt Angst. Ist die Situation ausweglos, d.h. gibt es für ihn keine Möglichkeit, ihr zu entkommen, kann sich die Angst bis zur Panik steigern. Diese Reaktion ist völlig normal und für die meisten Menschen ohne weiteres nachvollziehbar, weil sie der Situation angemessen ist. Das unterscheidet sie von Panikanfällen im Rahmen einer Angststörung, auf die ich weiter unten noch eingehen werde.

Angst vor der Angst

In den bisher geschilderten Fällen entsteht Angst akut, d.h. aus der unmittelbaren Situation heraus: Man sieht sich einer Gefahr gegenüber und bekommt Angst. Die andere Möglichkeit ist, daß die Situation selbst noch gar nicht eingetreten ist, sondern daß man sie sich nur vorstellt und sich die Meinung bildet, diese Situation sei angstauslösend. Die bloße Vorstellung der Situation löst bereits jetzt Angst aus: Man hat dann Angst vor der Angst.

Wenn man z.B. morgens zur Arbeit kommt und eine Kollegin einem mitteilt, daß man in einer halben Stunde zum Chef kommen solle, ohne daß nähere Gründe genannt werden, dann kann diese Ankündigung allein schon Angst auslösen. Man fängt an, sich Gedanken zu machen, was der Chef von einem wollen könnte. Vielleicht ist der Arbeitsplatz in Gefahr, vielleicht hat er bemerkt, daß man im letzten Monat öfter einmal früher gegangen ist. Man wird unruhig, die Hände werden feucht, der Magen verkrampft sich, und es fällt einem schwer, sich auf die eigentliche Arbeit zu konzentrieren.

Im Augenblick gibt es aber real keinen Grund, Angst zu haben, denn man soll ja erst in einer Stunde beim Chef erscheinen. Man weiß nicht einmal, ob es überhaupt Grund zur Besorgnis gibt, denn was der Chef konkret will, entzieht sich der eigenen Kenntnis. Man hat also nicht Angst vor einer konkreten Gefahr, sondern vor einer Situation, die erst in der Zukunft eintreten wird und die angstauslösend sein könnte. Man hat Angst vor der Angst. Wenn die Situation dann eintritt und keinen Grund zur Angst liefert, fällt einem der berühmte Stein vom Herzen.

Angst vor der Angst

Angst was kommt
Denken vor Angst was kommt
Angst vor dem Denken was kommt
Angst vor dem Denken

Wenn es kommt
kommt es wegen der Angst
wegen der Angst vor dem Denken
die mir Angst macht

(Erich Fried)

Angst weist den Weg zu Entwicklungen

Die Angst vor der Angst tritt also gegenüber Situationen auf, von denen wir annehmen, sie könnten uns überfordern, oder von denen wir wissen, daß wir ihnen ohne weiteres nicht gewachsen sind. Diese Angst ist nicht grundsätzlich negativ zu werten, sie gefährdet uns zunächst nicht, sondern sie kann postiv gesehen dazu führen, die eigenen Kräfte zu konzentrieren und alles zu tun, um doch noch Herr der Lage zu werden.

Es ist z.B. völlig normal, daß jemand, der gerade seine Führerscheinprüfung bestanden hat und sich zum ersten Mal allein hinter das Steuer eines Autos setzen soll, Angst vor dieser Situation hat. Er wird aber nicht darum herumkommen, diese Schwelle einmal zu übertreten, d.h. tatsächlich einmal allein zu fahren. Hier weiß derjenige, daß er prinzipiell Auto fahren kann, er hat aber noch nicht das Zutrauen zu sich, es auch allein zu versuchen. Dieses Zutrauen muß er erst entwickeln, er muß lernen, daß man zwar Angst haben kann, daß diese Angst einem aber nichts anzuhaben braucht.

Etwas anders sieht es in Situationen aus, in denen man nicht im voraus weiß, ob die eigenen Kräfte ausreichen, ob also nicht eine reale Überforderung vorliegt.

Nicht wenige Menschen etwa, die in der Schule keinerlei Probleme hatten und mit den besten Noten abschnitten, scheitern im ersten Anlauf wider Erwarten an einem Universitätsstudium. Sie sind einfach der Situation eines Studiums mit all seinen Begleitumständen – neuer Wohnort, Ablösung vom Elternhaus, eigener Hausstand usw. – nicht gewachsen.

Solche Situationen bergen die Gefahr des Scheiterns in sich. Allerdings wird man niemals erfahren, wo die Grenzen der eigenen Leistungsfähigkeit liegen, wenn man sich nicht der Gefahr des Scheiterns aussetzt. Das tatsächliche Versagen kann sogar Anstoß zu weiterer Entwicklung sein, indem man nämlich erst so erkennt, welche Fähigkeiten einem noch fehlen, was an Entwicklung nötig ist, um im Leben ein Stück weiterzukommen.

So gesehen weist die Angst den Weg zur eigenen Entwicklung. Jeder Mensch hat ein bestimmtes Potential von Kräften und richtet sich dementsprechend in der Welt ein. Wenn es irgend möglich ist, werden die meisten Menschen es vermeiden, sich in eine Lage zu begeben, von der sie annehmen oder wissen, daß sie die eigenen Kräfte und Möglichkeiten übersteigt. Wenn sie es aber doch tun, haben sie die Möglichkeit, über sich hinauszuwachsen – mit der Gefahr, zu scheitern.

Angst bestimmt unser Leben

Die Angst vor der Angst hat noch einen anderen Aspekt: Sie ist das Motiv der Menschen, ihr Leben so zu gestalten und ihre Umwelt so zu beeinflussen, daß der Alltag in halbwegs sicheren und überschaubaren Bahnen verläuft. Weil Menschen Angst vor Hunger, Kälte und Krankheit haben, geben sie sich alle Mühe, diese Gefahren möglichst unter Kontrolle zu halten. Die gesamte technische und medizinische Entwicklung der letzten 200 Jahre kann man auch als eine Art Angstabwehr verstehen. Auch religiöser Glaube ist zu einem guten Teil aus dieser Angstabwehr motiviert.

Doch es ist gar nicht nötig, in so großem Rahmen zu denken. Jeder Mensch erobert sich im Laufe seines Lebens ein Stück Welt, in dem er sich auskennt und das er – wenn nichts Unvorhergesehenes geschieht – überschauen und beherrschen kann. Man weiß, woher man das Geld zum Leben bekommt, und lernt, mit diesem Geld auszukommen; man kennt seine Wohnung und deren nähere Umgebung, den Kaufmann, den Postkasten, den Weg zur Arbeit. So wird mit der Zeit das ganze Leben zur Routine, es verläuft in festen Bahnen, wird vom Alltag bestimmt. Der Mensch zieht um sich herum einen Kreis, in dem er sich gefahrlos bewegen kann.

Die Gefährdung, die in dieser natürlichen und notwendigen Abgrenzung liegt, ist, daß der Kreis zu eng gezogen werden kann. Man verzichtet vielleicht auf Erfahrungen, die man nur außerhalb des eigenen Kreises machen kann, weil man sich fürchtet, das Gewohnte zu verlassen. Was dort außerhalb ist, überschaut man nicht ganz, daher ist man unsicher, ob man den Anforderungen gewachsen sein wird. Die Folge ist, daß man in seinen Grenzen gefangenbleibt und langsam erstarrt.

Angst als Stimulans

In einem merkwürdigen Widerspruch zu der Aussage, daß kaum jemand sich in eine Lage begeben wird, die die eigenen Möglichkeiten übersteigt, stehen Berichte von Menschen, die gerade um der Gefahr willen bestimmte Situationen aufsuchen.

„Eine Sucht nach starken Reizen erfaßt Millionen: Sie stürzen sich an Gummibändern von Brücken oder Kränen, ‚Surfen‘ auf Dächern und Trittbrettern von S- und U-Bahnen oder klettern ohne Seil an senkrechten Felswänden hinauf. Andere prügeln sich allsamstäglich in und vor den Fußballstadien, rasen mit Tempo 200 über die Autobahn." (Huber, S.64)

Diesen Menschen geht es offensichtlich nicht um Angstvermeidung, sie setzen sich bewußt Situationen aus, die mit einem hohen Risiko für Leben und Gesundheit verbunden sind. Das Bewußtsein, daß von der Situation eine tatsächliche Gefahr ausgeht, daß einem tatsächlich etwas geschehen könnte, ist gerade das Ausschlaggebende. So wurde in Frankreich das Bungee-Springen erst verboten, nachdem eine Reihe von „Thrillseekern" – eine Bezeichnung für Menschen, die auf der Suche nach dem Thrill, dem letzten Kick, nach intensiven und extremen Lust-Angst-Erlebnissen sind – sich in den Tod gestürzt hatten.

Doch der Tod ist nicht das Ziel, die Menschen auf der Suche nach dem Kick sind keine Selbstmörder, sie würden nicht von einer Brücke springen – nur mit einem Gummiband um die Füße –, wenn sie sicher wüßten, daß sie den Sprung nicht überleben würden. Was aber treibt Menschen dazu, sich solchen extrem risikobehafteten Aktivitäten auszusetzen?

Eine mögliche Erklärung liefert der britische Sozialpsychologe Michael Apter: Der Mensch verspüre einen natürlichen Drang zum Risiko, ihn treibe eine Lust an der Gefahr, die ihn davor bewahre, an Langeweile einzugehen. Gleichzeitig sei er darum bemüht, Angstsituationen zu vermeiden, Entspannung zu finden. Beide Tendenzen der menschlichen Seele streben nun nach Apter abwechselnd an die Oberfläche, so daß es zu einem Hin und Her von Erregung und Entspannung kommt, vergleichbar mit dem Wach-Schlaf-Rhythmus. (Vgl. Huber, S.65)

Zwischen Entspannung und Erregung

Menschliche Aktivität kann sich Apter zufolge nur im Wechsel von positiver Erregung und erholsamer Entspannung entfalten. Die positive Erregtheit ermöglicht überhaupt erst, daß der Mensch aktiv wird, daß er seine Aufmerksamkeit seiner Umwelt zuwendet und handlungsfähig wird. Im Wechsel dazu braucht der Mensch aber auch Phasen, in denen er sich selbst zuwendet, in denen er abschalten und neue Kräfte tanken kann. Dies geschieht zum einen im Schlaf, dann aber auch in Momenten der Entspannung, in denen das Nicht-aktiv-Sein bewußt gesucht und erlebt wird.

Nehmen die Phasen der Entspannung aber überhand, zwingt man den Menschen gleichsam zur Entspannung, indem man ihn ohne Beschäftigung sich selbst überläßt oder ihn in einer in jeder Hinsicht kontrollierten Umgebung aufwachsen läßt, kann die Entspannung in tödliche Langeweile umschlagen. Um dieser dann zu entkommen, kann der Umschlag ins Gegenextrem erfolgen. Der Mensch sucht dann bewußt Situationen auf, die ein hohes Maß an Erregung garantieren.

Wenn man die heutigen soziokulturellen Bedingungen betrachtet, unter denen Menschen in den westlichen Industriestaaten aufwachsen, so fällt auf, daß der Alltag extrem strukturiert und vorgeprägt ist. Die Lebensläufe der Menschen sind geplant und vorgestanzt, und wer ein Leben außerhalb der Norm führen will, muß in der Regel einen hohen Preis dafür zahlen. Vielleicht ist es an der Zeit, den Menschen in allen Phasen ihrer Entwicklung – angefangen bei der Kindheit und schulischer Erziehung – wieder mehr Freiräume zu lassen.

Angststörungen

„Bleich und nervös sitzt Anna bei ihrem Hausarzt. Sie hat Wochen zu diesem Schritt gebraucht, und jetzt kann sie kaum Worte finden, um das zu erklären. Wird er denken, daß sie verrückt ist? Wird sie aufgenommen werden? Wie kommt sie aus diesem Elend wieder heraus? Diese und andere Gedanken hämmern ihr durch den Kopf und bewirken, daß sie noch nervöser wird, als sie es war, als sie von zu Hause wegging. Der Hausarzt sieht sie verständnisvoll an und fragt: 'Wovor haben Sie denn genau Angst?' Ja, wovor genau? Es scheint, als ob sie im letzten halben Jahr nichts mehr ohne Angst tun kann. Wenn sie daheim sitzt, klopft ihr das Herz in der Kehle und wird ihr ab und zu sehr beklommen zumute. Auf die Straße wagt sie sich schon lange nicht mehr, wenn sie da in Panik käme, was würden dann die Nachbarn denken? Wieso fühlt Anna sich in

Gegenwart anderer Menschen nicht sehr wohl; ihre Anwesenheit macht sie unsicher, sie achtet dann die ganze Zeit auf sich selbst und weiß nie, ob sie es wohl richtig macht. Zu allem Überfluß scheint ihr Mann Johan davon wenig zu begreifen. Er sagt oft, daß sie sich nicht so anstellen soll und daß doch nichts passieren kann. Manchmal haben sie deshalb gestritten, so wie das eine Mal, als sie zur Geburtstagsfeier seiner Mutter nicht mitgehen wollte. Durch die Angst, die Reibereien zu Hause und die Aussichtslosigkeit fühlt sie sich in der letzten Zeit sehr niedergeschlagen. Wenn Johan nicht zu Hause ist, weint sie oft und kommt nicht zu ihrer Arbeit im Haushalt. Bei ihrem vorigen Besuch beim Hausarzt verschrieb er ihr Beruhigungstabletten, aber sie hat nicht den Eindruck, daß ihr das hilft. Nun sitzt sie wieder hier; er wird sie wahrscheinlich für eine enorme Quenglerin halten. Aber der Hausarzt ist sehr nett und möchte alles wissen über ihre Ängste und Sorgen. Das hilft ihr, und langsam bekommt Anna den Eindruck, daß mindestens ein Mensch ihre Situation begreift. Schließlich sagt der Arzt: 'Es scheint mir vernünftig, Sie zu einem ambulanten psychosozialen Dienst zu überweisen. Dort sind Menschen, die über diese Probleme und ihre Behandlung viel wissen. Wenn Sie wollen, schreibe ich einen Überweisungsschein für Sie.' Viel Auswahl habe ich nicht, denkt Anna, und es muß doch etwas geschehen." (Emmelkamp/Bouman/Scholing, S.11)

Anna ist offensichtlich ein Mensch, den die Angst plagt und peinigt. Ihre Angst hindert sie daran, ein normales Leben zu führen, sie schränkt sie in vielerlei Hinsicht ein. Die Angst hat in Annas Leben einen so großen Raum eingenommen, daß sie einfach nicht mehr zu übersehen ist. Vor allem für Anna nicht. Sicherlich würde sie ihre Angst gern vergessen, doch es gelingt ihr nicht. Das ist es, was vermeintlich gesunde Menschen von Anna unterscheidet: Ihr gelingt nicht, was andere täglich praktizieren: Sie kann ihre Angst nicht vergessen. Und Anna weiß um ihr Problem, sie weiß, daß sie Hilfe braucht, um zu lernen, mit ihrer Angst umzugehen.

Die bisher geschilderten Ängste bewegten sich alle im Rahmen des Normalen und Gesunden, es wurde lediglich an einigen Stellen bereits auf übertriebene oder einseitige Entwicklungen hingewiesen. Im folgenden soll nun von Ängsten die Rede sein, die aus dem Rahmen des Normalen herausfallen, den sogenannten Angststörungen. Wir betreten hiermit das Gebiet der Psychopathologie, d.h. ein Mensch, der an einer der im folgenden beschriebenen Angststörungen leidet, gilt als psychisch krank oder gestört, er kann sich in der Regel nicht aus eigener Kraft helfen und ist daher unter Umständen therapiebedürftig.

Um eine Angst als pathologisch einzustufen, reicht es allerdings nicht aus, daß ein subjektives Angsterleben vorliegt. Nicht jeder also, der Symptome z.B. einer

Panikstörung zeigt, ist deswegen schon krank. In der Praxis klinischer Psychologen hat es sich bewährt, folgende Merkmale zum Maßstab zu nehmen, um zwischen pathologischen und nichtpathologischen Ängsten zu unterscheiden (vgl. Reinecker, S.91):

1. Die Angstreaktionen stehen in keinem Verhältnis zu der tatsächlichen Gefahr, die von der angstauslösenden Situation ausgeht. Die Reaktion ist also unangemessen heftig und übertrieben. Das kann soweit gehen, daß es gar keinen realen Anlaß mehr für die Angstreaktion gibt und sie urplötzlich und unvermittelt auftritt.
2. Die Angstreaktionen treten nicht einmalig auf, sondern sind lang andauernd, entweder chronisch oder zumindest über einen längeren Zeitraum.
3. Der von der Angst befallene Mensch ist außerstande, aus eigenen Kräften eine Erklärung für seine Angst zu finden. Er verfügt auch nicht über Möglichkeiten, das Ausmaß der Angst zu steuern oder Wege zu ihrer Bewältigung selbsttätig zu beschreiten.
4. Die betroffenen Menschen fühlen sich durch die Angst in ihren normalen Lebensvollzügen massiv beeinträchtigt.

Ergänzend hierzu muß eine organische Störung, die die Angststörung hervorruft oder deren Verschwinden blockiert, ausgeschlossen werden.

Das „Diagnostic and Statistical Manual of Mental Disorders"

Eine Schwierigkeit bei der Benennung von Angststörungen entsteht dadurch, daß einzelne Symptome zu einem Krankheitsbild zusammengefaßt werden. Die Frage dabei ist, in welcher Weise dies geschieht. Welche Symptome genau kennzeichnen eine soziale Phobie? Welche Symptome unterscheiden sie von einer ängstlich-vermeidenden Persönlichkeitsstörung?

Um solche Probleme zu bewältigen, ist es innerhalb der klinischen Psychologie üblich, sich auf Klassifikationssysteme zu stützen; eines davon ist das „Diagnostic and Statistical Manual of Mental Disorders (Third Edition Revised)", das DSM-III-R.

Das DSM wurde im Jahre 1952 erstmalig von der American Psychiatric Association veröffentlicht. Es basiert auf einem statistisch ermittelten Konsens vieler Ärzte und Psychologen und bildet daher auch nicht die Wirklichkeit ab, sondern stellt lediglich einen Versuch dar, die Vielzahl klinischer Störungen in Klassen zusammenzufassen, um allzu grobe terminologische Bedeutungsunterschiede zu vermeiden. Die Autoren des DSM gehen daher auch nicht von einem theoretischen Konzept psychischer Erkrankungen aus, sondern von augenschein-lichen Symptomen. Auf die damit verbundenen Fragen und Probleme kann hier nicht weiter eingegangen werden (vgl. dazu: Margraf, Jürgen/Schneider, Sylvia: Klassifikatorische Diagnostik, Strukturierte Interviews und Therapieindikation. In: Reinecker, S.45 ff.).

Angststörungen nach dem DSM-III-R

Das DSM-III-R unterscheidet 9 Angststörungen (nach: Emmelkamp/Bou-man/Scholing, S.13):

Panikstörung mit Agoraphobie (Angst vor öffentlichen Plätzen)
Panikstörung ohne Agoraphobie
Agoraphobie ohne Panikanfälle in der Vergangenheit
Soziale Phobie
Einfache Phobie
Zwangsstörung
Posttraumatische Streßreaktion
Generalisierte Angststörung
Sonstige Angststörungen

Einige dieser Angststörungen sollen im folgenden näher dargestellt werden. Vollständigkeit ist dabei nicht angestrebt. Die zitierten Fallbeispiele dienen dabei jeweils nur der Veranschaulichung; sie sind nicht als Anleitung zur Selbstdiagno-se zu verstehen. Wenn einzelne Symptome oder Diagnosekriterien genannt wer-den, ist immer zu beachten, daß nicht alle Aspekte aufgezählt werden können, die ein Therapeut zu berücksichtigen hat.

Phobien

Die erste Gruppe von Angststörungen sind die sogenannten Phobien. Der Begriff *Phobie* ist vom griechischen Gott Phobes abgeleitet, der seine Feinde das Fürchten lehrte. Menschen mit einer Phobie haben eine so intensive Furcht vor einem Objekt oder einer Situation, daß sie den Gegenstand ihrer Furcht meiden müssen, obwohl sie wissen, daß ihre Furcht irrational ist – d.h. in keinem Verhältnis zu der Gefahr steht, die vom Objekt ihrer Furcht ausgeht – und ihr Leben beeinträchtigt (vgl. Davison/Neale, S.97). Phobien gehören zu den häu-figsten Angststörungen: Man geht davon aus, daß mehr als 20% der Bevölke-rung an der einen oder anderen Phobie leiden.

„Peter, ein 43jähriger Mann, meldet sich bei uns an wegen zunehmender phobischer Beschwerden und Depression. Er ist seit 23 Jahren verheiratet und hat drei Kinder. Beim Erstgespräch zeigt sich, daß er eine schwere Form von Klaustrophobie [Angst vor geschlossenen Räumen] hat, die zwar nicht so sehr eine Behinderung im täglichen Leben bedeutet, aber manchmal starke Angstsymptome hervorruft. Die Beschwerden haben in den letzten Monaten zugenommen. Er getraut sich z.B. nicht mehr in die Umkleidekabinen des Schwimmbads, in das er dreimal pro Woche geht. Es wird auch immer schwieriger für ihn, alleine im Auto zu sitzen; schon jahrelang sitzt er in einem Auto mit Kindersicherung oder ohne vier Türen nicht mehr auf der Rückbank. Zur Illustration seiner Angst, eingeschlossen zu werden: Er hat sich vorgenommen, daß er, falls er jemals Krebs bekommen sollte, sich nicht bestrahlen lassen wird, selbst wenn die Krankheit sich dann schneller ausbreiten würde. Auch seine Familienmitglieder mußten versprechen, dafür zu sorgen, daß er z.B. nach einem Unfall nicht eingegipst und zwischen allerhand angstauslösende Apparate gelegt werde. Er sagt, er wolle lieber sterben als eingeschlossen werden. Peter kann sich nicht gut daran erinnern, wann die Beschwerden begonnen haben. Ein Ereignis hat er noch genau vor Augen, nämlich daß er mit zehn Jahren eine halbe Stunde in einem WC im Schwimmbad eingeschlossen war. Er kann sich noch erinnern, daß er damals große Angst hatte, vor allem, weil es Samstagnachmittag kurz vor Schließung war und er vorhersah, daß er das ganze Wochenende dort bleiben müsse. Zu seiner Erleichterung wurde er befreit, und obwohl er monatelang nach dem Zwischenfall vorsichtig war beim Absperren von Türen, weiß er genau, daß er diese Angst später jahrelang nicht hatte." (Emmelkamp/Bouman/Scholing, S.34)

Phobien werden nach dem Objekt, das gemieden wird, unterschieden:

Angst vor geschlossenen Räumen	– Klaustrophobie
Angst vor öffentlichen Plätzen	– Agoraphobie
Angst vor der Höhe	– Akrophobie
Angst zu ersticken	– Pnigophobie
Schreibangst	– Ergasiophobie
Angst, lebendig begraben zu werden	– Taphephobie
Angst vor Mäusen, Spinnen, Schlangen	– Tierphobien
Soziale Phobien	– der Betroffene meidet Situationen, in denen er sich beobachtet oder beurteilt fühlt oder fürchtet, sich unangemessen zu verhalten oder durch Angst aufzufallen.

Diese Aufzählung ist keineswegs vollständig. Will man alle Phobien nach den angstauslösenden Objekten differenzieren, kommt man ohne weiteres auf weit über 200 Stück. Vereinfacht lassen sich drei große Gruppen unterscheiden: spezifische Phobien, Agoraphobien und soziale Phobien.

Spezifische Phobien

Spezifische Phobien sind durch Ängste vor einzelnen Objektgruppen (Tiere, Blut usw.) oder abgrenzbaren Situationen (Höhe, Dunkelheit usw.) gekennzeichnet. Ein Mensch, der an einer spezifischen Phobie leidet, einer Spinnenphobie etwa, spürt unweigerlich Angst, wenn er dem angstauslösenden Objekt, in diesem Fall also einer Spinne, ausgesetzt ist. Die Betroffenen verspüren daher den Drang, entsprechende Situationen zu meiden.

„Eine 19jährige Frau suchte Behandlung wegen heftiger Angst vor Spinnen. Die Angst hatte sie immer schon gehabt, sich dadurch aber nicht eingeschränkt gefühlt. Seit kurzem wohnte sie jedoch mit ihrem Freund zusammen. Die Wohnung lag im Parterre und hatte einen Garten und ein Gartenhäuschen. Nachdem sie mehrmals im Gartenhäuschen eine Spinne gesehen hatte, nahm die Angst schnell zu. Wirklich problematisch wurde die Situation jedoch, als sie im Haus eine Spinne sah. Seit damals wagte sie es nicht mehr, alleine daheim zu sein und hielt alle Fenster, Türen und Schränke im Haus hermetisch verschlossen. Wegen ihrer Angst schlief sie schlecht und unruhig, was wieder einen negativen Einfluß auf ihre Arbeit als Sekretärin hatte. Sie begann aus Müdigkeit, Fehler zu machen, und wurde reizbarer, wodurch sie öfter mit ihren Kollegen und ihrem Freund Konflikte hatte." (Emmelkamp/Bouman/Scholing, S.36)

Agoraphobie

„Gaby, eine Hausfrau von 35 Jahren, meldet sich über den Hausarzt bei uns im Zusammenhang mit 'Ängsten'. Es kostet sie die letzte Zeit immer mehr Mühe, das Haus zu verlassen. Sie wagt es nicht mehr, ihren sechsjährigen Sohn zur Schule zu bringen. Sie sagt, daß sie kein Selbstvertrauen mehr hat, sich auf die Straße zwischen Menschen zu begeben. Wenn sie dort läuft, fühlt sie sich schwindlig und leicht im Kopf; es fühlt sich an, als ob sie einen Hügel hinauf läuft. Ihre Knie scheinen dann wie aus Gummi, wodurch sie Angst bekommt, ohnmächtig zu werden. Weil sie sich außerhalb des Hauses nicht sicher fühlt, sitzt sie nun immer mehr zu Hause, denn sie glaubt, daß ihr da nichts passieren kann. Ihr Mann macht nun die Einkäufe und muß dafür eine dreiviertel Stunde früher von seiner Arbeit kommen. Als der Therapeut ihn danach fragt, sagt der Mann, daß er das nicht schlimm finde, weil er gerne etwas für seine Frau tut, die es jetzt so schwer hat. Nur muß er sich manchmal sehr beeilen, wenn seine Arbeit etwas länger dauert. In den letzten drei Jahren (so lange liegen die Beschwerden schon vor) ging die Familie auch nicht mehr auf Urlaub. Als sie einmal nach Frankreich wollten, mußten sie nach 10 Kilometern schon nach Hause zurückkehren, weil Gaby es nicht mehr aushielt. Sie war damals zu nichts mehr zu bewegen, so daß die Ferien zu Hause verbracht werden mußten. In der letzten Zeit macht Gaby nur Ausflüge in die Stadt in Gesellschaft ihrer Mutter, die zum Glück nur zwei Straßen weiter wohnt. Sie tut dies auch nur an Tagen, an denen sie sich gut fühlt. Sie kann eigentlich nie im vorhinein sagen, wann das so ist; daher kann sie kaum Verabredungen treffen und muß diese oft absagen. Zur Zeit beschäftigt sich jedermann mit ihr und versucht ihr zu helfen." (Emmelkamp/Bouman/Scholing, S.20 f.)

Unter Agoraphobie verstand man ursprünglich eine Angst vor weiten Plätzen und Menschenansammlungen, dann auch die Angst vor Straßen oder großen Räumen. Das eigentliche Thema scheint aber eher zu sein, daß die Betroffenen das Gefühl haben, nicht entfliehen zu können, festzusitzen in einer Situation, in der sie die Kontrolle über sich verlieren könnten, indem sie z.B. eine Panikattacke bekommen, Darm oder Blase nicht mehr beherrschen oder das Gefühl bekommen, den eigenen Körper zu verlassen (Depersonalisation). Die Betroffenen meiden daher alle Situationen, in denen sich diese Ängste verwirklichen könnten. Sie vermeiden es, in Warteschlangen zu stehen, mit öffentlichen Verkehrsmitteln zu reisen, eine Brücke zu überqueren oder auf offener Straße mit jemandem ins Gespräch zu kommen, einfach weil sie meinen, der Situation nicht augenblicklich entfliehen zu können. Man kann daher auch die Agoraphobie als eine Angst vor der Angst verstehen.

Soziale Phobien

„Alex, ein junger Mann von 21 Jahren, wird von seinem Hausarzt an uns überwiesen. Sein größtes Problem ist, daß er sich in eigentlich allen sozialen Situationen sehr unwohl und ängstlich fühlt. Die Angst ist am stärksten in einer Gruppe, tritt aber auch in Gesprächen mit einer anderen Person auf. Alex hat einen Bruder und eine Schwester und wohnt zu Hause bei seinen Eltern.

Manchmal spielt er mit dem Gedanken, ein Zimmer zu mieten, aber seine Angst, dann in völlige Isolation zu geraten, hält ihn von konkreten Schritten zurück. Seitdem er mit 16 die Schule abgeschlossen hat, hat er außerhalb seiner

Familie beinahe keine Kontakte mehr gehabt. Auf der Schule hatte er noch einige Freunde von der Volksschule, aber nach dem Abschlußexamen sind diese Kontakte schnell verwässert. Alex schreibt dies vor allem der Tatsache zu, daß er selbst überhaupt keine Initiative ergriffen hat, die Kontakte zu pflegen. Nach der Schule begann er sich zu bewerben, und mit 17 wurde er zu einem Gespräch für eine Stelle in einem Supermarkt bei ihm in der Nähe eingeladen. An dieses Gespräch hat er schlechte Erinnerungen, da er schon nach fünf Minuten 'ausstieg'. Er konnte kein Wort mehr hervorbringen und lief zur Türe hinaus. Seit dem Gespräch vermeidet er diesen Supermarkt und Bewerbungsgespräche im allgemeinen. In den Jahren danach hat er, um doch etwas zu tun, regelmäßig im Geschäft eines Onkels gearbeitet. Mit 20 beschloß er, daß es so nicht mehr weitergehen könne und begann eine zweijährige administrative Ausbildung. Die Ausbildung selbst macht ihm wenig Probleme, aber auch hier beginnt seine soziale Angst, ihm Schwierigkeiten zu machen, was der direkte Anlaß ist, jetzt Hilfe zu suchen. Er war übrigens schon einmal für einige Monate in Behandlung wegen seiner Problematik, hat diese aber abgebrochen, ohne daß sich etwas geändert hätte. Alex hat selbst den Eindruck, daß er immer schon still und verlegen war, aber erst auf der weiterbildenden Schule wirklich darunter zu leiden begann. Beim Durchgehen einer Liste von sozialen Situationen im Erstgespräch zeigt sich, daß sich die Angst inzwischen sehr ausgebreitet hat und daß Alex viel vermeidet. Telefonieren ist für ihn z.B. ein großes Problem. Er ruft nur an, wenn es wirklich notwendig ist, und dann, nachdem er es einige Tage hinausgeschoben hat. Bevor er anruft, sorgt er dafür, daß er alleine zu Hause ist und daß er alles, was er sagen möchte, aufgeschrieben hat. Geburtstagsparties besucht er nur, wenn es sich um Familienmitglieder handelt (inzwischen wird er woanders auch nicht mehr eingeladen), und er hält sich dann den ganzen Abend im Hintergrund. Im Wartezimmer beim Arzt oder bei einer offiziellen Instanz wiederholt er immer wieder, was er gleich sagen will, wobei er Angst hat, daß er wieder 'aussteigen' könnte. Selbst ein Gespräch anknüpfen tut er nie, er überläßt die Initiative immer anderen. Gespräche mit Mädchen sind noch viel schwieriger als mit Jungen. In der jetzigen Klasse ging es am Anfang einigermaßen, Alex ist zwar still, aber er hält sich zugute, daß er im Vergleich mit den anderen Schülern nicht aus dem Rahmen fällt. Mit fortschreitendem Schuljahr nehmen seine Schwierigkeiten jedoch zu, da er davon überzeugt ist, daß die anderen inzwischen herausgefunden haben, wie verlegen er ist." (Emmelkamp/Bouman/Scholing, S.24 f.)

Die Ängste, unter denen Alex leidet, werden als soziale Phobie bezeichnet, nach dem DSM-III-R eine „anhaltende und hartnäckige Angst vor einer oder mehreren Situationen, in der die betroffene Person einer möglichen kritischen Beurteilung durch andere ausgesetzt ist und in der sie Angst hat, sich lächerlich zu machen" (Emmelkamp/Bouman/Scholing, S.25). Der Betroffene hat Angst, er könne dumm auffallen, sich ungeschickt verhalten oder in sonst einer Weise in einem mißgünstigen Licht erscheinen. Da sich die Angst in fast jeder entsprechenden Situation einstellt, werden diese entweder gemieden oder mit entsprechenden Ängsten durchgestanden. Die Folge ist, daß beinahe alle zwischenmenschlichen Begegnungen gemieden oder zur Qual werden, was sich auf Beruf und Privatleben oftmals verheerend auswirkt.

Eine der sozialen Phobie sehr ähnliche Störung ist die sogenannte selbstunsichere oder ängstlich-vermeidende Persönlichkeitsstörung. Eine Abgrenzung zwischen beiden vorzunehmen, ist nicht leicht, da hier genau die oben angedeuteten klassifikatorischen Probleme zum Tragen kommen.

„Die soziale Phobie bezieht sich zumeist auf eng umschriebene Situationen, während die ängstlich-vermeidende Persönlichkeitsstörung auf unterschiedlichste soziale Bereiche und Anforderungen ausgedehnt ist. Die Entwicklung der Persönlichkeitsstörung reicht bis in die Kindheit zurück, während die Entwicklung der sozialen Phobie zumeist aus gut erinnerbaren traumatisierenden Erlebnissen in später Jugend oder im Erwachsenenalter hervorgeht." (Fiedler, Peter: Persönlichkeitsstörungen. In: Reinecker, S.232)

Paniksyndrom

„'Ich dachte, ich würde sterben', sagt Karl (34), als der Psychologe ihn fragt, wie er sich gefühlt habe. Er hat sich auf Anraten seines Hausarztes für ein Erstgespräch angemeldet und erzählt jetzt, was ihm solche Angst machte. Vor acht Monaten fühlte er sich an einem gewöhnlichen Abend völlig elend. Er saß auf dem Sofa und sah Fußball im Fernsehen, so wie jeden Sonntagabend. Seine Frau hatte die Kinder zu Bett gebracht und sie hatten soeben Kaffee getrunken. Plötzlich (er weiß immer noch nicht, wie das kommen konnte) begann sein Herz rasend schnell zu klopfen, er fühlte sich schwindlig im Kopf, brach in Schweiß aus und bekam entsetzliche Angst. Das wurde noch schlimmer, als er Stiche in seiner Brust fühlte, die in den linken Arm ausstrahlten. 'Ruf den Arzt an', hatte er seiner Frau zugerufen. Er lag totenstill auf dem Sofa und wagte es kaum, sich zu bewegen. Dauernd spukten ihm Gedanken durch den Kopf, daß seine letzte Stunde bevorstand. Es schien Stunden zu dauern, bevor der Notarzt kam. Dieser untersuchte ihn kurz, hörte sein Herz ab, fühlte seinen Puls und sagte: 'Gehen Sie ruhig schlafen, das sind nur Spannungen. Ihr Herz ist in Ordnung, das ist alles psychisch.' Kaum beruhigt, lag Karl die halbe Nacht wach und achtete auf seinen Herzschlag. Am nächsten Tag hörte er von seinem Hausarzt dasselbe und bekam den Rat, ruhiger zu leben. Er hatte in der letzten Zeit tatsächlich sehr viel zu tun gehabt: den Schwiegereltern mit dem Umbau helfen, tagsüber arbeiten, am Samstag Fußball spielen, am Sonntag mit den Kindern einen Ausflug machen, drei Abende pro Woche zum Billardclub. Karl nahm sich den Rat des Hausarztes zu Herzen, aber nach einigen Monaten schien das ruhigere Leben auch nicht zu helfen. Er befürchtete, wieder so einen Anfall zu bekommen, was tatsächlich auch noch einige Male geschah. Es überfiel ihn einfach, er konnte nichts dagegen tun. Als er jetzt endlich beim Psychologen sitzt, fragt dieser, ob es Dinge gibt, die Karl nicht mehr tut oder sich nicht mehr getraut seit den Panikanfällen, aber laut Karl ist das nicht der Fall. Er tut alles, was er früher auch tat, aber es fällt ihm auf, daß er sich sicherer fühlt, wenn das Auto in der Nähe ist – sollte etwas geschehen, kann er schnell nach Hause. Auch aktiven Sport – er spielt Fußball – traute er sich in den letzten Monaten nicht mehr auszuüben, aus Angst vor einem Anfall." (Emmelkamp/Bouman/Scholing, S. 13 f.)

Karl leidet an einem Paniksyndrom, das durch meist unvermittelt und unerwartet auftretende Panikattacken mit heftigem Angsterleben und Spannungsgefühl gekennzeichnet ist. Als Symptome der Panikattacke werden eine Reihe von Symptomen genannt: Atemschwierigkeiten, Herzklopfen, Schmerzen oder Unwohlsein in der Brust, Erstickungs- oder Beklemmungsgefühle, Benommenheit, Schwitzen, Zittern oder Beben, intensive Angst, ein Gefühl drohenden Unheils, das Gefühl, vom eigenen Körper getrennt zu sein (Depersonalisation), das Gefühl, die Welt sei unwirklich (Derealisation), Angst zu sterben, verrückt zu werden oder unkontrolliert zu handeln.

Panikattacken treten wöchentlich einmal oder häufiger auf und dauern gewöhnlich Minuten, in seltenen Fällen auch Stunden. Manchmal sind sie an bestimmte Situationen gebunden, z.B. Autofahren.

Nach dem DSM-III-R berechtigt erst das dreimalige Auftreten eines Panikanfalles innerhalb von drei Wochen zur Diagnose Paniksyndrom.

Wer noch nie etwas von dem Paniksyndrom gehört oder wer noch nie miterlebt hat, wie sich eine Panikattacke auswirkt, kann sich meist nur schwer vorstellen, daß es viele Menschen gibt, die von ihnen völlig unvermittelt überfallen werden. In der Regel wähnen die Betroffenen, sie würden einen Herzanfall erleiden und sind nur schwer davon zu überzeugen, daß kein feststellbares organisches Leiden vorliegt. Tatsächlich gelten organische Ursachen (Amphetamin- oder Koffeinvergiftung etwa) als Ausschlußfaktoren, d.h. ein Paniksyndrom wird nur dann diagnostiziert, wenn entsprechende physiologische Ursachen eben nicht vorliegen. Panikattacken können jeden Menschen zu jeder Zeit treffen. Oftmals wirken sie verheerend auf das Selbstbild der Betroffenen und führen zu einer vorübergehenden Destabilisierung der Persönlichkeit.

„Während des Aufnahmegesprächs macht Johann (28) einen angespannten und niedergeschlagenen Eindruck. Langsam hatte er begonnen, alles an sich selbst in Zweifel zu ziehen. Immer hatte er alles in Ordnung gehabt, gewußt, was er wollte, und viel erreicht. Nun sitzt er hier wie ein Häufchen Elend, das Hilfe braucht und sein Leben nicht mehr im Griff hat. Seine Freunde können sich das nicht vorstellen: Johann, der immer so stark schien und mit allem fertig wurde. Nachdem er einen plötzlichen Panikanfall hatte, ist sein Selbstbild völlig verändert. So etwas hatte er noch nie erlebt. Er ging ruhig mit seinem Hund spazieren, als er plötzlich eine Welle von Angst durch sich strömen fühlte. Nicht einfach Angst, sondern eine Art Todesangst, die ihm das Denken unmöglich machte. Sein Herz hämmerte, als wollte es seinen Brustkasten zersprengen, er brach in Schweiß aus und begann zu laufen. Aber was ihn am meisten ängstigte, war, daß er seine Gedanken nicht mehr ordnen konnte: Was er auch zu sich selbst sagte, es half nichts. Er war völlig verwirrt und verlor die Orientierung auf der Straße, und das passierte ausgerechnet ihm, der immer so kühl und rational gefunden wurde. So schnell er konnte, war er nach Hause gelaufen und seitdem kaum mehr von dort weggegangen." (Emmelkamp/Bouman/Scholing, S.18)

Das generalisierte Angstsyndrom

„Schon seit einem Jahr fühlt Ursula (34) sich nervös und unruhig. Sie hat dafür keine Erklärung, denn es ist nichts besonderes geschehen. Sie kann sehr gut grübeln und sich Sorgen machen. Wenn ihr Mann etwas später von der Arbeit kommt, sieht sie ihn in Gedanken wegen eines Unfalls schon im Krankenhaus liegen. Wenn ihre Kinder draußen spielen, hat sie keine Ruhe, weil sie immer wissen will, ob sie in Sicherheit sind. Ferien sind für sie entsetzlich geworden, weil sie sich die ganze Zeit Sorgen macht, daß etwas schief gehen und ihrer Familie etwas passieren könnte. Wenn sie in der Sonne am Strand sitzt, kann sie nicht zur Ruhe kommen und versucht die ganze Zeit, ihren Mann und die zwei Kinder zu beobachten, damit sie nicht zu weit wegschwimmen und zu wild spielen. Lange Zeit konnte sie sich beherrschen, aber als nun die Ferien wieder vor der Tür stehen, will sie mit einem Psychologen sprechen. Vor einiger Zeit hat der Hausarzt ihr bereitwillig zugehört und gesagt, daß sie wahrscheinlich überarbeitet sei und Ferien ihr gut tun würden. Dieser Rat hat sie in ihrer Überzeugung bestätigt, daß sie geistig nicht ganz normal ist, was wiederum eine neue Quelle von Spannung und Grübeln geworden ist." (Emmelkamp/Bouman/Scholing, S.47)

Die Angststörung, unter der Ursula leidet, wird nach den Kriterien des DSM-III-R als sogenanntes generalisiertes Angstsyndrom bezeichnet. Sie leidet unter chronischer und anhaltender Ängstlichkeit in vielen Lebenssituationen; Angst ist für sie ein allgegenwärtiges Gefühl.

Symptome für das generalisierte Angstsyndrom sind: Schwitzen, Herzklopfen oder -jagen, Hitze- oder Kältewellen, empfindlicher Magen, Durchfall, trockener Mund, feuchte Hände, Kloß im Hals, Verspannungen in der Schulter- und Nackenmuskulatur, Zittern, leichte Ermüdbarkeit, Unfähigkeit, sich zu entspannen, der Patient ist reizbar, zappelig, ruhelos, hat Visionen drohenden Unheils oder Furcht vor einem Herzanfall, Tod usw., er ist ungeduldig, leicht ablenkbar, leicht entmutigt, extrem kritikempfindlich, entschlußlos, leicht depressiv. Er hat Angst, anderen zur Last zu fallen. Menschen mit generalisiertem Angstsyndrom kommen trotz aller Schwierigkeiten gewöhnlich immer irgendwie durch den Tag (vgl. Davison/Neale, S.172), auch wenn die Angst ihnen das Leben oft unerträglich scheinen läßt.

Eine Ursache für diese Art von Angststörung ist nur schwer auszumachen. Manchmal gehen ihr phobische Störungen voraus (vgl. Emmelkamp/Bouman/Scholing, S.48), was darauf schließen lassen könnte, daß die Angst kein Objekt findet, auf das sie sich konzentrieren könnte und statt dessen ungebunden bleibt und sich an allen möglichen Objekten entläd. Man spricht daher auch von frei flottierender Angst.

Posttraumatische Streßreaktion

„Gisela radelte abends durch den Park, als ein Mann mit Glatze sie anhielt. Sie wollte weiterfahren, wurde aber vom Rad gezogen. Es folgte ein kurzer Kampf, bei dem sich schnell zeigte, daß der Mann viel stärker war als Gisela. Unter Bedrohung mit einem Messer vergewaltigte er sie im Gebüsch. Sie kam völlig zerrüttet nach Hause, wo sie von ihrem Freund getröstet wurde. Nach langem Hin und Her beschließt sie, am nächsten Tag Anzeige bei der Polizei zu erstatten. Noch Tage nach der Vergewaltigung ist sie sehr ängstlich und zittert am ganzen Körper. Nachts träumt sie immer wieder von derselben Szene und wacht schweißgebadet auf. Mit ihrem Freund kann oder will sie kaum über das Vorgefallene sprechen und hat auch keinerlei Interesse an sexuellem Kontakt mit ihm. Sie wird jetzt oft extrem ängstlich, wenn sie Gewalt- und Verfolgungsszenen im Fernsehen sieht, bei der Konfrontation mit glatzköpfigen Männern und beim

Anblick von Ohrringen (der Täter trug einen Ohrring) und Messern. In den Park traut sie sich selbst in Begleitung nicht mehr, und nach Dunkelheit traut sie sich nicht mehr aus dem Haus. Die Vergewaltigung hat in ihrem Leben eine tiefe Spur zurückgelassen." (Emmelkamp/Bouman/Scholing, S.43 f.)

Der Fall Giselas unterscheidet sich auffallend von allen vorherigen Schilderungen. Besonders herausragend ist dabei ein Punkt: Giselas Angst entstand in einer Situation, in der die Angst eine angemessene und verständliche Reaktion auf eine aktuelle Bedrohung war. An dem Ort, an dem sie zunächst auftrat, hatte sie ihre volle Berechtigung. Anschließend jedoch wird die Angst auf alle Situationen übertragen, die an die Ursprungssituation erinnern, aber eigentlich selbst gar keine Bedrohung darstellen. Man spricht hier von einer posttraumatischen Streßreaktion, zu der es nach traumatischen Ereignissen oder Katastrophen kommen kann wie z.B. einer Vergewaltigung, nach Naturkatastrophen oder Kriegserlebnissen. Anders als bei den anderen Angstsyndromen liegt der posttraumatischen Streßreaktion immer ein tatsächliches Erlebnis der betroffenen Menschen zugrunde, die Störung hat also einen direkten Bezug zur Biographie.

Als Symptome werden genannt: Konzentrations- und Gedächtnisschwierigkeiten, Unfähigkeit, sich zu entspannen, Erregbarkeit, Interesse an der Umwelt geht verloren, Gefühl der Entfremdung, Schuldgefühle.

Die posttraumatische Streßreaktion kann chronisch, akut oder verzögert auftreten. Sie ist schwerer, wenn sie auf menschlichen Handlungen beruht (Krieg, Folterung, Vergewaltigung), als wenn die Ursache natürlichen Ursprungs ist. Oft verschlimmern sich die Symptome, wenn eine der traumatischen Situation ähnliche Lage eintritt (ein Gewitter erinnert z.B. an Gefechtslärm), oder die Symptome zeigen sich überhaupt nur in solchen Situationen.

Zu den Schwierigkeiten der Diagnose

Wenn man sich die einzelnen Angststörungen vor Augen hält, fällt auf, daß sich die Anlässe, die Angst verursachen, und die Art, in der sich Angst äußert, oftmals nur wenig unterscheiden. Dies führt in der therapeutischen Praxis zu einem Problem, das bereits angedeutet wurde: die Zusammenfassung von Symptomen zu einem einheitlichen Krankheitsbild.

„Ein Patient meldet sich an mit der Angst, in Hochhäusern den Lift zu benutzen. Welche Diagnose kann man stellen? Hat der Patient Angst vor kleinen Räumen (Klaustrophobie)? Handelt es sich um die Angst, nicht unmittelbar wegzukönnen, wenn man sich unwohl fühlt (wie bei der Panikstörung)? Fühlt der Patient sich in Gesellschaft von Unbekannten sehr angespannt (wie bei der sozialen Phobie)? Ist es die Angst, sich beim Berühren des Lifts oder der Menschen darin anzustecken (wie bei Zwangsverhalten)? Hat der Lift eine traumatische Bedeutung, weil der Patient darin sexuell/körperlich mißhandelt wurde (wie bei der posttraumatischen Streßstörung)?" (Emmelkamp/Bouman/Scholing, S.49)

Die Gefahr, die diese Mehrdeutigkeit in sich birgt, liegt auf der Hand: Das erste scheinbar eindeutige Symptom könnte genutzt werden, um den Patienten in eine diagnostische Schublade zu legen, in die er vielleicht gar nicht hineingehört. Deshalb wird immer wieder darauf hingewiesen, daß es für den Diagnostiker unerläßlich ist, die einzelnen Begleitumstände, unter denen eine Angst sich bei einem Patienten äußert, genauestens zu berücksichtigen.

Literatur:

Davison, Gerald C./Neale, John M.: Klinische Psychologie. Ein Lehrbuch. München/Weinheim [3]1988

Dörner, Klaus/Plog, Ursula: Irren ist menschlich. Lehrbuch der Psychiatrie/Psychotherapie. Bonn [6]1990

Emmelkamp, Paul M.G./Bouman, Theo K./ Scholing, Agnes: Angst, Phobien und Zwang. Göttingen/Stuttgart 1993

Huber, Andreas: Das Leben als Thriller: Nervenkitzel oder Glückssache? In: Psychologie heute, Nr. 6/1994, S.64–69

Köhler, Henning: Vom Rätsel der Angst. Wo die Angst begründet liegt, und wie wir mit ihr umgehen können. Stuttgart [2]1993

Reinecker, Hans (Hg.): Lehrbuch der Klinischen Psychologie. Modelle psychischer Störungen. Göttingen/Bern/Toronto/Seattle [2]1994

FLENSBURGER HEFTE 18

Bio.-dyn. Landwirtschaft, Ökologie, Ernährung

2. Auflage, 184 Seiten, kart., DM 19,80   ISBN 3-926841-03-6

Interviews mit Helmut Finsterlin, Berndt Heydemann, Manfred Klett, Herbert H. Koepf, Udo Renzenbrink und Georg W. Schmidt.
Artikel von Bernd Hansen, Joachim Reppmann, Wolfgang Weirauch und E. von Wistinghausen.

Aus dem Inhalt:
Landwirtschaft heute und die Aufgabe der biologisch-dynamischen Wirtschaftsweise / Tiefgreifende Veränderungen in der gewachsenen Agrarstruktur / Ganzheiten / Die Anerkennung als Demeter-Betrieb / Der Boden als lebendiges Organ / Übersinnliche Prozesse im Pflanzenbereich / Probleme der Massentierhaltung / Nitratbelastung des Grundwassers / Die Kompostpräparate / Hugo Erbe und seine Schrift / Begegnungen mit dem „Landwirtschaftlichen Kurs" Rudolf Steiners / Die Mär von Tschernobyl / Esoterische Arbeit / Die Kulturlandschaft / Der Impuls des Christentums zur Gestaltung der Erde / Das Urbild der Leiblichkeit eines landwirtschaftlichen Organismus / Die landwirtschaftliche Individualität / Geisterkenntnis als Gestaltungsmittel / Der Hof als Kristallisationsort neuer sozialer Gestaltung / Der Zusammenbruch natürlicher Systeme im landwirtschaftlichen Bereich / Die EG-Agrarpolitik – ein Unsinn, für den die Vorstellungskraft nicht ausreicht / Generosion und Qualitätsverlust im Bereich der Nahrungspflanzen / Maßnahmen zur Saatguterhaltung / Der Ernährungsvorgang / Substanzbildung – kosmische Ernährung / Ernährung und Bewußtsein / Der „fanatische Vegetarier" / Das Tischgebet und die Befreiung der Elementarwesen / Das Wesen der Pflanze / Die sieben Getreide / Ernährungsforschung und -praxis / Das „Vieh- und Fleischzentrum" Hamburg / Eine Kulturlandschaft auf den tunesischen Inseln Kerkennah.

FLENSBURGER HEFTE 28

Naturwissenschaft und Ethik

204 Seiten, kart., DM 16,80   ISBN 3-926841-25-7

„Man kann nur sehen, worauf man seine Aufmerksamkeit richtet, und man richtet seine Aufmerksamkeit nur auf Dinge, die bereits einen Platz im Bewußtsein einnehmen."   (Alphonse Bertillion)

Interviews mit Ernst-Michael Kranich, Hans Mohr, Hans Wilhelm Michelmann, Wolf-Michael Catenhusen, Wolfgang Schmid, Günter Altner.
Artikel von Wolfgang Weirauch und Thomas Höfer.

Aus dem Inhalt:
Erkenntnistheorie und Goetheanismus / Erkennen des Lebendigen / Leib-Seele-Problem / Gentechnik und Reproduktionsmedizin / Eugenetik und Menschenzucht / Pädagogik und Wissenschaft / Descartes, Bacon und Galilei / Naturwissenschaft und Technik / Paradigmen der Naturwissenschaft / Der Mensch im naturwissenschaftlichen Weltbild / Freiheit, Wissenschaft und Ethik.

Bezug über den Buchhandel oder direkt beim Verlag (zzgl. Porto und Verpackung):
Flensburger Hefte Verlag • Holm 64 • D-24937 Flensburg • Fax: (0461) 2 69 12

Die verschlüsselte Sprache der Organe

Interview mit Markus Treichler

von Wolfgang Weirauch

Markus Treichler, *geb. 1947 in Stuttgart; Waldorfschüler, verheiratet, einen Sohn. Studium der Theaterwissenschaft, Philosophie, Psychologie und Medizin. Nach dem Staatsexamen Facharztausbildung und ärztliche Tätigkeit in Psychiatrie, Kinder- und Alterspsychiatrie, Innere Medizin, Neurologie, Psychosomatik und Psychothera-*

pie in verschiedenen Kliniken. Seit dem Studium im Sinne einer anthroposophisch-geisteswissenschaftlichen Erweiterung der Medizin und Psychologie engagiert. Seit 1987 leitender Arzt der Abteilung für Psychosomatische Medizin, Kunsttherapie und Heileurythmie an der Filderklinik bei Stuttgart.

Zahlreiche Veröffentlichungen sowie Lehr- und Vortragstätigkeit im Bereich der anthroposophischen Medizin, Psychotherapie und Kunsttherapie. Buchveröffentlichung zum Thema: „Sprechstunde Psychotherapie. Krisen – Krankheiten an Leib und Seele. Wege zu ihrer Bewältigung", Stuttgart 1993.

Wenn Sie einen Migräneanfall, eine Nierenkolik oder eine Herzphobie bekommen, so reicht es nicht, lediglich organische Ursachen festzustellen. Bei den meisten Krankheiten ist die menschliche Seele beteiligt, oft sogar Verursacherin. In der psychosomatischen Medizin untersucht und behandelt man daher das Wechselverhältnis von Leib und Seele, durch die anthroposophische Medizin erweitert man die Psychosomatik noch um das Verhältnis der menschlichen Seele zum Geist.

In dem folgenden Interview mit dem anthroposophischen Arzt und Psychotherapeuten Markus Treichler, den ich in der Filderklinik besuchte, lesen Sie, wie anders man eine Krankheit betrachten kann, wenn man sie unter dem Blickwinkel der Psychosomatik anschaut: Herz, Lunge, Leber und Niere sind nicht mehr *nur* physische Organe, sondern sprechen eine beredte und lebendige Sprache über das Seelenleben desjenigen Menschen, der an ihnen erkrankt.

Um dieses Wechselverhältnis von Seele und Leib zu veranschaulichen, betrachten wir im folgenden Gespräch einige psychosomatische Krankheitsbilder und gehen auch der Frage nach, bei welchen Krankheiten Angst entsteht. Ferner sprechen wir über die verschiedensten psychiatrischen Krankheitsbilder – Psychopathien, Neurosen, reaktive seelische Erkrankungen, Depression, Schizophrenie, Halluzinationen, Wahn – sowie über Markus Treichlers therapeutischen Ansatz zur Heilung dieser Krankheiten.

Allgemeines zur Zeitsituation und zur Krankheit

Wolfgang Weirauch: Man hat den Eindruck, daß wir in einem Jahrhundert der allgemeinen und individuellen Krankheit sowie einer allgemeinen und individuellen seelischen Zerrüttung leben. Teilen Sie den Eindruck?

Markus Treichler: Auf den ersten Eindruck scheint es sich zu bestätigen, daß sehr viele Menschen krank sind, auch kränker als früher, und daß die seelischen und psychosomatischen Krankheiten zunehmen. Das hat verschiedene Gründe.

Filderklinik

Das 20. Jahrhundert ist eine Zeit, die von ungeheuer vielen Umschwüngen, Veränderungen und Neuerungen geprägt ist. Man braucht allein nur an die ganzen wissenschaftlichen Erfindungen und Entdeckungen seit Beginn dieses Jahrhunderts zu denken: Atomphysik, Relativitätstheorie, Astrophysik, sämtliche elektronischen Techniken und vieles mehr. Das hat sich auf der, sozusagen der Außenwelt zugewandten naturwissenschaftlichen Seite entwickelt und einen ungeheuren Wandel in den Lebensgewohnheiten der Menschen zur Folge gehabt.

Auf der anderen Seite ist die Tiefenpsychologie entdeckt worden, ferner die Biochemie, die Elektronenmikroskopie. Man hat es also erreicht, seelisch und körperlich immer tiefer in den Menschen hineinzuschauen.

In unserem Jahrhundert wird insgesamt extrem viel in Frage gestellt, was früher als sicher galt, es ist auch vieles offen. Das hat einerseits einen starken und positiven Charakter, weil sehr viel erkennbar geworden ist, auf der anderen Seite beinhaltet dieses Offene aber auch sehr viele Gefahren. Man kann sich verlieren, man kann erschrecken und auch in die verschiedensten Ausnahmezustände geraten. Fast alle Gesetze, auch die Naturgesetze, alle Regeln des Zusammenlebens, alle Traditionen sind im Laufe dieses Jahrhunderts in Frage gestellt worden, und so etwas bereitet Angst und Schrecken, Zweifel und Unsicherheit. Wenn man diese umfassende Zeitsituation sieht, wundert es eigentlich nicht, wenn viel Angst, Krankheit und Zweifel bei den Menschen auftreten. Aber das halte ich zunächst einmal nicht für schlimm, sondern für verständlich und zugehörig zu unserer Zeitsituation.

Das Verhältnis von Leib und Seele

W.W.: Ausgehend von der anthroposophischen Menschenkunde dürfte es hauptsächlich die Seele des Menschen sein, die die verschiedensten Krankheiten verursacht. Wie ist das menschenkundlich zu erklären? Auf welche Weise bedingen Seele und Körper einander, und welche krankmachenden Einflüsse gehen von der Seele aus?

M. Treichler: Das darf man natürlich nicht mißverstehen, denn von der Seele gehen *nicht nur* krankmachende Einflüsse aus, aber eben diese auch. Wir alle haben einen Leib und eine Seele, und wir spüren, daß beide in einem Verhältnis zueinander stehen. Man kann dieses Verhältnis ohne weiteres mit einer zwischenmenschlichen Beziehung vergleichen. Leib und Seele haben in ihrem Verhältnis verschiedene Bedürfnisse. Den Leib können wir materiell untersuchen, wiegen, messen; er ist spürbar. Die Seele ist dagegen nicht wägbar, meßbar oder als solche spürbar, und sie hat offensichtlich eine ganz andere Herkunft. Sie hat auch ganz andere Qualitäten und einen anderen Charakter als der Leib.

Diese beiden Wesen – der Körper und die Seele – mit ihren verschiedenen Bedürfnissen gehen jetzt eine Beziehung, ein Verhältnis ein. Zunächst entsteht zwischen ihnen das Leben, das biologische, physiologische Leben. Leib und Leben bilden eine Art Untereinheit, ihre Beziehung ist sehr eng, und sie sind sich einig. Wenn die beiden alleine wären, geschähe gar nicht viel weil es nur ein unbewußt, vegetativ dahinlebendes Gebilde wäre. Dieses Lebewesen ist einfach, harmlos, ungefährlich, und weil in ihm nichts passiert, ist es auch für sich genommen gesund.

Jetzt kommt aber bei dem Menschen die Seele hinzu, und sie hat eine andere Beziehungsqualität zu dieser Einheit. Aus dieser Polarität und den jeweiligen Bedürfnissen entsteht nun Spannung. Durch die verschiedene Herkunft, durch die verschiedenen Interessen entsteht, wie bei einer menschlichen Beziehung, Spannung. In einer spannungsreichen Beziehung ereignet sich eine ganze Menge, es bleibt nie langweilig. Wenn sich die beiden Partner auseinandersetzen, werden Fragen gestellt, Neuerungen treten auf, es entstehen Konflikte, die wiederum bearbeitet und gelöst werden müssen. Das Neue, das immer wieder entsteht, möchte ich als Steigerung bezeichnen.

Krankheit ist Steigerung des biologischen Lebens

Die Steigerung, die zwischen Leib und Seele entsteht, ist zunächst einmal die Wahrnehmung, ferner die Empfindung, das Bewußtsein und die Bewegung. Diese umfassenden Qualitäten widersprechen dem einfachen vegetativ dahinlebenden Gebilde des belebten Leibes. Und Krankheit gehört auch zu dieser Steigerung dazu, denn Krankheit ist immer mit Bewußtsein und Empfindung verbunden. Krankheit ist eine andere Art der Bewegung, ist eine Veränderung dessen, was vorher da war. Durch Krankheit entsteht etwas qualitativ Neues und anderes, aber auf Kosten des vorher gesunden vegetativen Lebens, das nun eingeschränkt oder partiell vernichtet wird. Wenn die Seele sich mit Leib und Leben verbindet, führt sie eine Steigerung herbei, und diese Steigerung geht auf Kosten dessen, was vorher war. Insofern kommen krankmachende Einflüsse aus der Seele, weil sie das leiblich-vegetative Leben zu einer Steigerung herausfordert. Es kostet also etwas, aber der Gewinn ist es wert, und er liegt im Bewußtsein, in der wachsenden Selbsterkenntnis.

W.W.: Wie wird dieses Verhältnis durch die Beziehung der Seele zum Geist verändert?

M. Treichler: Das ist die andere Beziehung der Seele. Das Geistige wirkt natürlich in das, was die Seele vom Leib will, mit hinein. Zwischen der Seele und dem Geist entsteht das individuelle, biographisch-persönliche Leben. Der Mensch hat also zwei Leben: das physiologisch-biologische und das biographisch-persönliche. Durch die Begegnung zwischen Seele und Geist entsteht ebenfalls eine Steigerung, wodurch auch neue Bedürfnisse und Interessenkonflikte entstehen. Das biographische Leben wird durch Motive, Interessen, Einsichten und Anstrengungen geprägt.

„Gesundheit ist das Schweigen der Organe"

W.W.: Was ist eigentlich Krankheit, und gibt es verschiedene Kategorien bzw. Gruppen von Krankheiten?

M. Treichler: Krankheit allgemein zu definieren wurde in der Medizingeschichte schon oft versucht. Es gibt z.B. eine ganz nette Beschreibung aus dem 19. Jahrhundert, und zwar von einer französischen Medizinerschule. Dort wurde gesagt: „Gesundheit ist das Schweigen der Organe, und Krankheit ist, wenn ein Organ nicht mehr schweigt." Das ist eine sehr schöne und nachvollziehbare Beschreibung. Wenn sich z.B. ein Organ meldet, so hat dies für mich zunächst auch einen positiven Charakter, denn es will mich auf etwas aufmerksam machen. Als Psychosomatiker verstehe ich Krankheit immer so, daß der Mensch auf etwas aufmerksam gemacht werden will, und zwar durch sich selber. Offenbar hat der Mensch es vorher nicht bemerkt, jetzt aber meldet sich etwas, indem er daran krank wird. Meist ist dies Schmerz oder die verhinderte Funktion dessen, was ein Organ normalerweise tut.

Krankheit äußert sich in der verschlüsselten Sprache der Organe

Eine körperliche Krankheit ist ein Weckruf der Seele. Die Seele sagt dem Menschen: Bisher hast du mich nicht gehört, z.B. in dem biographischen Leben, deswegen melde ich mich jetzt in deinem biologisch-organischen Leben. Das organische Leben versteht diese Meldung als Funktionsstörung, als Behinderung, als Krankheit, als Schmerz. In diesem Sinne sind wir aufgerufen, die Krankheit als Weckruf zu verstehen und uns zu fragen, was sie bedeutet.

Greifen wir noch einmal zu dem Bild der Beziehung zwischen Körper und Seele: Wenn sich die Seele meldet und dem Körper des Menschen etwas mitteilen will, dann verbindet sie sich mehr mit dem Leib. Während der Krankheit verbindet sich die Seele mehr mit Leib und Leben als vorher. Dadurch entsteht die vorhin schon erwähnte Steigerung des Bewußtseins, jetzt leiborientiert, indem sich die Seele in gesteigertem Maße dem Körper zuwendet. Auf der anderen Seite, der geistigen, ist mein Bewußtsein dann vermindert, weil es im körperlichen Bereich gesteigert ist.

Das körperliche Bewußtsein empfinden wir häufig als Schmerz. Das hat zur Folge, daß der Mensch in der Krankheit auf sich selber zurückgeworfen wird, auf sich selber zentriert ist und seine zwischenmenschlichen Beziehungen zunächst etwas eingeschränkt sind. Das hat den Vorteil, daß er in bezug auf sich selber aufmerksamer wird, denn schließlich geht es jetzt um ihn, weniger um die Welt und die zwischenmenschlichen Beziehungen.

Krankheit ist also ein Weckruf: Paß auf, es ist etwas nicht in Ordnung, und ich sage das in der verschlüsselten Sprache der Organe. Es wäre dann Aufgabe einer psychosomatischen oder Psychotherapie, zusammen mit dem Patienten zu versuchen, diese Organsprache zu entschlüsseln. – Physiologisch ist Krankheit dann immer noch eine Veränderung der Organfunktionen, der Organgestalt oder die Veränderung eines zeitlichen Prozesses.

Umgekehrt ist es bei den psychiatrischen Krankheiten so, daß dort die Symptomatik im Seelischen erscheint. Manchmal wird eine derartige Krankheit auch als ein Mahn- oder Weckruf verstanden, häufig aber nicht, denn eine seelische

Krankheit wird anders erlebt. Bei den seelischen Erkrankungen – so sieht es die anthroposophische Medizin – dreht sich das Verhältnis um, denn die leibliche Organisation wirft etwas in das seelische Erleben zurück. Bei der körperlichen Krankheit verbindet sich die Seele zu stark mit dem Leib, während in der Situation, in der eine seelische Krankheit entsteht, der Körper die Annahme der Seele verweigert. Er bekommt aus der Seele etwas vermittelt, es will sich aus der Seele etwas in den Körper einprägen, aber jetzt kann er es nicht annehmen, schickt es zurück, gibt sogar noch einen Absenderstempel von sich dazu und trägt der Seele damit die Bewältigung einer Aufgabe auf, die er selber nicht leisten kann. In die Seele wird dann etwas projiziert, was organische Qualität hat, und das ist ein neues seelisches Bewußtsein, das vorher nicht da war. Das ist dann das veränderte seelische Empfinden, Wahrnehmen oder Denken, das bei den psychiatrischen Krankheiten vorliegt und dem gesunden Menschen zunächst einmal unverständlich erscheint. Meines Erachtens ist es gar nicht so unverständlich, aber es hat diesen Charakter, weil es so befremdlich auftritt.

Also: Wenn sich die Seele zu stark im Leib engagiert, so entsteht eine körperliche Krankheit, projiziert der Leib etwas von sich in die Seele, so entsteht eine psychiatrische Krankheit. Auf jeden Fall liegt immer ein labiles Ungleichgewicht im Leib-Seele-Wechselverhältnis vor.

Psychosomatik

W.W.: Was versteht man allgemein unter einer psychosomatischen Krankheit?

M. Treichler: In meiner Arbeit verstehe ich unter psychosomatischen Krankheiten nicht eine bestimmte Krankheitsgruppe oder einen besonderen Teil der Medizin, sondern so wie ich den Menschen immer als ein geistiges, beseeltes und belebtes Wesen verstehe, ist für mich *jede* körperliche Krankheit zugleich eine psychosomatische. Alle leiblichen Krankheiten sind für mich deswegen psychosomatische, weil sie mit dem seelischen Erleben zu tun haben.

W.W.: Heißt psychosomatisch jetzt vorwiegend, daß bei jeder körperlichen Krankheit etwas Seelisches mitwirkt, oder bedeutet es vorwiegend, daß das Seelische auf das Körperliche wirkt?

M. Treichler: Das kann beides heißen. Im allgemeinen Verständnis bedeutet es, daß die Seele immer mitwirkt. Sie wirkt mit bei der Entstehung bzw. Ursache der Krankheiten, ferner während des Krankheitsverlaufes und bei der Behandlung.

W.W.: Wenn das Verhältnis nun umgekehrt ist – eine äußere Verletzung z.B. wirkt auf die Seele –, spricht man dann von einer somatopsychischen Krankheit?

M. Treichler: Man kann diesen Begriff so umdrehen, und auch diese Patienten gehören in den Bereich der Psychosomatik. Wenn man den kausalen Begriff an den Anfang stellen will, dann wäre das eine Somatopsychik, das andere Psychosomatik. Aber letztlich ist das nur ein Wortspiel; entscheidend ist das wechselseitige Verhältnis zwischen Leib und Seele.

Der anthroposophische Ansatz

W.W.: Ihr Ansatz ist der anthroposophisch-psychosomatische und psychotherapeutische. Inwiefern geht die anthroposophische Medizin weiter als die psychosomatische Medizin? Auf welche Weise werden die vier Wesensglieder des Menschen vom anthroposophischen Ansatz berücksichtigt?

M. Treichler: Ich verstehe zunächst die psychosomatische Medizin selber schon als eine Erweiterung der naturwissenschaftlichen Medizin. Diesen Anspruch hat die anthroposophische Medizin auch. Nun liegt es nahe zu fragen, ob dies nur zwei verschiedene Varianten in der Erweiterung der Naturwissenschaft sind oder ob der anthroposophische Ansatz ein weitergehender als der psychosomatische ist. Die Psychosomatik bezieht zwar auch immer das Psychosoziale mit ein, aber der anthroposophische Ansatz geht noch darüber hinaus, insofern er ganz dezidiert die geistige Qualität des Menschen mit einbezieht. Das ist ein ganz wesentlicher Ausgangspunkt für eine anthroposophische Psychosomatik. Die naturwissenschaftliche Medizin wird durch die psychosomatische Medizin ganz wesentlich um die seelische Dimension erweitert, die wiederum durch die anthroposophische Medizin um die geistige Dimension erweitert werden muß. Dieses Einbeziehen des Geistigen beinhaltet auch das Einbeziehen des Kosmischen, denn das Geistige im Menschen soll in eine Beziehung zum Geistigen im Kosmos gebracht werden. Bei der Behandlung der Kranken ist es für uns sehr wichtig, diese Beziehung des Menschen zum Kosmischen als Hintergrund zu haben. Das hat für den geschulten Therapeuten eine – nicht immer ausgesprochene – wesentliche Bedeutung.

Krankheit macht den Menschen sensibler und offener

W.W.: Vielleicht können Sie kurz darstellen, auf welche Weise zwischenmenschliche Probleme bei psychosomatischen Erkrankungen eine Rolle spielen, den Krankheitsverlauf beeinflussen, und auf welche Weise man die Beziehung des Menschen zur geistigen Welt, zu Ideen, Idealen usw. bei einer psychosomatischen Erkrankung mit einbeziehen muß?

M. Treichler: Die Beziehung zum Geistigen enthält für mein Verständnis immer die Qualität von Bewußtsein, von Selbstbestimmung, Selbstgestaltung, d.h. von Freiheit. Deswegen geht es nicht darum, daß ich meinen Patienten das, was ich geistig für richtig oder notwendig halte, vermittele, sondern ich muß aus dem Bewußtsein handeln, daß er selbst die Qualität des Geistigen hat. Diese Qualität des Geistigen ist im Menschen ganz und gar unzerstörbar, kann deshalb auch nie krank sein, allerhöchstens kann sie nicht genügend zum Zuge kommen. Deswegen geht es darum, um diese geistige Potenz im Menschen zu wissen, ferner zu versuchen, sie anzusprechen und wieder sichtbar, erlebbar und tätig werden zu lassen. Natürlich geht das nur so, wie es diesem einen Menschen in der jeweiligen individuellen Situation angemessen ist.

Das geschieht am leichtesten durch Fragen. Das Wichtigste ist zunächst, daß man dem Patienten zuhört, wie er sich selber schildert, wie er sich ausdrückt, und dann erlebt man als wichtiges Moment, wie er selber seine Krankheit versteht. Darin offenbaren sich häufig schon ganz viele sensible und weise Vermutungen, Ahnungen, Empfindungen, die kranke Menschen über ihre Krankheit haben. Davon gehe ich aus und nehme es als ein geistiges Bemühen des Patienten, sich über sich selber und über seine Krankheit Klarheit zu verschaffen. Darauf lasse ich mich ein und arbeite daran mit dem Patienten weiter.

W.W.: Welche psychopathologischen Phänomene würden Sie nennen, die Ausdruck eines gestörten Verhältnisses zu einer geistigen Lebenseinstellung bzw. zur geistigen Welt selber sind?

M. Treichler: Zunächst einmal können das alle verschiedenen Krankheiten sein. Es äußert sich weniger in der einen oder anderen Krankheit, sondern in der Art, wie der Mensch mit seiner eigenen Krankheit umgeht. Unter Umständen frage ich einmal einen Patienten, z.B. wenn er an einer chronischen Krankheit leidet, wofür er gesund werden will. Oft begegnet man mir dabei mit einem großen Erstaunen: Wie kann man so eine Frage stellen! Ich gebe den Patienten aber auf, genau darüber nachzudenken, und was dabei für Antworten kommen, offenbart, was dieser Mensch für eine Beziehung zu seinen geistigen Zielen und Idealen hat.

Manchmal kommt als Antwort: „Ich muß doch wieder zur Arbeit, sonst verliere ich meinen Job", oder: „Die ständigen Schmerzen beim Gehen müssen doch wieder aufhören." Manchmal klingen natürlich auch ganz andere Motive durch. Natürlich muß man vorsichtig sein, daß man nicht etwas aus der eigenen Haltung in die Aussagen des Patienten hineininterpretiert. Die Antwort, daß man wieder zur Arbeit muß, ist z.B. keineswegs von der sozialen Schicht abhängig. Wichtig ist, ob sich der Patient ein eigenes geistiges Ziel setzt, um daran wieder arbeiten zu können, und deswegen gesund werden will. Wer nicht weiß, wofür er gesund werden will, der hat es schwerer.

Die Krankheitsbilder können also ganz verschiedene sein, aber es geht darum, wie der Kranke damit umgeht. Frage ich mich etwas? Überlege ich mir etwas? Lasse ich mir etwas einfallen zu meiner Krankheit? Oder leide ich nur und strebe lediglich an, daß man mir die Krankheit abnimmt. – Ich habe hier im Krankenhaus sowohl ambulante als auch stationäre Patienten, und es ist für mich eine ganz wichtige Erfahrung, daß man als stationärer Patient im Krankenhaus eine größere Chance hat, sich Gedanken über seine Krankheit zu machen.

W.W.: Weil man aus seinem gewohnten Lebensbereich herausgerissen ist?

M. Treichler: Genau, man ist aus seinem normalen Lebensablauf herausgerissen, und wird dadurch stärker auf sich selbst zurückgeworfen. Diese Chance kann man sowohl nutzen als auch vertun. Nutzt man sie, kann man in verhältnismäßig kurzer Zeit zu wesentlichen Einsichten über sich selber kommen. Aber dafür ist Krankheit nötig, die den Menschen sensibler und offener macht, und genauso gehört dazu das Leiden sowie die Loslösung vom normalen Alltag.

Sinn und Zeitpunkt der Krankheit

W.W.: Angenommen, ein Patient stellt während einer ernsten Krankheit zum ersten Mal in seinem Leben eine Sinnfrage zu seinem eigenen Schicksal: Wie knüpfen Sie an eine solche Frage im Umgang mit dem Patienten an, und auf welche Weise beziehen Sie bei Ihrem anthroposophisch-psychosomatischen Ansatz Reinkarnation und Karma mit ein?

M. Treichler: Erstes Gebot für mich ist immer, an das anzuknüpfen, was der Patient von sich aus sagt. Er ist für mich ein Gegenüber, das ich vollkommen ernst nehme. Zunächst lasse ich mich ohne eigene Interpretation auf das ein, was er mir mitteilt. Natürlich stelle ich darüber hinaus die biographische Frage: Welchen Stellenwert hat die Krankheit im Lebensweg dieses Menschen, und was bedeutet sie in seinem Schicksal? Das ist bei vielen Krankheiten überaus notwendig und von vielen Patienten auch gewollt. Oft taucht die Frage nach dem Sinn der Krankheit auf, häufig auch nach dem Zeitpunkt der Krankheit. Ich erlebe immer wieder, daß z.B. Krebspatienten nicht nach der Krankheit selber fragen, sondern nach dem Zeitpunkt der Krankheit: „Warum habe ich *jetzt* Krebs bekommen, nicht aber vor drei Jahren?" Diese differenzierten Fragen nach dem Zeitpunkt der Krankheit nehmen immer mehr zu.

W.W.: Was ist der Hintergrund, wenn die Patienten glauben, daß sie vor drei Jahren durchaus hätten Krebs bekommen können, nicht aber jetzt?

M. Treichler: Vor drei Jahren – so glauben sie – hätten sie den Ausbruch einer Krankheit noch verstanden, denn damals gab es eine tiefe Krise, z.B. mit dem Partner. Inzwischen ist die Krise aber bewältigt, äußerlich geht alles wieder aufwärts, nun aber kommt die Krankheit. Die biographische Frage nimmt also bei den Patienten zu, und das ist gut so, denn sie ist für das Verstehen der Krankheit und vor allem für den Gesundungsprozeß ein wichtiger Bestandteil.

Viel wichtiger ist natürlich der therapeutische Aspekt. Deswegen schaue ich in der biographisch-therapeutischen Arbeit die Vergangenheit des Patienten an, um zu verstehen, wie sich der Mensch entwickelt hat, wann und warum die Krankheit eingetreten ist. Dabei schaue ich nicht nur auf die sogenannten Life events, sondern vorwiegend darauf, wie der Mensch auf die Lebensereignisse, die ihm widerfahren sind, reagiert hat. Das können äußere Antworten in der Lebensgestaltung sein, genauso aber innere. Daraus ergibt sich auch seine Fähigkeit, wie er jetzt auf dieses Lebensereignis Krankheit antworten kann. Ferner wird es für ihn wichtig, wie er sich, durch die Krankheit angeregt, Einsichten bildet, mit dieser Krankheit weiterzuleben. Worauf richtet er jetzt seine Ziele?

W.W.: Was bedeutet es für den Patienten und den Genesungsprozeß, wenn er im Gespräch mit Ihnen zusammen den Sinn der Krankheit zumindest teilweise ergreift?

M. Treichler: Das hat auf verschiedenen Ebenen ganz gewaltige Auswirkungen. Zunächst einmal fühlt sich ein Patient, der die Sinnfrage stellt, geistig bereichert und damit auch zufriedener. Dadurch wird der Krankheit auch etwas von dem Leiden und dem Schrecken genommen. Wenn wir etwas verstehen, ist es für uns heutige Menschen schon wesentlich weniger schreckhaft. Es tut uns auch gut, wenn wir etwas existentiell Bedrohliches wie eine Krankheit verstehen. Das gibt uns sogar Kraft. Man hat dann das berechtigte Erlebnis, daß man mit der Krankheit umgehen kann und sie einen nicht unterdrücken wird. So etwas hat seelisch-geistige Auswirkungen, und zwar spontan und sofort. Dadurch stärkt sich ungeheuer die Motivationsbereitschaft, mit der Therapie und dem Leben allgemein weiterzumachen. Auch physiologisch-biologisch gibt das einen enorm verstärkten Schub für das Immunsystem. Die positive Motivationskraft stärkt das Immunsystem und die Abwehrkräfte und damit die Ausgangssituation für eine körperliche Heilung.

Ganz anders wäre die Situation, wenn ein Patient die Krankheit überhaupt nicht verstehen will, nur verzweifelt oder depressiv reagiert, denn dann schwächt er auf der physiologischen Ebene sein Immunsystem, und der gesamte Heilungsverlauf wird schwieriger. Die Lebenseinstellung des Patienten hat also Auswirkungen bis in den körperlichen Krankheits- bzw. Gesundheitsverlauf.

I. Psychosomatische Krankheitsbilder

W.W.: Kann man Kategorien typischer überindividueller psychosomatischer Krankheitsbilder aufstellen?

M. Treichler: Auffallend überindividuell erscheinen mir heute Angst, Krebs, Depression und die schizophrenen Psychosen. Das sind die weitverbreitetsten Krankheiten. Aber auch bei anderen Krankheiten – davon bin ich überzeugt – findet man, wenn man differenziert hinschaut, überindividuelle Aspekte. Jede Krankheit steht immer in einem individuellen und überindividuellen Wechselverhältnis, aber bei diesen vier großen Krankheitsgebieten scheint mir das Überindividuelle gerade in der heutigen Zeit sehr stark ins Auge zu springen.

Die Organoberflächen als Spiegel der Wahrnehmungen

W.W.: Steiner spricht immer wieder davon, daß auch die inneren Organe des Menschen – nicht nur die Sinnesorgane – die Wahrnehmung der Umwelt aufnehmen und ins Bewußtsein spiegeln. Können Sie diesen Vorgang beschreiben?

M. Treichler: Mit den Sinnesorganen nehmen wir die Außenwelt wahr, insofern wir auch mit einer intentionalen Aufmerksamkeitsaktivität nach außen gehen: Wir schauen hin, wir hören hin, wir tasten ab; also wir gehen mit unserer Intentionalität hinaus. Wir nehmen wahr und nehmen das Wahrgenommene in uns herein. Nun ist es bis heute ein ungeklärter Prozeß, wie ein Wahrnehmungsgegenstand draußen in mir zu einem Bewußtseinsbild geführt wird. Das weiß bisher noch niemand. Irgendwo hört eine akustische oder elektromagnetische Welle im Körper auf, auf der anderen Seite haben wir plötzlich etwas Nichtelektrisches, nämlich ein Bewußtseinsbild. Dieser Übersprung ist bisher unerforscht.

Durch die anthroposophische Menschenkunde könnte man sich das folgendermaßen vorstellen: Mit den Sinnen geht man heraus in die Welt, nimmt dann durch die Sinnesorgane etwas von den Sinneswahrnehmungen der Welt mit herein, aber bevor das äußere Bild in mir zu einem Bewußtseinsbild wird, muß dieses äußere Bild in mir gespiegelt werden. Dieser Spiegelungsvorgang ist auf dem Wege der Bewußtseinsbildung eines äußeren Wahrnehmungsgegenstandes notwendig. Die äußeren Gegenstände werden also in mir gespiegelt, aber bevor sie in mein Bewußtsein treten.

Mein Bewußtsein befindet sich gegenüber von diesem Spiegel. Der Spiegel selbst, also die Spiegelflächen, sind die Oberflächen der inneren Organe, die

Oberflächen der belebten, funktionierenden, wachsenden inneren Organe. Als wesentliche Organe kommen dabei Herz, Lunge, Leber und Niere in Betracht, weil sie ganz besonders stark mit dem Leben verbunden sind. An ihrer Organoberfläche spiegelt sich, was wir durch die Sinnesorgane hereinnehmen.

Bei diesem Vorgang spielt der Ätherleib eine wesentliche Rolle. Die ätherische Kraft ist vor allem auch im fließenden Element wirksam, und aus Naturbeobachtungen kennt man, daß man sich im Wässrigen spiegeln kann. Vielleicht kann man sich das so vorstellen, daß eine ätherische Hülle um die Organe herum ist und daß sich an dieser „Wasseroberfläche" die Wahrnehmungen spiegeln. Da dieses ein überphysischer Vorgang ist, hat er die Möglichkeit, sich als überphysischer Spiegelungsvorgang in das Bewußtsein einzubringen. Was sich also an der ätherischen Organoberfläche spiegelt, kommt anschließend als Bild in das Bewußtsein. Dieser Übersprung ist natürlich nicht physiologisch beweisbar, denn er selber ist bereits überphysisch, in diesem Falle ätherisch-psychisch.

Wenn der Spiegel verzerrt ist

So weit zu dem allgemeinen Vorgang. Nun ist aber jeder Mensch individuell verschieden konstituiert, sowohl seelisch als auch leiblich. Die Qualitäten der genannten vier Organe drücken sich dadurch aus, daß ihr Spiegelungsvorgang jeweils ein wenig unterschiedlich voneinander ist. Leber und Niere z.B. spiegeln andere Qualitäten als Herz und Lunge. So wie sie auch als Organe anders aussehen und andere physiologische Aufgaben haben, spiegeln sie auch andere Tinktionen in das Bewußtsein hinauf. Dadurch werden die Bilder, die wir im Bewußtsein haben, individuell verändert, je nachdem, welche Organqualität sich in den Spiegelungsvorgang vorwiegend hineinmischt.

Zunächst einmal könnte man sagen, daß, wenn der Spiegel ganz rein, glatt und sauber ist – wie wir es auch von einem normalen Spiegel erwarten –, das Spiegelbild exakt ist; es entspricht dann genau der Außenwelt. Wenn der Spiegel dagegen von außen beschlagen ist, sehen wir ein unscharfes oder verschwommenes Spiegelbild. Ist der Spiegelhintergrund gewölbt, so sehen wir ein verzerrtes Spiegelbild. Wenn der Spiegel dagegen irgendwo einen blinden Fleck hat, sehen wir an dieser Stelle gar nichts.

So kann ein Spiegel also blinde Flecken, Biegungen, Verzerrungen oder getrübte Stellen haben, er kann beschlagen sein, auf jeden Fall kann ganz viel mit einem Spiegel geschehen, so daß das Spiegelbild dadurch entsprechend verändert wird. Es kann sogar das Glas farbig sein, so daß das Spiegelbild entsprechend farbig wird.

Diese im äußeren Vorgang möglichen Veränderungen können sich ebenfalls bei dem physisch-überphysischen Spiegelungsvorgang an den inneren Organen ereignen. Gibt es entsprechende Verzerrungen, taube Stellen oder farbige Spiegeloberflächen im Inneren des menschlichen Körpers, so werden seine Bewußtseinsbilder, die er von der äußeren Welt erhält, verändert. Wir beide können dann z.B. diese Tür, diesen Sessel oder die Blume dort drüben anschauen, aber Sie sehen die Gegenstände ein bißchen anders als ich. Wir können uns dann darüber verständigen und den Eindruck bekommen, wir haben das gleiche gesehen, obwohl wir den jeweiligen Gegenstand der Außenwelt ein wenig verschieden wahrgenommen bzw. erlebt haben. Wichtig ist, daß wir uns darüber verständigen können. Es könnte natürlich auch sein – insbesondere bei komplexeren Zusammenhängen –, daß jeder von uns auf seiner Wahrnehmung beharrt und im Stillen denken würde, daß der andere es nicht richtig sieht, daß er sich total täuscht und keine Ahnung hat. In diesem Moment versteht man sich gegenseitig nicht mehr. Es entstehen Vorurteile über den anderen oder über den Gegenstand, die Verständigung wird immer schwieriger, das Urteil immer radikaler, und je weniger man seine eigene Wahrnehmung relativieren oder in Frage stellen kann, je mehr man davon ausgeht, daß die eigene Wahrnehmung die einzig Denkbare ist, desto mehr grenzt man sich von Verständigungsmöglichkeiten und Kommunikationsbeziehungen mit anderen Menschen ab. Diesen Prozeß der Betonung der Eigenwelt kennen wir natürlich aus dem sozialen Miteinander der Menschen. Der gleiche Prozeß kommt aber auch im Innerpsychischen vor, und das geschieht um so mehr, je stärker und imponierender mein eigenes Spiegelbild ist. Desto mehr muß ich davon überzeugt sein, daß das, was ich so stark und mächtig erlebe, richtig ist.

Niere und Leber als Wahrnehmungsorgane

W.W.: Können Sie diesen Wahrnehmungsprozeß der inneren Organe anhand eines Beispiels darstellen: Was nimmt die Niere wahr, das die Ohren nicht hören, und wie wirkt sich das auf mein Seelenleben aus? Vor allem interessiert mich, was die inneren Organe zusätzlich wahrnehmen, denn normalerweise würde man ja denken, daß man mit seinen Sinnesorganen bereits alles aufnimmt.

M. Treichler: Die inneren Organe nehmen seelische Qualitäten auf. Die Niere ist ein besonders sensibles Organ für alles Gefühlsmäßige, Emotionale, Affektive, Erregbare, Bewegbare, mich oder den anderen Bewegende. Es gibt in der Umgangssprache den Ausdruck: „Es geht mir etwas an die Nieren." Was einem Menschen an die Nieren geht, sind keineswegs gedankliche Erkenntnisse, sind nicht Begriffe, sondern Nöte, Gefühle, Emotionen und Affekte, die wir im Umgang mit anderen Menschen erleben. Wenn man so etwas zu nah oder zu intensiv erlebt, geht es einem an die Nieren. Das drückt aus, daß die Niere in diesem Bereich ein besonders sensibles Organ ist.

Die Leber hat eine andere Qualität. Auch hier gibt es den volkstümlichen Ausdruck: „Es ist mir eine Laus über die Leber gelaufen." Die Leber ist unter Umständen höchst sensibel für ganz feine, harmlose Veränderungen oder Geschehnisse, die aber der Betreffende stark erlebt. Er erlebt sie so stark, daß von dieser intensiven Empfindsamkeit seine gesamte Stimmung geprägt wird. Wenn man sich vorstellt, daß man eine Laus wahrnimmt, die über etwas läuft, dann muß man schon ungeheuer sensibel und feinfühlig sein. Wenn ich diese Laus, die über die Leber läuft, als Stimmung nicht abhaken kann, dann beeindruckt sie mich tiefer, und dann wird es bedenklich. Ich komme dann in eine Stimmung herein, die mich prägt. An dieses mich prägende Ereignis erinnere ich mich morgen, übermorgen und die gesamte nächste Zeit, weil ich nicht loslassen kann, d.h. es setzt sich etwas Harmloses in mir fest. Es wird das Leichte schwer, prägt sich ein und bestimmt meine Stimmung.

Die Qualität der Leber ist es also, Stimmungen in sensibler Art aufzunehmen, sie aber gleichzeitig auch schwerzunehmen, während die Niere die starken Affekte aufnimmt, die dann zu starken Bewegungen führen. Die Leberkrankheiten machen so gut wie keine Schmerzen, während die Nierenkrankheiten, z.B. die Nierenkolik, ungeheuer schmerzhaft sind.

Zur Herzphobie gehört nicht nur Angst, sondern auch Durchhaltekraft

W.W.: Wie ist das psychosomatische Krankheitsbild einer Herzkrankheit?

M. Treichler: Die bekannteste psychosomatische Herzkrankheit ist die Herzphobie – auch Herzneurose genannt –, eine sehr unangenehme Erkrankung, bei der der Betroffene das Erlebnis hat, daß zu einer unpassenden Gelegenheit – z.B. unterwegs – das Herz zu rasen beginnt, das Blut nicht mehr genügend durch den Körper läuft und kalter Schweiß, Angst, Zittern und Unruhe entstehen. Begleitet wird diese Herzphobie von dem angstdurchzogenen Gefühl: Wenn das so weiter geht – und für den Patienten spricht alles dafür, daß es so weiter geht –, dann mache ich es nicht mehr lange und werde nach wenigen Minuten ohnmächtig zu Boden fallen. Allein schon die Vorstellung dieses Herzrasens bringt den Patienten dazu zu glauben, daß er elendig verenden wird. Eine derartige Herzphobie kann auch ein wenig anders vonstatten gehen, z.B. daß man glaubt, das Herz könnte plötzlich stehenbleiben, was natürlich entsprechende Todesfolgen hätte. So malt sich das der Mensch in seiner Phantasie aus. Ich schildere es absichtlich etwas drastisch, und man merkt, daß diese Ängste natürlich übertrieben sind.

Die physiologische Reaktion des Herzens ist dabei in der Regel völlig normal, es ist ohne weiteres möglich, daß das Herz eine Zeitlang schneller schlägt, denn das tut es bei körperlichen und seelischen Anstrengungen ohnehin. So etwas muß das Herz leisten können, denn es gehört zu den Regelungsmechanismen des Herzens dazu. Die Angst bzw. Furcht konzentriert sich auf das Herz als lebenswichtiges Organ, man meint, daß es durch zu langsames oder zu schnelles Schlagen seine Funktion aufgeben könnte. Eine solche Herzphobie beeinträchtigt das Leben eines Menschen erheblich, denn er traut sich vieles nicht mehr zu, weil die empfundene Gefahr und die Angst wieder eintreten könnten. Wegen der Angst und dem Leiden ist die Herzphobie eine schwere Krankheit, obwohl eine organische Gefahr nicht besteht. Die Menschen erleben es allerdings als gefahrvoll.

W.W.: Wie kommt es, daß gerade in diesem Fall die Angst so stark erlebt wird, obwohl sie im Grunde physiologisch völlig unbegründet ist?

M. Treichler: Angst wird von Menschen vorzugsweise auf zwei Organe projiziert bzw. durch sie erlebt: im Bereich der Atemwege und der Lunge und in bezug auf das Herz. Durch beide Organe erleben wir Angst, und auf beide Organe projizieren wir Angst. – Die Herzphobie ist eine Projektion der Angst des Menschen auf ein Organ. Wahrscheinlich hat diese Angst ursächlich überhaupt nichts mit dem Herzen zu tun, sondern wird lediglich auf dieses projiziert.

Auf der anderen Seite entsteht durch das Herz auch noch eine andere Möglichkeit, und ich habe Herzphobie-Patienten, bei denen das eindrücklich zu erleben ist: Konkret vor mir habe ich einen Patienten, der im 21. Lebensjahr an einer Herzphobie erkrankt ist. Sie trat meistens auf Reisen auf – er war damals Vertreter –, und zwar im Zug oder wenn er allein auf seinem Hotelzimmer war. Er hat sich dann aber selber gesagt – und das ist die andere Qualität des Herzens: „Ich muß mich anstrengen. Wenn ich mich nicht anstrenge, gehe ich jämmerlich zugrunde. Ich muß diese Herzangst überwinden, um meine Arbeit zu tun, denn ich will und kann nicht zugrunde gehen." Er hat sich im weiteren eine ungeheure Durchhaltekraft erworben, er hat seine Herzphobie aber eigentlich nie verloren, sondern immer als Stimulus für seine ungeheure Durchhaltekraft gebraucht. Schließlich wurde er in seinem Leben unglaublich erfolgreich, weil er sich immer massiv überwinden mußte.

Das Herz – darauf will ich hinaus – hat diese polaren Qualitäten, entsprechend der physiologischen Zusammenziehung und Ausdehnung –, indem es in der Zusammenziehung von Angst, Schuld und Not lebt, genauso aber auch in der Ausdehnung in Freude, Tatkraft und Begeisterungsfähigkeit. Bei Herzphobie-Patienten erlebe ich häufig, daß die Durchhaltekraft und Anstrengung von alleine als Gegenpol zu der Angst auftritt oder daß diese Durchhaltekraft zu motivieren ist. Diese Durchhaltekraft und Begeisterungskraft, die andere Qualität des Herzens, die etwas Zukünftiges hat, ist eine therapeutische Quelle.

Zweifel an der eigenen Erlebnisfähigkeit

W.W.: Jetzt haben Sie im Grunde den zweiten Teil des Lebens eines Menschen mit Herzphobie geschildert. Was aber liegt seelisch bei einem Menschen vor, bevor er eine Herzphobie bekommt?

M. Treichler: Typischerweise treten Phobien in den 20er Jahren auf, auch wenn sie noch im späteren Lebensalter auftreten können. Unter anthroposophisch-biographischen Gesichtspunkten ist das die Zeit der Empfindungsseele (21–28 Jahre). In dieser Zeit lebt man vorwiegend in den Empfindungen, in den Wahrnehmungen der Welt, und man nimmt die Wahrnehmungen der Welt in sich herein, um sich durch sie zu bereichern. Dadurch kommen wir zu Begeisterung und Motivation. Gerade in den 20er Jahren lebt der Mensch mit voller Kraft in der Begeisterung und den Ideen, zu denen er sich durch die Welt hat anregen lassen. In gesunder Weise verläuft diese Entwicklung aber nur, wenn sich die Empfindungsseele souverän aus den leiblichen Grundlagen und dem Empfindungsleib entwickeln kann. Wenn es in dieser Entwicklung, z.B. innerhalb der Erziehung, Behinderungen gegeben hat, kann sich die Vertrauensfähigkeit, das Urvertrauen, nicht richtig entwickeln. Gerade zu Beginn der 20er Jahre kann das aber noch sehr unscheinbar bleiben.

Wenn die Empfindungsseele aber zum tragenden Element wird, wenn sich der Mensch Fragen an sein eigenes Empfinden stellt, wenn er sich fragt, ob er seinen eigenen Erlebnissen vertrauen kann, dann können Schwierigkeiten und Brüche entstehen. Eine gesunde Empfindungsseele lebt ganz im Vertrauen der eigenen Erlebnisse. Was ich erlebe, das ist für mich relevant. In den 20er Jahren ist das das vorherrschende Element, und das ist auch richtig so. Wenn sich die Vertrauensfähigkeit aber nicht richtig entwickelt hat, entstehen Zweifel, ob die eigene Erlebnisfähigkeit real ist, ob mir meine eigenen Erlebnisse überhaupt etwas sagen, ob meine eigenen Erlebnisse überhaupt eine Beziehung zu mir haben. In diesen Fragen, die die eigenen Wahrnehmungen in Zweifel ziehen, entstehen die phobischen und die Zwangskrankheiten. Einfach ausgedrückt: Ein solcher Mensch traut seinen eigenen Wahrnehmungen nicht mehr. Wer aber kein Vertrauen mehr hat, sondern nur Zweifel, bei dem entsteht Angst. Wenn sich dann auch noch die Wahrnehmung ändert, z.B. durch das Herzklopfen, dann steigert sich der Zweifel in die Wahrnehmung.

W.W.: Gesellen sich weitere phobische Anfälle zur Herzangst hinzu?

M. Treichler: Das kann sein, muß aber nicht. – Aus der nicht genügend ausgeprägten Vertrauensentwicklung entsteht also der Zweifel in die eigenen Wahrnehmungen und Empfindungen, daraus folgend entstehen Angst und die Phobie. Bei den Zwängen ist es entsprechend: Wenn ich meinen Wahrnehmungen nicht mehr traue, so komme ich zum Kontrollzwang, weil ich nicht glauben kann, daß ich den Herd abgestellt habe. Ich muß immer wieder zum Herd zurück, weil ich es nicht für wahr nehmen kann, was ich wahrgenommen habe.

Neues Vertrauen durch die Therapie

W.W.: Wenn ein Mensch an einer Herzphobie leidet, eine grundsätzliche Vertrauensstörung in seine eigenen Wahrnehmungen und Empfindungen hat, wie setzen Sie Ihre Therapie bei ihm an?

M. Treichler: Das therapeutische Prinzip ist für mich Vertrauensbildung. Ich schaue, auf welcher Ebene und auf welchem Weg ich diesen Menschen wieder zu einem Vertrauen verhelfen kann. Das kann sich zunächst einmal auf die äußere Natur beziehen, ferner auf die zwischenmenschliche Beziehungswelt. Es hängt von der Persönlichkeit ab, welchen Erfahrungsumkreis sie mitbringt. Die Vertrauensbildung kann auch in einer tragenden therapeutischen Beziehung entstehen, genauso aber auch in kunsttherapeutischen Erlebnissen. Wenn der Patient z.B. etwas Kunsttherapeutisches ausführt, kann er Vertrauen in seine eigenen Fähigkeiten erlangen. Er kann auch durch Naturbeobachtungen Vertrauen in Naturgesetze entdecken. Bei der therapeutischen Beziehung kann der Patient Vertrauen in menschliche Beziehungen erhalten. Meistens ist dies ein längerer Weg, und man muß den spezifischen Weg des jeweiligen Patienten herausfinden. Bei dem vorhin erwähnten Vertreter mit der Herzphobie war es die Wiedergewinnung des Vertrauens in seine eigenen intellektuell-geistigen Fähigkeiten.

Die phobische Erkrankung ist eine Erkrankung der Empfindungsseele. Die Empfindungsseele wird in der seelischen Entwicklung durch die Verstandesseele abgelöst. Die Verstandesseele versteht, und was sie versteht, gibt ihr Sicherheit. Wenn ein Patient an einer phobischen Erkrankung der Empfindungsseele leidet, dann aber in die Verstandesseelenentwicklung eintritt, gewinnt er Sicherheit. Die Verstandesseele gibt uns das Verstehen, das Durchschauen von gesetzmäßigen Abläufen. Deswegen gehört es zur Therapie, den Patienten mit einer phobischen

Erkrankung von den Zweifeln seiner Empfindungsseele zur Sicherheit der Verstandesseele zu führen. Er braucht die Erkenntnismöglichkeit für die Welt, die Durchschaubarkeit ihrer Gesetze und Abläufe. Wenn man das immer wieder übt, so gibt ihm das Sicherheit. Dann kann er auch mit seinen phobischen Attacken immer sicherer und souveräner umgehen.

Psychosomatische Aspekte zum Herzinfarkt

W.W.: Herzinfarkt ist mittlerweile die häufigste Todesursache in den Industriestaaten. Können Sie ein psychosomatisches Krankheitsbild eines typischen Herzinfarktpatienten zeichnen?

M. Treichler: Das ist in der kardiologischen und psychosomatischen Herzinfarktforschung vielfach untersucht worden, und von daher kennen wir die Beschreibung des Typ A- und des Typ B-Verhaltens. Nach diesen beiden Verhalten unterscheidet man die Herzinfarktpatienten. Allgemein hat der Herzinfarkt verschiedene Risikofaktoren: erhöhter Blutdruck, erhöhte Blutfette, Diabetes, wenig Bewegung, falsche Ernährung. Das sind die körperlichen Faktoren. Sie können als Risikofaktoren durch Ablagerung von Fetten und anorganischen Materialien an den Herzkranzgefäßinnenwänden einen Herzinfarkt begünstigen. Kommt es nur dadurch zu einem Herzinfarkt, so wäre das ein Herzinfarkt des Typs B. Er hat mehr oder weniger nichts anderes als die körperlichen Risikofaktoren. Diese Fälle sind allerdings die selteneren.

Auffallend und häufiger ist Typ A. Bei ihnen kommt ein seelisches Verhalten hinzu, das ganz stark von dem Bedürfnis geprägt ist, aktiv zu sein, zu dominieren, zu führen, sich nicht passiv führen zu lassen; sie verhalten sich expansiv und impulsiv, können sich durchsetzen und sind dadurch erfolgreich. Im Grunde sind das natürlich Eigenschaften, gegen die man nicht allzuviel sagen kann, und sie stehen auch in unserer Zivilisation obenan. Bei diesen Menschen ist etwas von Zähigkeit, Kraft, aber auch von Härte zu spüren. Wenn sie diese Eigenschaften über Jahre entwickeln, so führen sie nicht zu der bei anderen Menschen wahrnehmbaren Weichheit und Sensibilität, denn diese widersprechen der Durchsetzungskraft und Dominanz. Die seelischen Qualitäten der Dominanz im weitesten Sinne drücken sich in einer zunehmenden Verhärtung aus, und diese spiegelt sich vom Psychologischen ins Physiologische, ins Organische. Die Herzkranzgefäße, die das Herz mit Blut versorgen, übernehmen diese Härte, werden starr, verlieren ihre Elastizität und lassen dadurch nicht mehr so viel Blut durch, so daß sich eine Stenose bildet, die zu einem Herzinfarkt führt.

W.W.: Eine seelische Eigenschaft wird also organisch!

M. Treichler: Genau. Wobei man zu dem Typ B, der raucht, viel ißt und trinkt, noch sagen muß, daß es auch ein seelisches Verhalten ist, das dazu führt, daß er viel Fett ißt und viel raucht und sich wenig bewegt. Also auch die körperlichen Faktoren gehen auf menschliches Verhalten zurück. Das eine Mal lebt der Mensch seine nicht ausgelebte Expansionswut im Essen, Trinken und Rauchen aus, während der andere seine Expansionswut durch Aktivität nach außen auslebt. Es sind also immer seelisch-menschliche Verhaltensweisen, die sich über viele Jahre hinweg in das Organische einprägen.

W.W.: Was würden Sie denn dem Typ A raten? Was sollte er in seinem seelischen Verhalten ändern, wenn er kurz vor einem Herzinfarkt steht bzw. den ersten bereits hinter sich hat?

M. Treichler: Sofern man die Lebensgewohnheiten und den Lebensstil des Patienten kennt, kann man unglaublich viel raten. Wenn man das aufgearbeitet hat, so entsteht die schwierige Frage, ob der Mensch überhaupt bereit ist, Änderungen in seinem Lebensstil vorzunehmen. Darin entscheidet sich, ob man überhaupt therapeutisch weiterkommt oder ob man nur in den äußeren Dingen – Essen, Trinken, Rauchen, Bewegung – Ratschläge geben kann. Wichtig wäre es, bis in den seelischen Bereich hineinzukommen, damit etwas von der seelischen Härte aufgelöst werden kann, so daß mehr Gefühlsqualitäten, Sensibilität und Weichheit bei diesem Menschen angeregt werden können. Aber gerade bei ihnen ist das sehr schwer, weil sie primär dazu nicht geneigt sind. Es gehört auch sehr viel Bereitschaft zur Einsicht dazu. Manchmal gelingt es, je schwerer die Erkrankung des Herzinfarktes war, desto offener werden die Menschen. Eine Qualität des Herzens – das haben wir vorhin besprochen – ist die Durchsetzungskraft; bei Herzinfarktpatienten muß nun aber die andere Qualität angeregt werden: die Verinnerlichung, Sensibilität, das Genußvolle, Freudige. Generell gesprochen kann man sagen, daß das Herz immer zu Krankheiten neigt, wenn es in eine Einseitigkeit hineinkommt.

Aus der krankheitsbedingten Offenheit kann etwas Neues entstehen

W.W.: Ich stelle mir das Ganze einmal praktisch vor. Für uns in diesem Gespräch sind die Zusammenhänge einleuchtend. Nun haben Sie aber z.B. einen Herzinfarktpatienten vor sich auf der Station, und man kann ihm nicht in Kürze entsprechende längere Erörterungen geben, wie wir sie jetzt hier miteinander im Gespräch entwickeln. Wie – wenn es überhaupt geht – machen Sie einem Patienten klar, daß sein seelisches Verhalten etwas in seinem Körper bewirkt hat?

Wie machen Sie ihm in der Kürze der Zeit klar, daß er auch seelisch etwas bei sich selber verändern muß?

M. Treichler: Zunächst einmal mache ich ihm gar nichts klar, sondern lasse ihn schildern, was alles gewesen ist, wie er seine Krankheit erlebt hat, und dann kommt meine Frage, ob er seine Krankheit verstehen kann. Vielleicht hat er sich auch schon selber Gedanken darüber gemacht, wofür diese Krankheit in bezug auf sein Leben ein Ausdruck ist. Das Entscheidende ist, ob er sich darauf einläßt, daß die Krankheit ihm in bezug auf sein Leben etwas sagen will. Wenn der Patient sich darauf einläßt, daß die Krankheit ihm etwas sagen will, dann gehe ich darauf ein. Wenn er davon nichts hören will, ist es natürlich viel schwieriger. Zwar kann ich dann noch ein wenig nachbohren und ihn z.B. fragen, ob er tatsächlich denke, daß es genauso mit ihm weitergehen könne. Aber wenn er das so will, dann ist das seine freie Entscheidung. Er ist der Herr seines Schicksals, und ich kann und will nicht über ihn bestimmen.

Natürlich kann ich ihm nahelegen, wie es aus meiner medizinischen Sicht mit ihm weitergehen wird, so daß er dann sehenden Auges sein Leben in Zukunft in die Hand nehmen muß. – Entscheidend ist aber, ob der Patient sich auf die Aussage seiner Krankheit einläßt, denn dann beginnt ein therapeutischer Weg, dann bin ich Partner für ihn. Ich mache die Erfahrung, daß ein Patient, der sich auf die Aussage seiner Krankheit einläßt, auf die besten Ideen kommt. Er wird durch die Krankheit offen, und dieser Offenheit ein geborgenes Zuhause zu geben, ist meine bzw. unsere Aufgabe in dieser Klinik. Wir verschließen uns nicht vor dem Patienten, sondern versuchen ihm klarzumachen, daß die Offenheit seine Chance ist. Und für seine persönliche Offenheit findet er bei uns ein offenes Haus. Er kann sich bei uns sicher fühlen, daß er in seiner jetzigen Verletztheit nicht noch zusätzlich durch unsere Klinik verletzt wird, sondern daß er Schutz und Hilfe bekommt. Es kann dann etwas Neues entstehen, so daß er mit einem neuen Schutz versehen wieder ins Leben gehen kann und weiß, was er tun muß. Er kann bei uns das Gefühl erhalten, daß seine Offenheit ihn zwar verletzlich macht, er aber trotzdem bei uns geschützt wird. Aus dieser Offenheit kann er dann Erkenntnisse ziehen. Es ist mein größtes Anliegen zu schaffen, daß die Patienten diese Offenheit zulassen und unsere Hilfestellung erkennen.

In der Atmung lebt ein eminent sozialer Prozeß

W.W.: Warum ist das seelische Erleben so eng mit der Atmung verbunden?

M. Treichler: Zunächst einmal kann man erleben, daß unsere Atmung auf unsere seelischen Erlebnisse äußerst sensibel reagiert. Wenn jemand zur Tür

Henning Köhler

Von ängstlichen, traurigen und unruhigen Kindern

Grundlagen einer spirituellen
Erziehungspraxis
153 Seiten, gebunden,
DM 36,– / öS 281,– / sFr. 37,–

«Die Lage der Kinder fordert uns heraus, ernst zu machen mit der ‹neuen Spiritualität›, die dort beginnt, wo eine neue Menschlichkeit aus der Ehrfurcht vor dem Kinde erwächst.»

Henning Köhler wird in seiner Praxis immer wieder mit Erziehungsfragen und -problemen konfrontiert. In seinem neuesten Buch wendet er sich einer sehr brennenden Problematik zu, den ängstlichen, traurigen und unruhigen Kindern. Dabei macht er die Eltern und Erzieher darauf aufmerksam, daß solche Entwicklungsstörungen in einem ungesunden Verhältnis des Kindes zu seiner Leiblichkeit begründet liegen. Durch solche Störungen ist es dem Kinde nur schwer möglich, die Beziehung zu seinem höheren Wesen zu finden. Köhler gibt hier hilfreiche Ratschläge, wie Eltern und Erzieher dem Kind zu einem gesunden Verhältnis zur Sinnesorganisation seiner Leiblichkeit verhelfen können.

Weitere Titel von Henning Köhler:
Vom Rätsel der Angst
Jugend im Zwiespalt

Verlag Freies Geistesleben

hereinkommt und wir erschrecken, so schlägt sich das auf die Atmung nieder. Atmung ist ein Vorgang, der unbewußt, aber mit absoluter Regelmäßigkeit abläuft. Wenn man die Atmung ganz sich selber überläßt, ist sie ein ungestörter und sicherer Rhythmus. Sie reagiert aber auf jede körperliche und seelische Veränderung mit höchster Sensibilität. In der Regel achten wir nicht so fein darauf, wie sich die Atmung verändert. Täten wir es, könnten wir bei unserem Gegenüber ganz viel allein aus der Veränderung seiner Atmung entnehmen. Manchmal machen wir das ganz selbstverständlich, z.B. wenn sich jemand in einer Diskussionsrunde zu Wort meldet und wir an seiner Stimme Veränderungen wahrnehmen: wie er kurzatmig wird, wie seine Stimme einen anderen Klang bekommt, wie etwas anderes mitschwingt. Die Atmung ist in der Stimme hörbar geworden und verrät uns, daß dieser Mensch innerlich sehr erregt ist, wütend ist oder auch Angst hat. Das ist zunächst einmal Ausdruck der Atmung, die sich in der Stimme hörbar macht. Daran können wir sehen, wie fein, sensibel und unmittelbar die Atmung reagiert und wie sich in der Atmung ganz generell unsere Beziehung zu der Welt ausdrückt. Diese Beziehung drückt sich in jedem Moment unmittelbar in der Atmung aus.

Mit der Atmung nehmen wir grundsätzlich etwas von der Welt in uns auf. Wir zwei atmen jetzt seit längerer Zeit die gleiche Luft. Was Sie abgeben und ausscheiden, das atme ich ein, und was ich ausscheide, atmen Sie ein. Das machen wir sonst als Menschen mit nichts anderem, daß wir so etwas Intimes wie Ausscheidungsprodukte verinnerlichen. Das ist ein ganz eminent sozialer Prozeß. Deswegen gibt es auch so viele Beschreibungen von seelisch-sozialen Atmungszuständen: Dort herrscht dicke Luft, es ist atemberaubend, es verschlägt mir den Atem, es stockt mir der Atem, oder sehr häufig hört man: Ich kann den nicht riechen. Wenn wir uns nicht riechen könnten, dann wäre das Interview mit Sicherheit anders verlaufen. Wenn sich zwei Partner – Mann und Frau – nicht mehr riechen können bzw. der eine den anderen nicht mehr riechen kann, dann ist das ein Alarmzeichen für die Partnerschaft. Diese höchste Alarmstufe zeigt, wie schwer erträglich der andere nur noch ist, wenn man ihn nicht mehr riechen kann. Die ganze Parfümindustrie arbeitet schließlich damit, daß man den anderen gerne riechen möchte und damit etwas Sympathisches verbindet.

Es wird überhaupt sehr viel mit dem Duft gearbeitet, weil wir damit unbewußt wahrnehmend – über das Riechen und die Atmung – in unserem Gefühlsleben beeinflußt werden. Es gab einmal einen Filialleiter eines Lebensmittelgeschäftes, der auf seinen Ananasdosen sitzenblieb. Er hatte das ganze Lager voll mit Ananasdosen und wollte sie loswerden, wußte aber nicht wie. Auch das ganze Regal war voll; die Ananasdosen waren als Sonderangebot ausgezeichnet, aber sie wurden kaum gekauft. Da kam er auf einen guten Trick. Er hat eine Dose aufgemacht und sie mit einem Bunsenbrenner ein wenig erwärmt, so daß es im ganzen Laden nach Ananas roch. Was war der Effekt? Die Leute kamen mit ihrem Einkaufswagen in den Laden hinein und nahezu jeder griff in das Regal mit den Ananasdosen, denn jedem stieg der süßlich-angenehme Geruch der Ananas sofort in die Nase, er wurde sympathisch aufgenommen und schon waren zwei Dosen im Wagen. In kürzester Zeit hatte er sein ganzes Lager verkauft.

W.W.: Die geheimen Verführer!

M. Treichler: Ja. Dieser Vorgang läuft unmittelbar ab, ohne daß man dabei groß nachdenkt, denn man hat nur das Empfinden: Das ist angenehm! Damit wollte ich nur auf die sehr enge Beziehung zwischen Gefühl, Atmung und Geruch hinweisen. Nachher, wenn unser Interview vorbei ist, werden wir wahrscheinlich beide hinausgehen und ganz stark ausatmen. Und dieser Ausatmungsseufzer hat etwas Befreiendes: Endlich geschafft! Das Seufzen ist ein ganz feiner Indikator für die Beziehung zwischen mir und der Welt. Wenn ich in der Ausatmung seufze, bin ich erleichtert, z.B. nach einer Prüfung oder einem Gespräch. Man kann aber auch in der Einatmung seufzen, und das machen vor allem die Kinder. Wenn Kinder schluchzen und seufzen, leben sie ganz in der Einatmung und nehmen dabei den ganzen Kummer der Welt in sich auf. Dann muß man sie trösten, bis sie endlich richtig weinen und wieder loslassen können. Sonst sind sie angestaut.

Bei der Atmung haben wir also die Polarität Einatmung – Ausatmung sowie eine seelische und eine körperliche Seite. Die seelische Seite ist, daß ich in der Einatmung Blumen, Parfüm, Duft, Ananas, Sympathie erlebe, mich sympathisch angesprochen fühle; wenn es faule Eier sind, natürlich auch unsympathisch, aber dann atme ich gleich wieder aus. Ist es angenehm, atme ich gerne ein, ist es unangenehm, atme ich sofort wieder aus. Sympathie – Einatmung, Antipathie – Ausatmung. Der begleitende körperliche Vorgang ist zunächst umgekehrt: Ich atme ein, und es wird mir eng. Hält man in der Einatmung inne, so hält man es nicht lange aus, so eng wird es. Wenn man ausatmet, so befreit es wieder. Das kennen wir auch aus der Psychologie: Zuviel Sympathie, zuviel Nähe, zuviel Fürsorglichkeit ist unerträglich. Dann braucht man wieder Abstand. Die Sympathie ist zwar gut, aber sie muß einen Wechsel, einen Ausgleich haben, denn zuviel Sympathie beengt und bedrängt. Auf der anderen Seite schafft zuviel Antipathie Distanz und Isolation. Es kommt also auf den Wechsel an, den wir in der Atmung sowie zwischen Sympathie und Antipathie in der Seele haben und brauchen. Das ist der gleiche Vorgang, nur auf verschiedenen

Ebenen. Beide sind unmittelbar, ohne eine Zwischenstufe, miteinander verbunden. Wir bemerken dies, wie gesagt, beim Schluchzen oder Seufzen, wie sich fein in der Atmung etwas von der seelischen Gestimmtheit ausdrückt. Ganz besonders bemerken wir das natürlich bei einer der großen klassischen psychosomatischen Krankheiten: dem Asthma.

Asthmatiker wollen geliebt sein

W.W.: Was liegt bei einem nach Luft ringenden Asthmatiker psychosomatisch vor, und was drückt sich in einem Asthmaanfall seelisch aus?

M. Treichler: Asthmatiker haben ein unabänderliches seelisches Bedürfnis: Sie wollen geliebt sein! Sie wollen um jeden Preis geliebt werden und würden es nie ertragen, wenn sie abgelehnt werden würden.

W.W.: Deswegen also die ständige Einatmung?

M. Treichler: Genau, deswegen wollen sie immer und immer wieder nur einatmen. Bitte keine Antipathie! Ich drücke es natürlich jetzt ganz einfach aus. Man kann das bei Asthmapatienten natürlich viel differenzierter schildern. Der Ausdruck dieses Liebebedürfnisses ist, daß Asthmatiker nur einatmen und nicht ausatmen können. Sie können nicht loslassen, sie können nicht entspannen. Diese Menschen sind auch sehr stark vom Kopf her betont, und unser Kopf, unsere Sinnesorganisation, unser zentrales Nervensystem ist ein Bereich, in dem wir berechtigt egoistisch sind. Auch mit dem Kopf will man nur aufnehmen und gibt so gut wie nichts ab. Wir nehmen möglichst viel auf und behalten es in Erinnerung. Das ist ein richtiger, aber unstofflicher Vorgang.

Drückt sich diese Kopftendenz eine Stufe tiefer in der Atmung aus, dann ist das Asthma: aufnehmen und behalten. Das ist aber auch bereits in der feinstofflichen Ebene – Luft und Atmung – nicht mehr möglich. So hat der Asthmapatient also die Kopfbetonung, alles behalten zu wollen, gleichzeitig soll aber das, was er behalten will, von Sympathie geprägt sein.

Marcel Proust, der große französische Romancier, schildert diesen Vorgang in wunderbarer Weise. Er liegt als achtjähriger Junge im elterlichen Haus im ersten Stockwerk in seinem Bett, und seine Mutter kommt abends herauf, um ihm einen Gutenachtkuß zu geben. Er freute sich sehr über diesen Kuß, hätte aber gerne zwei Küsse gehabt und wünschte sich vor allem, daß seine Mutter noch ein wenig bei ihm bleiben würde. Der Vater wollte es aber nicht und sah es gar nicht gerne, wenn seine Frau dort hinaufging. Der kleine Marcel spürte das natürlich, und die Folge davon war, daß die Mutter immer nur ganz kurz kam, ihm einen flüchtigen Kuß gab und wieder verschwand. Marcel Proust wünschte sehnlichst, daß seine Mutter länger bliebe, das war sein Sympathiebedürfnis. Er wußte aber, wenn er die Mutter bitten würde, doch länger zu bleiben, daß dann der Vater schimpfen würde. Die Mutter würde dann, weil der Vater schimpfen würde, ärgerlich werden und noch schneller fortgehen. Also sagte er natürlich nichts. Er hatte auch Angst davor, daß sie wieder so schnell gehen könnte und davor, daß er eigentlich nichts von dem sagen konnte, was er sich eigentlich wünschte. So kam er in ein ambivalentes Verhältnis: Er wollte etwas mehr Sympathie, traute sich aber nicht, es zu sagen, weil er die Folgen ahnte, und hatte deswegen schon Angst vor der kurzen Chance der kommenden Sympathiemöglichkeit. Er hatte also Angst vor dem, was er eigentlich wollte. Ein Jahr später, im neunten Lebensjahr, bekam Proust Asthma. Er hatte im Grunde Sehnsucht und Angst vor der Einatmung, behielt dann aber das bißchen Sympathie, das er bekam, in sich.

Psychoanalytiker nennen Asthma auch den Schrei nach der Mutter. Das ist zwar ein wenig pointiert, aber auf jeden Fall steckt darin die Tendenz, vom Kopf und von der Sympathie her beherrscht zu sein.

W.W.: Wenn ich mich recht erinnere, schildert Marcel Proust auch, daß er Eintreten des Sympathieerlebnisses mit der Mutter möglichst lange hinauszögern wollte, damit es nicht wieder so schnell vorbei sei. Das ist ja schon ein fast masochistischer Zug.

M. Treichler: So ist es. Diese Vorgänge werden dann organisch. In den Bronchien treten Schwellungen und Spasmen auf, Sekrete werden abgesondert, und das ist der organische Ausdruck des Festhaltenwollens und des Nichtloslassenwollens. Man will die Luft festhalten, die bei der Ausatmung antipathisch wäre.

Asthmapatienten haben auch die Tendenz, möglichst alles im Griff haben zu wollen. Auch damit verkrampfen sie sich wieder und lassen nicht los. Als Assistenzarzt merkt man auch immer wieder bei Asthmapatienten, daß sie sehr viel besser als man selber darüber Bescheid wissen, was man ihnen spritzen muß.

W.W.: Die kennen sich also aus, weil sie alles im Griff haben wollen?

M. Treichler: Ja. „Jetzt spritzen Sie das, dann spritzen Sie das, und wenn das nicht hilft, spritzen Sie folgendes!" Der junge Assistenzarzt ist dann meistens völlig überfordert, muß aber letzten Endes das tun, was der Patient gesagt hat, denn meistens hat der recht, und der Assistenzarzt lernt daran noch eine ganze Menge. Der Patient hat auch meist alles im Griff, z.B. auch seine Familie, nur sich selber nicht mehr. Das Sich-im-Griff-Haben verselbständigt sich, gerät außer Kontrolle und hat schließlich den Patienten selbst im Griff.

W.W.: Inwieweit hängen Angst und Zwanghaftigkeit mit einem chronischen Lungenleiden zusammen?

M. Treichler: Bei Asthma ist die Angst meist stark ausgeprägt vorhanden, ein Asthmaanfall geht immer mit Angst einher. Funktionelle Veränderungen bei den mittleren Organen – Herz und Lunge – gehen immer mit Angst einher. Die gleichen Veränderungen im Sinne einer Verengung gehen bei anderen Organen nicht mit Angst einher, z.B. Verengungen in der Gallenblase, der Niere oder den Blutgefäßen. Enge führt zu Angst, aber nur bei Herz und Lunge. Vom Organischen her gesehen führt Enge zur Angst, anders herum wird Angst aber auch auf diese beiden Organe projiziert.

© Prinzhornsammlung Heidelberg
Hans Kressin, Fall-Nr. 366, Inv.-Nr. 4058/N
Bild eines Psychopathen

II. Psychiatrische Krankheitsbilder

W.W.: In der Psychiatrie werden in der Regel drei Gruppen von Erkrankungen erfaßt. Zur ersten Gruppe gehören die Psychopathien, Neurosen und die reaktiven seelischen Erkrankungen. Könnten Sie diese drei kurz definieren und vielleicht jeweils ein Beispiel geben?

Reaktive seelische Erkrankungen

M. Treichler: Das sind die funktionellen seelischen Erkrankungen. Die einfachste ist die reaktive seelische Erkrankung. Reaktiv bedeutet, daß eine seelische Erkrankung als Reaktion auf ein Erlebnis auftritt. Die häufigsten Fälle in der Psychiatrie sind Verlusterlebnisse, also wenn man einen Freund, einen Partner, die Arbeitsstelle, das Vermögen oder die Gesundheit verliert. Dieser Verlust trifft mich so, daß ich ihn nicht angemessen, adäquat bewältigen kann, sondern in der Regel mit einer Depression reagiere. Die reaktive Depression ist die häufigste abnorme Erlebnisweise.

Natürlich kann man auf einen Verlust ganz verschieden reagieren, und ich selber sage immer, daß der Mensch nicht reagieren, sondern antworten sollte. Wenn er antwortet, ist *er* die Instanz, die den Überblick hat, und kann überlegen und nach einer Antwort suchen. Wenn ich nicht antworten kann, bin ich nicht Herr der Situation, sondern muß reagieren, und eine solche Reaktion ist mit weniger Bewußtsein und Kontrolle begleitet. Deswegen kommen in einer solchen Situation reaktive Erkrankungen hervor. Auf einen Verlust kann ich verschieden reagieren: mit Trauer, Ärger, Resignation, und das kann alles im Bereich des Gesunden sein. Wenn ich aber reaktiv depressiv werde, trifft mich der Verlust stärker, und ich habe die Situation zunächst nicht mehr in der Hand. In der Regel sind die reaktiven Erkrankungen vom zeitlichen Ablauf und von der Schwere her überschaubar, und sie gehören eher zu den leichteren Erkrankungen. Sie sind auch gut zu bewältigen.

Neurosen

Die Neurosen sind im Vergleich dazu wesentlich komplizierter, weil sie nicht Antwort oder Reaktion auf *ein* Erlebnis sind, sondern weil die gesamte seelische Entwicklung des Menschen dazugehört. Ein solcher Mensch ist durch seine Vorerfahrungen oder innerhalb seiner Entwicklung in der einen oder anderen

Johannes Rogalla von Bieberstein

Die These von der Verschwörung 1776–1945

Philosophen, Freimaurer, Juden, Liberale und Sozialisten als Verschwörer gegen die Sozialordnung

216 Seiten, kart., DM 33,–
ISBN 3-926841-36-2

Dr. Johannes Rogalla von Biebersteins Geschichte der Verschwörungstheorien. Das Buch stellt dar, welche Rolle die sogenannte Verschwörungstheorie in den letzten Jahrhunderten als Grundlage für übelste Verleumdungen spielte. Besonders werden die Französische Revolution und der Nationalsozialismus betrachtet. Eine Pflichtlektüre für jeden, der sich mit den Hintergründen politischen Geschehens auseinandersetzen will.

Die Freimaurerei als ideologisches, organisatorisches und soziales Substrat der Verschwörungsthese / Absolutistisch-ständestaatliche Gesellschaft und „geheime Gesellschaften" / Cagliostro als „Chef der Illuminaten" / Die Verdichtung der Verschwörungsthese zu einer Drahtzieher-Theorie / Die Rolle der Juden im Rahmen der Verschwörungsthese / Die Verschwörungsthese als Erkenntnis-, Manipulations- und Repressionsinstrument / Die Verwendung der Verschwörungsthese durch Katholizismus und Rechtsradikalismus 1848–1945.

Bezug über den Buchhandel oder direkt beim Verlag (zzgl. Porto und Verpackung):
**Flensburger Hefte Verlag
Holm 64 • D-24937 Flensburg
Fax: 0461/ 2 69 12**

Sonderheft 13

Waldorfschulen in Not

244 Seiten, kart., DM 24,80
ISBN 3-926841-63-X

Durch das von der SPD-Regierung des Landes Schleswig-Holstein geplante Haushaltsbegleitgesetz 1995 stehen für die Waldorfschulen erhebliche finanzielle Kürzungen ins Haus, die sich sogar als Existenzgefährdung für manche Schulen erweisen könnten. Für dieses Heft hat die FH-Redaktion mit Vertretern der Landesregierung und der Waldorfschulen gesprochen, um die komplizierten Bezuschussungs-, Rechts- und Steuerfragen, die die Waldorfschulen bedrängen, in verständlicher Form darzulegen. Die Darstellungen sind auch von grundlegender Bedeutung für alle Waldorfschulen in Deutschland. Spannend wie ein Krimi!

Artikel von: Henning Kullak-Ublick, Lehrer an der FWS Flensburg, **Klaus Höfer,** Redaktion FH, **Ingo Krampen,** Europäisches Forum für Freiheit im Bildungswesen, Bochum, **Johann Peter Vogel,** Geschäftsführer der Arbeitsgemeinschaft Freier Schulen, Berlin, **Ulrike Dunkhase-Heinl,** Kinderärztin, Flensburg, **Frank-Rüdiger Jach,** Professor an der Universität Bremen.

Interviews mit: Heide Simonis, Ministerpräsidentin des Landes Schleswig-Holstein, **Bernd Hadewig,** Geschäftsführer der FWS Eckernförde, **Bodo Richter,** Staatssekretär im Bildungsministerium Schleswig-Holstein, **Volkmar Callies,** Ministerialrat und Referent für die Zuschüsse an Ersatzschulen in freier Trägerschaft, **Hans-Jürgen Bader,** Justitiar des Bundes der Freien Waldorfschulen, Stuttgart, u.a.m.

Weise sensibilisiert oder verletztlich geworden. Früher glaubte man noch, daß so etwas auch durch *ein* Erlebnis (ein Trauma) entstehen könnte, heute weiß man, daß nicht nur ein traumatisches Erlebnis zu einer Neurose führt, sondern mehrere Faktoren vorliegen. Dazu gehört z.B. mein seelisches Temperament, die Möglichkeit, aufgrund meines Temperamentes und meiner Konstitution mit den verschiedensten Erlebnissen umzugehen, die mir durch die Eltern, in der Schule und der Ausbildung widerfahren, und letztlich, was sich in mir, in meinem Temperament, an Einstellung zum Leben gebildet hat. Das sind die Grundfaktoren, die wir alle mit uns herumtragen.

Menschenkundlich ist es interessant, daß das Temperament, die Erfahrungen, Gewohnheiten und Einstellungen, auch unsere Erinnerungen alle im Bereich des Ätherleibes liegen. Der Ätherleib wird durch meine Erfahrungen geprägt, und an ihm spiegeln sich meine aktuellen seelischen Erlebnisse wider. Im Ätherleib sitzt das Temperament, es sind Erinnerungen von Erlebnissen eingeprägt, in ihm bilden sich meine Gewohnheiten, Erwartungen, Einstellungen den Mitmenschen und dem Leben gegenüber.

Nun treten neue Erlebnisse ein, und sie werden an diesem Tableau meiner früheren Erlebnisse gespiegelt. Wenn es nun eine Verwandtschaft, eine Ähnlichkeit eines aktuellen Erlebnisses heute mit einer Erfahrung aus früherer Zeit gibt oder auch mit Einstellungen, Wünschen, Erwartungen, die ich habe, dann kann es entweder zu unerwarteten Verletzungen kommen, zum Aufbrechen alter Wunden oder zu unbewußten Konflikten. Unbewußt sage ich deswegen, weil das, was im Ätherleib eingeprägt ist, dem Menschen nicht ständig im Bewußtsein lebt. Dadurch kann es zu Widersprüchen oder Konflikten kommen. Kommt es zu diesen Konflikten, zum Aufreißen alter Wunden oder zu neuen Verletzungen, dann reagiert der neurotische Mensch auf das, was nun zum Teil unbewußt von den ätherischen Organoberflächen in gewisser Weise verändert oder verzerrt in seinem Erleben gespiegelt wird.

Die Antwort eines neurotischen Menschen wird deswegen nicht dem aktuellen Erlebnis angemessen sein, sondern sie ist geprägt von all dem, was in ihm bereits gelebt hat, und er antwortet aus seinem ätherischen Leib heraus. Deswegen ist der Charakter einer neurotischen Reaktion oft so unverständlich, überzogen und für die Mitmenschen schwer zu ertragen. Bei einem solchen Patienten müßten wir bedenken, daß er, wenn er mit Hysterie, Depression, Angst oder Erregung reagiert, gar nicht auf das antwortet, was aktuell im Vordergrund steht, sondern er reagiert auf das, was im Laufe seiner Lebensgeschichte in seinen Ätherleib eingeprägt worden ist. Das macht die Situation sehr viel komplizierter als eine reaktive Erkrankung. Trotzdem kann man sich diesen Menschen anschauen und mit ihm umgehen und ihn durch Psycho- und Kunsttherapie sowie anthroposophische Medikamente heilen. Zumindest kann man zu einer Umstimmung seiner Erlebnismöglichkeiten und Antworten kommen.

Psychopathien

W.W.: Und wie steht es mit den Psychopathien?

M. Treichler: Das ist ein schwieriger Ausdruck. Psychopathische Menschen sind Menschen, die eine festverwurzelte abnorme seelische Eigenschaft haben, die so tief im Kern der Persönlichkeit verankert ist, daß wir in der Psychotherapie die Erfahrung gemacht haben, daß man sie nur sehr schwer und selten auflösen und verändern kann. Wir müssen davon ausgehen, daß sich eine solche vom Kern der Persönlichkeit ausgehende Einseitigkeit, ein derart schwieriges pathologisches, krankhaftes seelisches Verhalten kaum mehr therapeutisch beeinflussen oder ändern läßt. Für den Psychiater werden die Psychopathen selten Patienten; wenn doch, so muß man zugeben, daß man bei ihnen nur sehr mühsam und langsam noch etwas erreicht. Solche Menschen sind im Alltags- bzw. Berufsleben eigenartig, daher noch scheinbar normal, werden dann aber in bestimmten Situationen einseitig auffallend. – Auch mir fällt es schwer, darüber zu reden, weil diese Menschen für den therapeutischen Zugang so ernüchternd sind, denn man kommt so schwer an sie heran. Ich habe auch als Psychiater und Psychotherapeut selten mit diesen Menschen Berührung, weil sie nicht zu mir kommen.

Das wären die drei Erkrankungen, die zur ersten Gruppe gehören. Man nennt sie auch psychogene oder seelisch-funktionelle Erkrankungen. Dazu gehören auch noch die Suchterkrankungen.

Endomorphe Psychosen

W.W.: Man grenzt sie von der zweiten Gruppe ab, den endogenen Psychosen. Was ist hierunter zu verstehen?

M. Treichler: Endogen ist der ältere Begriff, heute nennt man sie endomorphe Psychosen. Darunter versteht man die eigentlichen Psychosen, also das Kerngebiet der Psychiatrie. Dazu gehören die klassischen und schweren psychiatrischen Krankheiten. Zu den endomorphen bzw. endogenen Psychosen rechnet man die Psychosen aus dem schizophrenen Formenkreis und die affektiven Psychosen (Depression, Manie, manisch-depressive Krankheit) und als Mischform die schizo-affektive Psychose. Das hört sich jetzt sehr wenig an, aber dahinter verbirgt sich eine enorme Erscheinungsvielfalt.

Das Gesicht der Psychose
© Psychopathologische Sammlung Dr. Manfred in der Beeck, Schleswig

Hirnorganische Erkrankungen

W.W.: Als drittes haben wir die hirnorganischen Erkrankungen. Was versteht man darunter?

M. Treichler: Das sind seelische Erkrankungen, die auf hirnorganischen Verletzungen oder Erkrankungen beruhen. Hirnorganische Erkrankungen spielen in der Kinderpsychiatrie eine gewisse Rolle, z.B. bei frühkindlichen Hirnschädigungen oder der minimalen zelebralen Dysfunktion; häufiger auf dem Gebiet der Alterspsychiatrie in Form von degenerativen oder arteriosklerotischen Erkrankungen des Gehirns. Die Alzheimer-Krankheit z.B. ist eine bekannte Form dieser Erkrankung.

Einteilung nach den Ursachen psychiatrischer Krankheiten

W.W.: In Ihrem Buch „Sprechstunde Psychotherapie" (Stuttgart 1993) geben Sie eine andere Einteilung seelischer Krankheiten, und zwar ausgehend von den Ursachen. Sie teilen sie in vier Gebiete ein: exogene psychiatrische Krankheiten, psychogene Erkrankungen, endogene Psychosen sowie somatogene Krankheiten. Können Sie zu dieser anderen Einteilung ein paar Worte sagen?

M. Treichler: Meine Einteilung geht von außen nach innen. Unter exogenen Krankheiten verstehe ich solche, die durch äußere Einflüsse, vor allem stoffliche Einflüsse wie Drogen entstanden sind. Intoxikationen und vor allem Drogen führen zu seelischen Veränderungen, und daraus kann auch ein psychotischer Zustand entstehen. Eine exogene Psychose unter Drogeneinfluß wäre so lange manifest wie die Drogenwirkung anhält. Nach Abklingen der Wirkung durch den Stoff ist die exogene Psychose wieder zu Ende. Deswegen ist es wichtig, diese Form der Psychosen als exogen zu erkennen, weil man dann die Wirksamkeit dieses Stoffes ausschalten muß. Exogene Erkrankungen muß man erkennen, um sie kausal sinnvoll behandeln zu können. Früher, zur Zeit der Lungentuberkulose wurden viele Menschen mit Lungentuberkulostatika behandelt, die ihrerseits eine Depression auslösen konnten. In solchen Fällen war es wichtig, daß man wußte, daß dieser Mensch die Lungentuberkulostatika eingenommen und daher die Depressionen bekommen hat. So gibt es eine ganze Menge anderer Medikamente, die auch heute noch psychische Krankheiten hervorrufen können.

Als nächstes kommen die psychogenen Erkrankungen. Sie hängen mit dem zusammen, was ich mit meiner Seele erlebe, z.B. seelische Erlebnisse an meiner Mitwelt. Häufig entstehen sie durch psychosoziale Konflikte. Dazu gehören die vorher erwähnten reaktiven Erkrankungen, sofern man auf seelische Erlebnisse reagiert: enttäuschte Beziehungen mit anschließender reaktiver Depression oder neurotische Erkrankungen als psychogene Erkrankungen, die auf dem Boden meiner gesamten Entwicklung entstehen.

Gehen wir ein weiteres Stück nach innen, so kommen wir zu den endogenen bzw. endomorphen Psychosen. Dieser Begriff beinhaltet, daß die Psychosen nicht als reaktive oder neurotische seelische Erkrankungen zu verstehen sind, sondern gerade unabhängig und unerklärbar, zumindest nicht hinreichend erklärbar sind. Diese nicht hinreichende Erklärbarkeit ist der Unterschied zu den psychogenen Erkrankungen, denn sie hängen nicht mit konkreten Ereignissen oder der gesamten Entwicklung verstehbar zusammen. Sie treten in unerklärbarer Weise auf und haben zunächst einen stark eigengesetzlichen Charakter. Diese starke Eigengesetzlichkeit ist sowohl für das Erscheinungsbild als auch für den Krankheitsverlauf charakteristisch.

Nach heutigem Stand gibt es viele verschiedene Theorien, woher diese endomorphen Psychosen kommen können. Sicher muß man zugeben, daß alle diese Theorien etwas Zutreffendes, Wahres haben, daß sie aber alle nicht ausreichen. Deswegen hat man sich heute auf den Standpunkt gerettet, daß die endomorphen Psychosen multifaktoriell bedingt sind. Es gibt genetische, psychosoziale und viele andere Faktoren, die hierbei eine Rolle spielen, aber man muß zugeben, daß der Anlagefaktor, den man mitbringt, ohne daß er immer genetisch zu definieren wäre, offenbar bei den Psychosen eine wesentlich größere Rolle spielt als bei den Neurosen. Zwar spielt dieser Faktor bei den Neurosen auch eine Rolle, z.B. durch das Temperament, aber er ist nicht so vordergründig. Bei der Neurose ist der Anlagefaktor eher klein, während die späteren Ereignisse bedeutend sind, bei der Psychose ist die Anlage sehr bedeutend, während die späteren Ereignisse nur noch Auslöser sind.

Die vierte Gruppe umfaßt die somatogenen Krankheiten, die vom physischen Körper ausgehen; also psychiatrische Krankheitsbilder, die von körperlichen Krankheiten herrühren. Da kommen die hirnorganischen Krankheiten in Betracht, aber auch innere Erkrankungen, die zu psychiatrischen Symptomen führen können. Deswegen ist hier die Diagnose sehr wichtig, um die körperliche Grundkrankheit abgrenzen zu können.

Depression

W.W.: Über Depressionen werden wir in einem anderen Interview für ein weiteres FLENSBURGER HEFT ausführlich sprechen. Auch hier gibt es die verschiedensten Gruppen von Depressionen. Vielleicht greifen wir nur beispielhaft eine Gruppe heraus, nämlich die endogenen Depressionen. Wie kann man diese psychische Krankheit einem Menschen erklären, der sie noch nie erlebt hat?

M. Treichler: Ich mache auch bei Angehörigen von depressiven Patienten die Erfahrung, daß die Depressionen nicht verstanden und nachgefühlt werden können. Deswegen kommt es darauf an, daß der Angehörige eines solchen Patienten lernt, diese Krankheit irgendwie nachzuvollziehen. Wahrscheinlich kennt jeder Mensch die Situation, daß er morgens aufwacht, aufstehen muß, aber dazu keine Lust hat. Am liebsten möchte man sich umdrehen, um weiterzuschlafen. Wenn wir diesen Moment einmal festhalten: Man wacht auf und möchte wenigstens an diesem Vormittag nicht aufstehen, weil einem vielleicht etwas Unangenehmes bevorsteht. Vielleicht ist man dazu noch müde und ein bißchen bettschwer. Das ist der Beginn eines depressiven Erlebnisses. Bei einem gesunden Menschen vergeht dieser Zustand innerhalb von Minuten, zumindest raffen wir uns irgendwann auf und erheben uns. Manchmal dauert es vielleicht auch eine Stunde, wenn wir dann aber z.B. Kaffee getrunken haben, dann geht es wieder.

Wenn aber dieses Gefühl bleibt: „Heute kann ich nicht aufstehen, ich stehe heute nicht auf, was heute kommt, ist ohnehin zu schwer und zu viel für mich, außerdem fühle ich doch so viel Schwere in mir, und es hat doch alles keinen Sinn", dann kommt man in etwas hinein, das einen schwer macht, herunterzieht und daß einem auch den Blick für das, was am Tag kommen wird, trübt. Meistens wird man noch im Bett liegen, deswegen sieht man nicht ganz klar, hat eine passivere Haltung, so daß sich der Blickwinkel einschränkt. Zu Beginn eines depressiven Erlebnisses empfindet man: Es ist unangenehm, es ist schwer, es macht keine Freude, es ist belastend, und alles, was man will, lohnt sich ohnehin nicht, da man es nicht schafft.

Das sind Dinge, die jeder von uns aus dem alltäglichen Erleben zumindest minutenlang kennt. Manchmal kennen wir auch noch die Fortsetzung, daß wir aufstehen und vor dem Kleiderschrank stehen, oder schon am Frühstückstisch sitzen und uns nicht entscheiden können, was wir heute anziehen wollen. Mit solchen banalen Entscheidungen haben wir es doch auch manchmal schwer, das muß man doch zugeben. Es gibt Situationen, in denen es uns schwerfällt, diese banalen Entscheidungen ganz locker und nebenbei zu treffen.

Einem Depressiven geht es während einer Depression allerdings immer so. Es beginnt mit der Entscheidung aufzustehen und sich dem Tag zuzuwenden. Dann muß er alle folgenden kleinen banalen Entscheidungen bewußt fällen. Ich schildere es deswegen ein wenig ausführlicher, weil jeder gesunde Mensch den Ansatz zum Depressiven hat. Wenn er gesund ist, kann er es nach Minuten wieder

Das Rätsel des Schicksals
Giorgio de Chirico, 1914
© VG Bild-Kunst Bonn, 1995

Postdepressive Stimmung
© Psychopathologische Sammlung Dr. Manfred in der Beeck, Schleswig

überwinden, während einer Depression bleibt aber dieser Zustand. Das beherrschende Gefühl ist die Schwere. Im Prinzip geht alles schwerer als vorher, und manchmal geht es so schwer, daß es überhaupt nicht mehr geht. Diesen Zustand sollte man nachfühlen können. Wenn uns etwas schwerer von der Hand geht, macht es weniger Freude, es kostet mehr Kraft, und es gehört viel dazu, es trotzdem zu machen, vor allem immer wieder zu machen. Und wenn es immer schwerer und schwerer geht, dann verlieren wir die Freude, machen gewisse Dinge überhaupt nicht mehr und zweifeln daran, ob alles überhaupt noch einen Sinn macht, wenn es immer so schwer geht.

Das sind die Erlebnisse und Fragen, die bei einem Depressiven auftreten: Warum ich? Hat alles überhaupt noch einen Sinn? Muß es denn sein? Ich schaffe es sowieso nicht. Daraus folgen Insuffizienzerlebnisse und verstärkende depressive Versagensgefühle sowie Sinnzweifel. Wenn alles keinen Sinn mehr macht und die anderen alles besser können, kommt natürlich zunehmend eine lebensmüde Stimmung auf. Diese lebensmüde Stimmung kann sich bis zur Suizidalität steigern.

Halluzinationen

W.W.: Die Schizophrenie ist die häufigste Psychose. Können Sie das Krankheitsbild eines schizophrenen Menschen kennzeichnen?

M. Treichler: Das ist ungeheuer vielgestaltig. Ich nehme vielleicht die typischste schizophrene Erscheinungsform heraus, nämlich die paranoid-halluzinatorische Psychose. Sie ist von den beiden Haupterscheinungen – dem Paranoiden und dem Halluzinatorischen – bestimmt. Paranoid heißt wahnhaft, halluzinatorisch heißt, daß jemand Halluzinationen hat. Wenn man im Lexikon nachliest, findet man, daß Halluzinationen Sinnestäuschungen seien. Meines Erachtens sollte man mit dieser Behauptung ungeheuer vorsichtig sein, denn zunächst haben wir nur das Faktum, daß ein Mensch, der Halluzinationen hat, auf einem Sinnesgebiet etwas wahrnimmt, das ein anderer Mensch in der gleichen gegebenen Situation nicht wahrnimmt.

In unserem Falle könnte es sein, daß ich etwas sehe, was Sie nicht sehen, daß ich etwas höre, fühle, rieche, was Sie nicht hören, fühlen oder riechen. Wenn ich Ihnen das erzähle, dann könnten Sie sagen, daß ich spinne, denn Sie nehmen es nicht wahr, obwohl Sie im gleichen Raum sitzen. Das wäre sehr vorschnell, wenn Sie das so sagen würden, und wahrscheinlich würden Sie das auch nicht. Häufig sind die Menschen vorschnell in der Beurteilung und Interpretation einer Wahrnehmung, die man normalerweise nicht hat, und sie behaupten dann, es sei eine

Der Blick nach innen
René Margritte, 1942
© VG Bild-Kunst Bonn, 1995

Die unerwartete Antwort
René Magritte, 1933
© VG Bild-Kunst Bonn, 1995

Halluzination. Trotzdem sind Halluzinationen *auch* solche Wahrnehmungen. Denn es gibt auch andere Wege, zu Wahrnehmungen zu kommen, die ein anderer Mensch nicht hat. Das gilt es im Zweifelsfall zu unterscheiden. Halluzinationen aber sind Wahrnehmungen, die der eine hat, der andere nicht. Das Besondere daran ist, daß der Halluzinierende der Halluzination unbedingt glaubt.

Wenn wir jetzt plötzlich ein Geräusch hören würden, z.b. dort draußen, und wir wollten genau wissen, was das für ein Geräusch ist, was würden wir dann tun?

W.W.: Wir würden hingehen und nachschauen.

M. Treichler: Genau, wir würden nachschauen. Wenn ich Ihnen eine Blume zeigen und Sie fragen würde, was das für eine Blume ist, dann würden Sie vielleicht die Blume anfassen wollen, denn sie könnte ja aus Plastik sein. Vielleicht würden Sie auch daran riechen wollen.

Wenn wir genau überprüfen wollen, was eine Sinneswahrnehmung ist und welchen Wert sie hat, dann nehmen wir noch eine zweite oder dritte Sinneswahrnehmung hinzu. Was wir hören, prüfen wir durch den Sehsinn, was wir sehen, prüfen wir durch das Tasten oder Riechen. Mit zwei Sinnen sind wir uns sicher, aktivieren wir nur einen Sinn, so wissen wir, daß wir getäuscht werden können. Das gehört zu unserer Konstitution. Ein Sinn ist gut, zwei Sinne sind sicherer.

Der Halluzinierende hat das bei der halluzinatorischen Wahrnehmung nicht nötig. Für ihn ist die Halluzination auf einem Sinnesgebiet – hören oder sehen beispielsweise – so stark, so überzeugend, so unabdingbar und unbezweifelbar, daß er keinen zweiten Sinn mehr zur Überprüfung seiner Halluzination braucht. Das heißt also, wenn ich jetzt halluzinierend eine Stimme hören würde, müßte ich mich nicht umgucken, um zu überprüfen, ob dieser Mensch, dessen Stimme ich gehört habe, anwesend ist. Ich wüßte, daß er da ist. Das ist das Besondere dabei. Wenn ich nicht halluziniere und eine Stimme höre, drehe ich mich um und schaue nach. Für den Halluzinierenden ist diese eine Wahrnehmung in ihrer Existenz unbezweifelbar. Die Stimme ist da, und dann ist dort auch jemand gewesen.

Es geht aber noch weiter: Was die Stimme sagt, ist genauso unbezweifelbar. Wenn ich Ihnen Unsinn erzähle, z.B. daß Sie fliegen könnten, und ich würde das Fenster öffnen, damit Sie hinausfliegen können, dann würden Sie das mit Recht bezweifeln. Wenn Sie aber eine Halluzination hätten, und eine Stimme würde Ihnen sagen: „Du kannst fliegen", dann würden Sie es nicht bezweifeln. Ich hatte schon Patienten, die ganz genau das gleiche von einer Stimme gehört hatten und versucht haben zu fliegen. Es gibt ganz viele tragische Beispiele von solchen halluzinatorischen Erlebnissen, und die Menschen, die solche Stimmen hören, können sie nicht anzweifeln; weder die Existenz noch den Inhalt. So etwas muß man sich als Mitmensch klarmachen. Diese Erlebnisse haben einen ganz elementaren Charakter. Die Überzeugungskraft einer solchen Stimme ist für den Halluzinierenden deswegen so unumstößlich, weil sie nicht von außen über ein Sinnesorgan wahrgenommen wird, sondern von innen kommt, und zwar aus dem eigenen Leib.

Dieser ganze Vorgang ist mit einem körperlichen Schmerz zu vergleichen. Wenn Sie in diesem Moment eine Gallen- oder Nierenkolik bekämen, so hätten Sie einen erheblichen Schmerz, schlagartig an einer bestimmten Stelle. Sie würden diesen Schmerz natürlich nicht bezweifeln, vielleicht würden Sie nicht wissen, welches Organ diesen Schmerz verursacht, aber den Schmerz selber würden Sie nicht bezweifeln, und ich interessanterweise auch nicht. Ich würde sofort eine Spritze holen, Sie hinlegen und Ihnen ein entsprechendes Mittel spritzen. Ich hätte keinen Zweifel an Ihrem Schmerz, obwohl ich den Schmerz bzw. seine Wahrnehmung nicht hätte. Sie haben eine Wahrnehmung und bezweifeln sie nicht, ich habe die Wahrnehmung nicht, aber bezweifele sie trotzdem nicht.

Sage ich aber, ich würde gerade eine Stimme hören, die mir sagt, daß das Interview nun zu Ende sei, dann würden Sie das bezweifeln, weil Sie die Stimme nicht hören. Sie merken, daß sich da etwas anderes einstellt: Das eine bezweifeln wir nicht, das andere aber sehr wohl. Für mich – wenn ich Halluzinierender wäre – hat die Stimme aber den gleichen unbezweifelbaren Charakter wie für Sie der Schmerz in der Niere, und zwar weil beides von unserem Leib kommt. Beides ist leibhaftig. Was leibhaftig ist, hat für uns irdische Menschen immer noch den stärksten Realitätscharakter. Wenn wir etwas beschreiben, so bekräftigen wir es oft mit den Worten: Ich habe es leibhaftig gesehen. Der Schmerz ist leibhaftig, weil er vom Leib kommt, die Halluzination kommt aber auch aus dem Leib, auch wenn sie sich in mein seelisches Erleben projiziert. Wenn ich jetzt das Erleben eines Sinnesorganes habe und nicht das Erleben eines inneren Organs, dann ist das für uns zunächst nur so denkbar, daß es von außen kommt, nicht von innen wie der Schmerz. Denn Sinnesorgane nehmen nur Äußeres wahr.

Aber das ist die eigentliche Täuschung! Das Ohr nimmt jetzt nicht wahr, was außen ist, denn es nimmt nun auch wahr, was von innen kommt. Das ist ein pathologischer leibhaftiger Prozeß, der sich ungehörigerweise in die Seele projiziert. Das ist die Halluzination.

W.W.: Ist dieser Halluzinierende jetzt eine schizophrene Persönlichkeit?

M. Treichler: Er ist im Rahmen der paranoid-halluzinatorischen Psychose ein Schizophrener, ja.

Zeichnung ohne Titel
Bernd Hansen, 1995

Grenzgänger der Psychopathologie
© Psychopathologische Sammlung Dr. Manfred in der Beeck, Schleswig

Wahn

W.W.: Und was ist der Wahn?

M. Treichler: Der Wahn hat eine andere Qualität. Die Halluzination bezieht sich auf das Wahrnehmungsleben: Ich nehme wahr und bezweifle nicht. Da ich auf einem Sinnesgebiet wahrnehme, ohne zu zweifeln, besteht der Verdacht des Pathologischen. Aber auch damit müssen wir vorsichtig sein, denn eine Vision wird auch nur auf einem Sinnesgebiet gemacht und hat den gleichen Realitätscharakter. Aber nicht alle Visionen sind Halluzinationen.

Der Wahn ist dagegen etwas anderes. Er bezieht sich auf mein Urteils- und Gedankenleben. Ich nehme ganz normal wahr, was um mich herum geschieht, aber mein Urteil wird anders. Das kennen wir auch aus dem normalen alltäglichen Leben. Wenn wir z.B. einen Weg durch eine Großstadt gehen, die Stadt ist wach, die Sonne scheint und viele Menschen begegnen uns, dann nehmen wir die Geräusche der Stadt auf diesem Weg durch die Straßen mit einer gewissen Gelassenheit und Lockerheit entgegen. Legen wir aber den gleichen Weg nachts zurück, so nehmen wir die dann auftretenden Geräusche ganz anders auf ...

W.W.: ... weil sie uns angst machen?

M. Treichler: Beispielsweise. Dann kann uns das gleiche Geräusch, z.B. Schritte hinter uns, das uns am Tage überhaupt nicht stört, nachts in Unsicherheit versetzen. Morgens gehen wir einfach weiter und drehen uns nicht um, nachts drehen wir uns aber um: Wer geht da hinter mir?

Meine eigene seelische Gestimmtheit beeinflußt, wie ich eine Wahrnehmung interpretiere: ob ich das Gefühl habe, daß mich jemand verfolgt, oder ob es mir klar ist, daß derjenige, der hinter mir geht, z.B. genau wie ich zum Einkaufen unterwegs ist. Wenn ich gesund bin, kann ich mich versichern, daß ich z.B. den hinter mir Gehenden kenne, oder ich bemerke, daß er in eine Seitenstraße abbiegt. Wenn ich aber wahnhaft bin, dann setzt sich in mir fest: Die Schritte hinter mir verfolgen mich, jemand geht hinter mir her. Dann biege ich z.B. plötzlich rechts ab, um zu beobachten, ob der andere auch rechts abbiegt. Tut er dies auch, bin ich natürlich meiner Sache sicher, denn er hätte eigentlich geradeaus gehen müssen. Er biegt nur deswegen rechts ab, weil ich rechts abgebogen bin; renne ich schneller, dann rennt auch er schneller usw. Dann setzt sich immer mehr in mir das Urteil und die Überzeugung fest: So ist es!

Auch im alltäglichen Leben erlebt man hin und wieder, daß man in seinen Urteilen nicht frei von seinen Stimmungen ist. Manchmal gibt es eine resignativ-depressive Stimmung, oder ich habe eine verhaltene Wut auf einen Kollegen: Dann hört man ein negatives Ereignis und bringt dies vielleicht mit dem Kollegen in Beziehung. So können sich aus meiner frustrierten und resignativen Stimmung Urteile einschleichen, die ich überhaupt nicht überprüfe und die mit der Wirklichkeit nichts zu tun haben. Ich gehe ohne Überprüfung davon aus, daß der mir unsympathische Mensch etwas gemacht hat, was ich nicht einmal nachgeprüft habe. Das ist zwar noch nicht wahnhaft, aber wir kennen es alle, denn es zeigt uns, daß unsere Gestimmtheit immer wieder unser Urteil beeinflußt.

Normalerweise korrigiere ich dieses Bild wieder. Wenn ich es aber nicht korrigieren kann, mich hineinsteigere, mein Urteil aufgrund von Stimmungen immer einseitiger wird, eine fixe Idee sich immer mehr in mir festsetzt und ich völlig davon überzeugt bin, daß mein Urteil richtig ist, dann entsteht der Wahn. Wenn ich z.B. in der Überzeugung lebe, daß irgendwer etwas gegen mich hat, und alles, was mir nicht gelingt, rührt davon her, daß der andere etwas gegen mich hat, so ist dies mein persönliches Urteil.

Normalerweise würde man jetzt diesen Menschen ansprechen und ihn fragen, ob er wirklich etwas gegen einen hat. Tue ich das, so wird der andere natürlich sagen, daß er nichts gegen mich hat und auch nichts gegen mich unternimmt. Für den, der wahnhaft ist, ist es natürlich völlig klar, daß der andere so etwas ableugnen muß. Ich habe ein negatives Urteil über ihn, also muß er es ableugnen. Der Betroffene, der von einem Wahnhaften angesprochen wird, kann sagen, was er will, einen Wahnhaften würde er nie davon abbringen, daß sein Urteil das Richtige ist.

Das Auseinanderdriften der Seelenfähigkeiten

W.W.: Erleben Sie, daß die schizophrenen Krankheiten in den letzten Jahrzehnten häufiger werden, auch vor dem Hintergrund, daß Steiner darüber spricht, daß die Seelenfähigkeiten der Menschen zunehmend mehr auseinanderdriften?

M. Treichler: Das Auseinanderdriften der Seelenfähigkeiten Denken, Fühlen und Wollen ist ein Grundphänomen bei der schizophrenen Psychose, allerdings kann ich nicht mit Sicherheit sagen, ob die schizophrenen Psychosen in den letzten Jahren zunehmen. Ich bin mir aber sicher, daß sich das Auseinanderdriften der Seelenkräfte auch in anderen psychopathologischen Situationen zeigt. Man kann dieses Phänomen in kleineren, harmloseren Situationen finden, und in einer solchen Alltagsspaltung zwischen dem, was wir denken, fühlen und wollen, tritt es meines Erachtens vermehrt auf. Am deutlichsten sieht man es in der Spaltung zwischen Wissen und Tun: Wer handelt schon nach dem, was er

Schizophrener Spiegel
© Psychopathologische Sammlung Dr. Manfred in der Beeck, Schleswig

Nach der Depression
© Psychopathologische Sammlung Dr. Manfred in der Beeck, Schleswig

weiß? Und eine solche Spaltung deutet eindeutig darauf hin, daß in der menschlichen Seele etwas auseinandergeht. Wie oft sagen wir etwas wider besseres Gefühl! Zwar spaltet sich etwas in der Seele, aber deswegen sind wir noch nicht im psychiatrischen Sinne krank.

Trotzdem klaffen die Seelenfähigkeiten auseinander, die wir eigentlich mit unserer ichhaften, geistigen Instanz zusammenhalten sollten. Eigentlich müßten wir solche Phänomene bei uns bemerken und dann mit den vereinzelten Seelenäußerungen innehalten. Die schizophrene Psychose ist eine der extremsten Formen dieser Verselbständigung der Seelenfähigkeiten und hat dadurch für die anderen Menschen einen sehr starken Ausdrucks- und Warncharakter, weil man an ihnen sehen kann, wie weit die einzelnen Seelenfähigkeiten auseinanderklaffen können. Deswegen müssen wir aufpassen, weil entsprechende Phänomene bei uns allen im Anfangsstadium schon vorhanden sind.

Leibhaftige Angstzustände

W.W.: Steiner spricht davon, daß sich in jedem Menschen ein Bereich befinde, in dem die Materie zerstört werde; er nennt ihn den Zerstörungsherd. In den alten Mysterienstätten wurden die Schüler bei ihren Selbsterkenntnisübungen auf diesen Herd der Zerstörung hingewiesen, und sie empfanden Furcht vor sich selber, die nur durch starke Mutübungen überwunden werden konnten. Ohne jetzt näher auf diesen Zerstörungsherd einzugehen: Sind die verschiedenen Angststörungen heute so weit verbreitet, weil die Menschen sich konstitutionell in ihren Wesensgliedern immer mehr lockern und aus diesem Zerstörungsherd unbewußt bzw. unbemerkt Schicht um Schicht auf die Seele des Menschen wirkt, so daß Angst entsteht?

M. Treichler: Das ist sicher ein Gesichtspunkt bzw. ein Bereich, der für Angstzustände und psychiatrische Krankheiten von Bedeutung ist. Es dringt etwas aus einer organischen Schicht – und auch dort walten diese Zerstörungskräfte im Menschen – in das Bewußtsein des Menschen, es wird etwas von diesen Zerstörungskräften wahrgenommen, und das macht Angst. Das ist überhaupt keine Frage. Das sind dann wahrscheinlich die Ängste, die ganz unbegreiflich auftauchen und einen sehr existentiellen und beherrschenden Charakter haben, also sehr schwere Angstzustände. Diese Ängste treten auch mit einem leibhaftigen Charakter sehr beherrschend auf. Das können auch Vernichtungs- und Existenzängste mit sehr starker Intensität sein.

W.W.: Im Grunde kann der Mensch kaum eine seelisch-geistige Verrichtung vollziehen, ohne daß geistige Wesen um ihn herum sind bzw. bei seinen Verrichtungen mitwirken: Wenn er betet oder meditiert, so ist er mit einem Engelwesen verbunden, äußert er verschiedene Seelenqualitäten – Wut, Haß, Trauer, Eifersucht –, so verbindet er sich mit entsprechenden Elementarwesen usw. Mit welchen Wesen ist ein Mensch verbunden, der einen Angstanfall bzw. eine Panikattacke bekommt?

M. Treichler: Das sind auch Elementarwesen von unterschiedlicher Herkunft und mit verschiedenem Charakter. Im Falle von Panikattacken oder anderen psychiatrischen Erkrankungen bemächtigen sie sich des Menschen und haben ihn mindestens zeitweise in ihrer Gewalt. Der Mensch spürt bzw. nimmt diese Elementarwesen häufig über ein Organsystem, z.B. Lunge oder Herz, wahr, und zwar ist das dann ein beklemmendes oder bedrängendes Angstgefühl, das zu einer Panik mit vegetativen Auswirkungen führt.

Mut und Vertrauen

W.W.: Wie kann man zeitgemäß Mut entwickeln, um der immer häufiger auftretenden Zivilisationsangst oder den krankhaften Angstzuständen entgegenzuwirken?

M. Treichler: Ich würde zwischen Furcht und Angst unterscheiden. Das macht man in der neuen Psychiatrie genauso, ebenfalls in der neueren Philosophie, basierend auf Kierkegaard. Diese Unterscheidung scheint mir sehr sinnvoll zu sein. Die Furcht hat immer ein konkretes Objekt, etwas, worauf sie sich direkt bezieht, und deswegen überwindet man die Furcht durch Mut.

W.W.: Also den entsprechenden Gegenstand, der mir Furcht bereitet, konkret angehen?

M. Treichler: Genau. Sich nicht von seinem Weg abbringen lassen, wie z.B. der phobische Mensch, der in eine Vermeidungshaltung hineingekommen ist, der alles vermeidet, wovor er eine Phobie hat. Ich darf mich aber nicht einengen lassen, sondern muß mit Mut die von mir befürchtete Situation angehen.

Ganz anders sehe ich es bei der Angst, denn die Angst kann man nicht mit Mut allein überwinden. Zur Angstüberwindung gehört die Tugend des Vertrauens, die so stark sein muß wie der Mut bei der Furcht. Mit Vertrauen kann ich die Angst zwar nicht überwinden, aber ich kann dann mit ihr leben und sie verkleinern, so daß wenigstens etwas Entscheidendes nicht eintritt: die Angst vor der Angst.

Im Grunde genommen ist die Angst gar nicht furchtbar und schlimm, wenn ich keine Angst vor ihr habe. Denn ich muß die Angst als etwas verstehen, was mir gegeben ist, um mich auf etwas aufmerksam zu machen, um mich zu

Fröhlich wahnhafte Stimmung
© Psychopathologische Sammlung Dr. Manfred in der Beeck, Schleswig

warnen, um mir ein Signal zu sein. Normalerweise ist die Angst immer ein Warnsignal vor einer Gefahr. Wenn ich das erkenne und ernst nehme, ist sie eine Hilfe. Wenn es mir gelingt, die Angst als Hilfe und Warnsignal zu nehmen, wenn ich sie wie die Krankheit als einen Weckruf verstehe, dann kann ich mit ihr leben und durch sie sogar etwas gewinnen. Nur wenn ich das nicht kann, hat die Angst in mir den Charakter, daß ich Angst vor der Angst bekomme, und dann beginnt ein Circulus vitiosus, der ganz unangenehm ist.

Deswegen sollte ich sogar Vertrauen in die Angst selber entwickeln, weil sie eine Qualität ist, die mir helfen kann, die von ihrer Entstehung her Hilfe bedeutet, und ich sollte Vertrauen entwickeln, daß es Ordnungen gibt, geistige Gesetzmäßigkeiten, letzten Endes eine geistige Führung, die ich im Großen und im Kleinen entdecken kann und die so in mir wirken können, daß ich Vertrauen entwickle. Dieses Vertrauen kann ich im Kleinen – in der menschlichen Natur – und im Kosmos finden. Das ist der individuelle Zugangsweg, den ich als Therapeut mit den Menschen suche, damit sie mindestens so viel Vertrauen entwickeln, daß sie das Erleben haben, daß es aus dieser Angst eine Führung heraus gibt und daß es in der Angst eine Unterstützung und Hilfe gibt. Mein Zugang ist es also, bei Phobien Mut und Vertrauen zu entwickeln, bei der Angst primär das Vertrauen.

Der Angst auf der Spur

Interview mit Hanna Gekle

von Klaus-Dieter Neumann

Dr. phil. Hanna Gekle, *geb. 1952 in Horb-Mühringen/Baden-Württemberg. Staatsexamen in Germanistik, Philosophie, Geschichte; Diplompsychologin. Promotion in Philosophie mit: „Wunsch und Wirklichkeit – Blochs Philosophie des Noch-Nicht-Bewußten und Freuds Theorie des Unbewußten", Frankfurt 1986. Habilitation in Psychologie mit: „Tod im Spiegel – Zu Lacans Theorie des Imaginären"; erscheint im Oktober 1995 im Suhrkamp Verlag.*

Seit 1989 als ausgebildete Psychoanalytikerin am Sigmund-Freud-Institut Frankfurt tätig.

Die Angst hat viele Gesichter: Sie warnt den Menschen vor realen Gefahren und kann – richtig verstanden – den Weg zu inneren Konflikten weisen. Sie kann lebenswichtiges Signal sein, aber sie kann auch in die Irre führen, wenn ihre Ursachen und Entstehungsmomente verkannt werden. Hanna Gekle schildert im folgenden Interview verschiedene Formen der Angst, und was geschieht, wenn die Angst und ihre Ursachen verleugnet und verdrängt und innere Konflikte in die Außenwelt verlagert werden. Sie spricht über den Hintergrund von sozialen Ängsten, Xenophobie und Fremdenhaß und Zukunftsängsten und macht deutlich, daß es eine Aufgabe ist, den richtigen Umgang mit der Angst zu lernen, um sie als Warnsystem und Wegweiser nutzen zu können.

Angst im Dienst der Selbsterhaltung und Selbstwerdung

Klaus-Dieter Neumann: Welchen Sinn und welche Aufgabe hat die Angst?

Hanna Gekle: Die Menschen neigen dazu, die Angst als ein überflüssiges Phänomen zu betrachten. Wenn sie auftritt, wird in der Regel ihr sofortiges Verschwinden gewünscht. Aber die Angst hat doch eine sehr sinnvolle Funktion, sofern sie sich darauf beschränkt, Angstsignal zu sein, das uns vor drohenden Gefahren warnt.

Freud hat mehrere Angsttheorien entworfen; nachdem er die Angst zunächst als Umsetzung nicht verwendbarer Libido definiert hatte, und damit in gewisser Weise als ein überflüssiges Phänomen, ist er später doch darauf gekommen, die Angst in ihrer Funktion als Angstsignal hochzuschätzen und dem Selbsterhaltungstrieb zuzuordnen. Angst ist also ein sinnvolles Phänomen, wenn auch ein unangenehmes, insofern sie uns auf Gefahren aufmerksam macht, seien es nun äußere oder innere. Die Angst kann aber unter bestimmten Bedingungen – je länger sie dauert, desto mehr – dysfunktional werden ...

K.-D.N.: ... und sich zur Angststörung auswachsen.

H. Gekle: Genau. Aber auch die neurotische Angst hat ursprünglich immer reale und sinnvolle Gründe gehabt, von denen sie sich dann allerdings gelöst, selbständig gemacht und später gewissermaßen vergaloppiert hat.

K.-D.N.: Sie sprachen von der Angst im Dienste der Selbsterhaltung. Angst wird im geistigen Sinn in der Philosophie ursächlich auf das menschliche Sein in der Welt bezogen. Nach Kierkegaards „Der Begriff Angst" (1844) erwächst Angst unter anderem – das ist jetzt stark vereinfacht gesagt – aus der Tatsache der menschlichen Freiheit, die die Möglichkeit des Sich-Verlierens, aber auch des Sich-nicht-finden-Könnens beinhaltet. Wäre Angst demnach auch immer ein Entwicklungsmotor, Impulsgeber und Aufforderung zur Entwicklung? Dient

Angst also nicht nur der Selbsterhaltung, sondern auch der Selbstfindung, der Selbstwerdung?

H. Gekle: Ja. Alle Definitionen von Angst gehen in ihren Grundzügen im Endeffekt auf Kierkegaard und seinen Begriff der Angst zurück, vor allem auch in der Differenzierung, die er zum ersten Mal vorgenommen hat, zwischen Angst als einem offenen Phänomen und der Furcht als einem Phänomen, das näher definiert ist. Furcht hat man immer vor einem bestimmten Objekt oder einer bestimmten Situation, wohingegen die Angst aus dem allgemeinen Weltverhältnis des Menschen resultiert. Der Unterschied der psychoanalytischen Auffassung zu Kierkegaard besteht natürlich darin, daß er seine Deutung in einem religiösen Horizont ansiedelt und die Angst als geistiges Phänomen im Zusammenhang mit der Sündenproblematik betrachtet und sie so als geistige Angst des Selbstverlustes definiert.

Sicher hat die Angst etwas mit der – wenn Sie so wollen – existentiellen Geworfenheit des Menschen zu tun. Das gilt auch als Grundvoraussetzung für die Psychoanalyse, die diese Tatsache aber eher biologisch erklären würde. Die Sonderstellung des Menschen im Kosmos besteht darin, daß er ein Mangelwesen ist, d.h. im Unterschied zu den Tieren nicht auf etwas Spezifisches gerichtet ist, und er relativ wenig spezifische Fähigkeiten hat, die angeboren sind. Dadurch ist der Mensch auch nicht auf einen spezifischen Umgang mit Welt festgelegt; diesen erschließt er sich erst durch seine besondere Fähigkeit der geistigen Erfassung. Angst korreliert als ein psychisches Phänomen mit dieser Offenheit des Menschen: Sie ist offen und repräsentiert etwas von den menschlichen Möglichkeiten, aber auch den besonderen Gefährdungen, denen der Mensch aufgrund seiner relativ geringen Festlegung ausgesetzt ist. Angst ist der Affekt, der das spezifisch Menschliche repräsentiert, indem sie einerseits Ausdruck dieser Offenheit und andererseits auch Reaktion auf diese Offenheit sein kann.

Sigmund Freud über Realangst, Gewissensangst und Triebangst

K.-D.N.: Kommen wir zu den Angsttheorien Freuds. Er unterscheidet zwischen verschiedenen Arten der Angst. Die Signalangst bzw. das Angstsignal erwähnten Sie schon. Können Sie einmal erläutern, was mit den Begriffen der Realangst, der moralischen bzw. Gewissensangst und der neurotischen bzw. Triebangst verbunden ist?

H. Gekle: Freud hat um den Begriff der Angst gerungen und seine Konzeption einige Male umgestoßen bzw. verändert. Es gibt zwei große Phasen: In der ersten definiert er Angst als ein prinzipiell neurotisches Phänomen, das er aus nichtverwendbarem Liebesverlangen ableitet. Dieses Liebesverlangen, das nicht beantwortet wird, kehrt sich um und wird dann zum Ort von Angst. So war die frühe Theorie Freuds.

In seiner zweiten Angsttheorie („Hemmung, Symptom und Angst", 1926) definiert er dann alle Angst zunächst einmal als psychischen Ausdruck realer Gefährdung, als Realangst. Auf der Grundlage seines Modells der Seele sieht er dann verschiedene Ansatzpunkte der Angst. Die Angst ist an das Ich gebunden, ängstigen kann sich nur das Ich. Das Ich ängstigt sich um seinen Bestand und seine Sicherheit in der Welt, und diese Sicherheit ist durch mehrere Momente angegriffen: Da ist zum einen die moralische oder Gewissensangst, die erheblich sein kann und gegenüber den Forderungen des Über-Ich erwächst. Phänomenologisch gesprochen ist es die Angst, erwischt zu werden, also Angst als ein Resultat der Kluft, die dadurch entsteht, daß wir alle mehr oder weniger hohe moralische Anforderungen an uns stellen, denen wir in aller Regel nicht genügen können. Diese Kluft zwischen Sein und Sollen kann als Angst repräsentiert sein. Daher sagt der Volksmund auch: „Ein gutes Gewissen ist ein sanftes Ruhekissen." Die Angst vor dem Über-Ich ist eine ganz gewaltige, man darf sie nicht unterschätzen, und sie kann einem immense Höllenqualen bereiten.

Sie ist auch der irdische Ausdruck für das, was die Gläubigen früher in die Kirchen getrieben hat, wo sie tatsächlich aus Angst vor Höllenqualen zu einem tugendhaften Leben angehalten wurden. Aufgrund der Theorie des psychischen Apparates, die Freud vorgelegt hat, können wir dieses Faktum systematisch zuordnen. Danach gibt es also die Angst des Ich vor dem Über-Ich, die dadurch entsteht, daß wir den Forderungen des Über-Ich in der Regel nicht gerecht werden können.

K.-D.N.: Würde das auch bedeuten, daß jemand, der sich besonders hohe Ideale setzt, besonders hohe Anforderungen an sich stellt, unter Umständen auch ungewöhnlich starke Ängste entwickelt, weil er ihnen nicht genügen kann, weil er sich ständig überfordert?

H. Gekle: Aber ja, natürlich. Das ist ein Typus, den man bei bestimmten psychischen Krankheiten immer wieder findet. So sind z.B. alle Depressionen in der Regel das Resultat hoher moralischer Ansprüche an sich, denen das Ich nicht mehr genügen kann und sich infolgedessen von einem unbarmherzigen Über-Ich permanent mißhandelt fühlt. Das finden Sie in den unglaublichen Selbstanklagen der Melancholiker, die oft höchst tugendhafte und ehrbare Leute sind, aber in ihren depressiven Phasen von sich sprechen und mit sich umgehen, als seien sie die größten Verbrecher.

Die Angst vor Triebdurchbrüchen

K.-D.N.: Auf der anderen Seite hat Freud in seiner zweiten Angsttheorie die Definition der Triebangst in der Weise modifiziert, daß sie auch ein Ausdruck dafür ist, daß das Ich sich ängstigt, von den Trieben überwältigt zu werden.

H. Gekle: Ja, die Angst vor Triebdurchbrüchen spielt, besonders im Bereich des Sozialen, permanent eine große Rolle. Als gesellschaftliche Wesen sind wir angehalten, unsere Triebe irgendwie im Zaum zu halten, seien sie nun erotischer oder aggressiver Natur. Den Trieben darf nur in bestimmten, sozial sanktionierten Formen Ausdruck verliehen werden. Alles, was man Erziehung zur Kultur nennt, dazu gehört auch der gesamte pädagogische Bereich, wäre im weitesten Sinne nichts anderes als Erziehung der Triebe zu Ausdrucksformen, die sozial legitimierbar und verträglich sind.

In der Intensität dessen, was die Menschen an Leidenschaftlichkeit mitbringen, gibt es große Unterschiede. Und jemand, der weiß, daß er sehr aggressiv ist, wird auch unter der Angst leiden, daß er seine Aggressionen eines Tages nicht mehr wird kanalisieren können. Die Aggression selber muß dann häufig rigoros verdrängt werden. Sie wird dann nicht mehr als Aggression deutlich, sondern als Gefühl der Angst, die der bewußtseinsfähige Ausdruck der befürchteten und verdrängten Aggressivität ist. „Angst ist die Wechselwirkung der Seele", sagt Freud an einer Stelle, d.h. phänomenologisch sieht man zwar primär die Angst, aber sie kann ganz unterschiedliche ursächliche Inhalte haben. In diesem Fall wäre es die Angst vor Aggressivität.

Allgemein hängt die Angst vor Triebdurchbrüchen natürlich auch davon ab, wie liberal eine Gesellschaft ist, ob sie mehr oder weniger Leidenschaftlichkeit und Triebbefriedigung im weitesten Sinne erlaubt. Die These vom späten Freud über „Das Unbehagen in der Kultur" (1930) besagt, daß moderne Gesellschaften, auch wenn sie z.B. wieder einen Surplus sexueller Freiheit ermöglichen, darauf bauen und auch darauf angewiesen sind, daß die aggressiven Äußerungen der Menschen untereinander streng kanalisiert werden und dem Menschen alltäglich ein in der Vergangenheit unbekanntes Maß an Aggressionshemmung abverlangt wird, das nur schwer erträglich ist und sich in der Regel dann als latente Schuldgefühle kundtut. Latent heißt, daß sie nicht als bewußte Schuldgefühle hervortreten und erlebbar werden, sondern sich in einer Art dunklem Unterton von Unwohlsein und Unbehagen äußern. Die latenten Schuldgefühle begleiten den modernen Menschen als Unbehagen in der Kultur, weil er dem Maß, das ihm als Aggressionseinschränkung abverlangt wird, eigentlich nicht genügen kann.

Im Krieg wird die Aggressionsunterdrückung schlagartig ausgesetzt

Im Falle eines Krieges – wir können das weltweit tagtäglich beobachten – wird diese Aggressionsunterdrückung dann schlagartig ausgesetzt und das Töten, ansonsten das erste gesellschaftliche Tabu, plötzlich legalisiert, ja, es wird sogar zu einer Tugend gemacht, sofern es eben den Feind trifft. Unter den Bedingungen der Kriegsführung – denken Sie nur an das ehemalige Jugoslawien – dürfen auf einmal Menschen, die gerade eben noch Nachbarn und als solche gehalten waren, einen zivilisierten Umgang miteinander zu pflegen, die früher allenfalls einen Streit um den Gartenzaun hatten, sie dürfen und sollen plötzlich mörderische Attacken gegeneinander ausüben. Dazu sind sie mit einem Schlage legitimiert.

Wenn man die Explosionen von Gewalt beobachtet, stellt sich die Frage, ob moderne Gesellschaften besonders anfällig dafür sind oder geradezu davon leben, daß es in gewissen Abständen explosionsartige Ausbrüche gibt, die sich entweder im Krieg, im Fremdenhaß oder wo auch immer ihre Opfer suchen und so Formen eines ziemlich hemmungslosen Abflusses an Aggressionen finden.

Es gibt eine individuell unterschiedlich ausgeprägte Form von Aggressivität, die in unserer Gesellschaft keinen Ort findet. Eine Gesellschaft wie die unsrige, die von einem Menschen sehr viel an Triebbeherrschung abverlangt, läßt eine Erziehung zu konstruktiver Aggression schmerzlich vermissen wobei dies vermutlich weit wichtiger wäre als alle moralischen Einschränkungen.

Die Art des Umgangs mit Aggression und Destruktivität entscheidet über die Dauerhaftigkeit einer Kultur

K.-D.N.: Meinen Sie mit konstruktiver Aggression den Mut zur Auseinandersetzung und die Konfliktfähigkeit?

H. Gekle: Das auch. Aber zunächst meine ich einfach die Fähigkeit, selbstkritisch wahrnehmen zu können, daß in einem selber aggressive Momente schlummern, die einen z.B. unter unglücklichen Umständen dazu führen könnten, jemanden umzubringen, und die einen verführen könnten, den Krieg für eine wirkliche Möglichkeit zu halten. Menschen, die wissen, daß sie solche unzivilisierten Triebe in sich haben, sind weitgehend davor geschützt, sie ausagieren zu müssen.

In bezug auf die Aggression haben wir es mit verschiedenen anthropologischen Grundannahmen zu tun: Die eine besagt, daß die Menschen ein aggressives Grundpotential mit sich herumtragen, das sich nie auflösen wird. Das Tötungstabu ist demnach also nicht umsonst erhoben, von Haus aus trägt jeder Mensch das Kainsmal mit sich herum, insofern es eine Besonderheit der menschlichen Art ist, daß der Mensch im Unterschied zu den Tieren keine Tötungshemmung gegenüber seinen Artgenossen kennt.

Die andere Annahme geht davon aus, daß Aggressivität vor allem aus Ungesichertheit und Ängstlichkeit entsteht. Es gibt sicher beides. Daß Aggressivität das Resultat einer ungesicherten Existenzgrundlage ist, ist ein alltäglich zu beobachtendes analytisches Phänomen. Ob der Mensch nun von Natur aus gut oder böse ist, scheint mir wissenschaftlich auch unentscheidbar. Das ist auch nicht die vordringliche Frage, denn mit einem massiven Aggressionspotential, das bei weitem das übersteigt, was wir uns zubilligen wollen, muß man auf jeden Fall rechnen. Und mit dieser Aggression und Destruktivität so umzugehen, sie so zu kanalisieren, daß sie unschädlich ist und bleibt, das entscheidet letztlich über die Dauerhaftigkeit einer Kultur. Man hat mit den religiösen Geboten und Verboten versucht, eine Moral zu schaffen, die menschliches Leben erlaubt und sichert. Nun hat aber diese Moral in keiner Weise verhindern können, daß es die großen Durchbrechungen in den Kriegen gegeben hat. Auch die größten Durchbrechungen, die Weltkriege und Genozide unseres Jahrhunderts, hat sie nicht verhindern können. Und das 20. Jahrhundert ist vermutlich eines der grausamsten Jahrhunderte, die die Menschheitsgeschichte kennt. Also, das alles hat nichts genützt.

Nun scheinen wir auch in Zeiten zu leben, in denen die Religion überhaupt keine verbindliche Dimension mehr hat und auch die großen Tabus – zwei vor allem: das Tötungs- und das Inzesttabu – regelmäßig außer Kraft gesetzt werden; u.a. das Tötungstabu wird im Krieg durch die höchste staatliche Autorität außer Kraft gesetzt.

Ein Lob auf die Angst?

K.-D.N.: Horst-Eberhard Richter stimmt in seinem Buch „Umgang mit Angst" (Hamburg 1992) ein Lob auf die Angst an. Inwiefern kann man auch den von Ihnen beschriebenen Ängsten, der Gewissensangst und der Triebangst, etwas Positives abgewinnen, und warum sollte man sie nicht durch gezieltes Training unterdrücken, wie es z.B. beim Militär geschieht, um Aggression freizusetzen, moralische Skrupel aufzulösen und die Möglichkeit des eigenen Todes zu verdrängen?

H. Gekle: Mit seinem Lob hat Richter recht, insofern die Angst ein ungeheuer sensibles Instrument ist, um auf Gefährdungen aufmerksam zu machen, oder ganz allgemein auf Dinge, die schieflaufen können oder bereits schiefgelaufen sind. Wir sind bei Strafe des eigenen Untergangs langfristig angehalten, die Angst wahrzunehmen.

Angst ist immer Ausdruck eines Konflikts, und sie ist auch immer etwas Unangenehmes. Deswegen möchte man sie am liebsten beseitigt wissen, wie der Mensch dazu neigt, die unangenehmen Erfahrungen des Lebens zu minimieren. Daher verleugnet man die Angst und unterdrückt sie. Dabei vergißt man, welche wichtige Leitschnur die Angst dem Menschen bietet. Sie ist Zeichen, also ein Warnsignal dafür, daß etwas gefährlich werden könnte. Sie macht auch auf innere Gefährdungen aufmerksam, insofern sie Ausdruck eines intrapsychischen Konflikts zwischen dem Über-Ich oder dem Es und dem Ich ist. Sie steht im Interesse der Selbsterhaltung. Daher hat Freud die Angst dem Ich zugeordnet und zum Teil auch aus der Erfahrung des Geburtstraumas abgeleitet, also aus der Erfahrung des frühesten menschlichen Zustands, in dem das Leben grundsätzlich auf dem Spiel steht, und aus der daraus resultierenden Trennungsangst.

Diese ursprüngliche Trennungsangst ist biologisch begründet und keine psychische Angst im eigentlichen Sinne, da sie auf einer realen Krise beruht, die menschliches Leben in dem Moment erfährt, indem es von der Mutter abgenabelt zum ersten Mal selbständig als Organismus funktionieren muß. Damit wird die Geburtskrise zum Vorbild der Gefährdung menschlichen Lebens überhaupt, und die Trennungsangst ist das Urbild aller Angstsignale, die uns vor Gefährdungen warnen.

Kurzfristig mag es gelingen, durch gezieltes Training Angst zu unterdrücken, aber auf die Dauer wird das nicht gutgehen. Langfristig kann man die Angst nur überwinden, indem man sie annimmt, mit ihr umgeht, ihr unbedingt auf der Spur bleibt, denn sie ist einer der wichtigsten Hinweise darauf, was an Konflikten vorliegt und wo bestimmte Dinge in der Entwicklung hängengeblieben sind. Angst zu unterdrücken läuft immer schief, weil die Ursachen der Angst dann entweder innerpsychisch in neurotischen Formen verarbeitet werden oder auch als organische Krankheiten wiederkehren können. Also, wer sich nicht ängstigen kann, der kann auch nicht richtig leben.

Angstbewältigung

K.-D.N.: Die Verhaltenstherapie empfiehlt das Erlernen von Techniken, um mit Angststörungen, z.B. Phobien und Panikattacken, umzugehen. Kann man durch das bloße Erlernen von Techniken zu einer wirklichen Angstbewältigung kommen?

H. Gekle: Nein. Angstbewältigung kann man schon ein Stückweit lernen, aber sie muß doch über das Erlernen von Techniken weit hinausgehen. Diese können zwar bei neurotischen Dimensionen der Angst, z.B. bei Phobien, eine wichtige Rolle spielen, aber sie bewirken nur in einem ersten Schritt eine Art systematischer Desensibilisierung, die z.B. erlaubt, daß man bei einer Hundephobie nicht bei jedem Hund, der einem begegnet, einen großen Bogen machen muß, sondern daß man mit der Situation halbwegs passabel umgehen kann.

Will man die Angst aber wirklich bewältigen, muß man ihr psychoanalytisch auf der Spur bleiben, denn sie verweist auf einen nicht bewältigten Konflikt, d.h. für die Psychoanalyse ist die Hundephobie Ausdruck einer verschobenen Angst, die ihre Ursache in einem unbewußten intrapsychischen Konflikt hat. Diese Ursache versuchen wir in der Psychoanalyse aufzufinden; gelingt dies, so darf man normalerweise hoffen, daß der Ausdruck, den die Angst bekommen hat, wegfällt und die Hundephobie sich tendenziell auflöst.

K.-D.N.: Wie funktioniert das konkret?

H. Gekle: Neurotische Angst bindet sich an relativ willkürliche Phänomene in der Außenwelt, findet also tatsächlich ein Objekt. Ein verhaltenstherapeutischer Ansatz wäre nun, daß man sich an diese tatsächliche Objektverbindung hält und durch Verdeutlichung der Absurdität dieser Angst versucht, sie aufzulösen, was zum Teil auch wirklich gelingt.

Analytisches Vorgehen ist prinzipiell anders und geht tiefer: Wir suchen den psychischen Konflikt, denn solange dieser präsent ist, wird er auch irgendeinen Ausdruck finden, sei es nun in Form von objektgebundenen Ängsten – wobei sich das Objekt der Phobie auch verschieben kann – oder in Form von frei flottierenden Ängsten. Wir versuchen den zugrundeliegenden psychischen Konflikt bewußtzumachen, zu deuten, durchzuarbeiten, und das hat in aller Regel die Folge, daß die Angst wegfällt. Allerdings muß man korrekterweise dazu sagen, daß gerade schwere Phobien sich häufig hartnäckig der klassischen Symptomauflösung der Psychoanalyse widersetzen.

Der innere Konflikt wird in die Außenwelt verlegt

K.-D.N.: Zur Behandlung von Phobien schreibt Freud: „Man wird kaum einer Phobie Herr, wenn man abwartet, bis sich der Kranke durch die Analyse bewegen läßt, sie aufzugeben." Bei schweren Phobikern habe man nur dann Erfolg, wenn man sie durch den Einfluß der Analyse bewegen könne, sich wieder wie ein Phobiker ersten Grades zu benehmen, also sich der angstauslösenden Situation auszusetzen und dann mit der Angst zu kämpfen.

Der Therapeut
René Margritte, 1937
© VG Bild-Kunst Bonn, 1995

H. Gekle: Je älter der Konflikt ist, der die Angst hervorbringt, desto mehr schafft sich das Individuum eine Art Vorbau: die Angst vor der Angst. Einerseits schützt sich dadurch das Individuum, andererseits flieht es dadurch die angstauslösenden Situationen und Objekte. Ohne die Konfrontation wird es aber nicht gelingen, den Vorbau der Angst vor der Angst zu durchstoßen. Die Konfrontation begleitet die eigentliche kathartische Behandlung, durch die die ursächlichen Gründe des psychischen Konflikts gesucht werden, die irgendwann einmal unerträglich gewesen sind und in diese Angstneurose geführt haben. Das Individuum darf also vor einer Wiederbegegnung mit dieser Angst nicht geschützt sein, sondern muß sich ihr auf verschiedenen Ebenen stellen.

Die psychische Angst repräsentiert eine ehemals real bedrohliche Situation, wirkt nun aber im Inneren des Individuums, greift von innen an. Der betroffene Mensch ist sich dessen aber nicht bewußt und fürchtet diese Überwältigung von innen weit mehr als jede reale Gefahr. Er verkennt die Ursachen dieser psychischen Angst und legt in die Außenwelt, was eigentlich Ausdruck eines inneren Konfliktes ist. Viele sozialen Ängste, d.h. Ängste, die sich sozial binden, haben ihre eigentlichen Ursprünge in psychischen Konflikten der Menschen, die nichts mit den Objekten der sozialen Ängste zu tun haben. Das Interessante daran ist immer die Verkennung der eigentlichen Ursachen: Etwas, was in das Innere des Individuums gehört, wird nach außen verlagert und in der Außenwelt bekämpft.

Alle verpönten Triebe hängt man den dunklen Fremden an

K.-D.N.: Nehmen wir einmal das Beispiel der Xenophobie und des Fremdenhasses. Was liegt ihnen innerpsychisch zugrunde?

H. Gekle: Nach diesem Modell kann man sagen, daß Teile von mir, die mir unerträglich erscheinen und mir insofern fremd sind, als ich bestimmt habe, daß ich nichts mit ihnen zu tun haben will, an den Fremden festgemacht und ihnen bekämpft werden.

K.-D.N.: Was steckt konkret dahinter? Was fürchtet man, was projiziert man in den Fremden hinein?

H. Gekle: Wie alle Ängste kann auch die Angst vor den Fremden sehr vielschichtig sein. Denken Sie nur an die ganzen Vorwürfe, die man gegenüber Ausländern macht.

K.-D.N.: „Sie nehmen uns die Arbeit und die Frauen weg."

H. Gekle: Das ist ein gutes Beispiel, denn man findet immer sehr schnell ein sexuelles Moment. Das ist natürlich auch wieder sehr vielschichtig, aber wir haben es hier mit projizierten Triebanteilen zu tun, mit denen man selber nichts zu tun haben will, weil sie z.B. die eigene Phantasie bestimmen, man selber unbeherrscht ist oder was auch immer. Sowohl sexuelle Abscheu als auch sexuelle Affektion finden sich im Konglomerat der Fremdenangst.

Hinzu kommt die ökonomische Angst, daß sie uns Geld, Arbeitsplätze und Wohnungen wegnehmen und sich auf dem Boden unseres Mutterlandes breitmachen. Dahinter steckt vielleicht so etwas wie Geschwisterrivalität, die jetzt zur phobisch ausgedrückten Angst geworden ist, daß das, was da ist, nicht für alle reicht: eine Angst davor, zu kurz zu kommen.

Desweiteren findet man auch moralische Ängste und Projektionen: Entweder werden die Fremden als moralisch ganz minderwertige Subjekte angesehen oder man sieht in ihnen eine Form von Verheißung, stellt sie also moralisch über sich selbst. Beim Antisemitismus spielt das sicher eine Rolle, daß die fremde Moral der Juden, ihr strenger Judaismus und ihre ungeheure Orientierung an der Religion eine starke Faszination ausübt.

In der Xenophobie und im Fremdenhaß kann man also analog jede Art von Angst finden, und zwar sowohl aufgrund positiver wie auch negativer Projektionen. Alle verpönten Triebe, mit denen man nichts zu tun haben will oder darf, die in einem selber den Charakter des Dunklen und Unheimlichen haben, hängt man den dunklen Fremden an.

Die Angst sucht sich ein Objekt

K.-D.N.: Zur Fremdenfeindlichkeit gibt es ein eigenartiges Phänomen: In den neuen Bundesländern herrscht eine größere Ausländerfeindlichkeit als in den alten, obwohl dort prozentual weit weniger Ausländer leben als im Westen.

H. Gekle: Diese Annahme ist strittig. Horst-Eberhard Richter hat mit Kollegen eine Umfrage in den neuen Bundesländern gestartet, mit dem Ergebnis, daß der von Ihnen wiedergegebene Eindruck nicht den Tatsachen entspricht. Das Ergebnis dieser Umfrage ist vielmehr, daß der Rassismus in den neuen Bundesländern minimaler sei als im Westen und daß auch der Anschein trüge, wonach junge Leute rassistischer seien als ältere – sondern auch hier sei das Verhältnis gerade umgekehrt.

Um auf Ihre eigentliche Frage zu kommen: Selbstverständlich kann sich die Xenophobie völlig unabhängig machen von der realen Erfahrung. Das Objekt, auf das sich die Angst bezieht, braucht nicht oder nur kaum in den Erfahrungshorizont eingetreten zu sein. So gibt es z.B. einen Antisemitismus, ohne daß der betreffende Mensch je einen Juden gesehen hat. Bis heute ist sozialwissenschaftlich umstritten, ob im realen Umgang mit den Objekten, an die sich diese Angst knüpft, die Vorurteile geringer oder größer werden. Das ist nicht ganz klar, und ich würde das auch nicht zu entscheiden wagen.

Aber was man daraus lernen kann – und das ist das Metier eines Psychoanalytikers –, ist natürlich, daß die Realexistenz des Angstobjektes relativ gleichgültig ist. Die Angst ist Ausdruck eines intrapsychischen Konfliktes, und den handelt der Mensch mit sich in einer Art von Donquichotterie ab, indem sich die Angst ein reales Objekt in der Außenwelt sucht, an das sie sich bindet. Aufgrund ihrer Verschiebbarkeit von einem Objekt auf ein anderes wird sie immer fündig.

„Die Realängste kann man gar nicht hoch genug schätzen"

K.-D.N.: Nun gibt es auch eine ganze Reihe von sozialen Ängsten, die begründet scheinen: z.B. Angst vor Arbeitslosigkeit, sozialem Abstieg, Einsamkeit, Versagen in der Leistungsgesellschaft, Krieg, ökologischen Katastrophen, Verlust der Freiheit durch die Übermacht der Technik usw. Kann man alle diese Ängste als Realängste betrachten?

H. Gekle: Insofern sie begründet sind und in einem angemessenen Verhältnis zur tatsächlichen Gefährdung stehen – selbstverständlich ja. Ansonsten müßte man sich das individuell anschauen, denn auch die von Ihnen genannten Ängste treten beim einzelnen in bezug auf die tatsächliche Ursache, Ausprägung, Dauer und Intensität sehr verschieden auf.

Aber gewiß hat der Mensch Grund, Angst zu haben. Die Angst ist ein ständiger Begleiter. Menschliches Leben ist permanent in Gefahr, von Anfang an sind wir vom Tod gezeichnet, und mit dieser realen Gefährdung korrespondiert die Angst. Auch die neurotischen Ängste haben – wie gesagt – eine ursprüngliche Anbindung an die Realität. Das gleiche gilt für die moralische Angst, die ein später Nachfahre der Angst vor den Eltern ist. Als Kind aus der Fürsorge der Eltern zu fallen ist für das Kind eine existentielle Bedrohung.

Auch in der Gegenwart haben die neurotischen Ängste eine Anbindung an die Realität. Wenn man seine Triebe nicht beherrschen kann, ist das auch Grund für Realangst: Man verliert tendenziell sein Leben, wird zu einem Dieb, zu einem Mörder und fällt damit aus der sozialen Gemeinschaft heraus, wenn es einem nicht gelingt, seine Triebe so zu kanalisieren, daß man die gesellschaftliche Norm erfüllen kann.

Die Realängste kann man gar nicht hoch genug schätzen. Solange aber die Realangst von neurotischen Ängsten getragen wird, ist man in der Wahrnehmung dieser realen Angst geschwächt, sei es, daß man sie übertreibt, sei es, daß man sie verdrängt. Letzteres geschieht eher. Man läßt dann die Realangst nicht zu, weil sie aufgrund der Tatsache, daß sie psychisch unterlegt ist, unerträglich erscheint. Dadurch kann man die Angst als Warnsystem überhaupt nicht mehr nutzen. Und man steht verrückterweise, gerade weil man so viel Angst hat, schutzloser in der Welt, als man es wäre, wenn man die Realangst zulassen könnte.

Die Flut der Nachrichten verhärtet unser Herz

K.-D.N.: Realängste und neurotische Angstanteile zu differenzieren ist in der Selbsterkenntnis ein schwieriges Problem. Auf jeden Fall enthält es auch die Aufforderung, sich für die Welt zu interessieren und sie so zu durchschauen und rational zu erfassen, daß man sich wirklich über die realen Bedrohungen im klaren ist. Liegt darin nicht auch eine Überforderung, sich dem Weltgeschehen wirklich so auszusetzen und auch emotional in einer Weise nachzuvollziehen, daß man sich seelisch adäquat verhält? Kann man das überhaupt leisten, oder würde man dann nicht vor Entsetzen, Sorgen und Ängsten zerrieben, gelähmt werden?

H. Gekle: Das ist tatsächlich ein Problem. Man braucht sich nur die Flut von Nachrichten zu vergegenwärtigen, die einen täglich durch die Medien erreichen, insbesondere durch die Fernsehnachrichten mit ihrer Bildlichkeit der Übermittlung von Unglück. Wir sehen täglich in drastischen Bildern das Unglück und Leid dieser Welt: angefangen bei der vergleichsweisen Banalität eines Unfalls, in dem Menschen zu Tode gekommen sind, über Gewaltverbrechen und Naturkatastrophen bis hin zu Kriegsgreueln, hungernden Menschen und dem unsäglichen Elend in der Dritten Welt. Wenn man das wirklich alles in seiner ganzen Bedeutung psychisch nachvollziehen wollte, würde einen das ungeheuer tangieren.

Aber gerade weil einem die Konfrontation mit dem Elend der Welt zunehmend unerträglich wird, verhärtet man sein Herz und läßt es nicht mehr wirklich an sich ran. Die Erfahrung zeigt nun, daß die Abstumpfung, die man bei sich und anderen erfährt, ein Ausdruck einer umschweifigen und falsch verwendeten Form von Angst ist. Wir neigen dazu, einer wirklichen Konfrontation, die uns besorgt und ängstigt, aus dem Weg zu gehen, anstatt den Eindrücken standzuhalten, ihnen auf den Grund zu gehen, sie zu verarbeiten und schließlich auch Konsequenzen daraus zu ziehen.

Die klassische Vogel-Strauß-Politik ist der ganz übliche Umgang mit den Problemen der Welt: Die Menschen glauben, die Probleme würden verschwinden, wenn sie die Augen vor ihnen verschließen und den Kopf in den Sand stecken. Das ist der Prozeß der Verleugnung und Verdrängung, der immer wieder anzutreffen ist. Wir tun z.B. so, als könnten wir dem Elend der Dritten Welt entkommen, indem wir es nicht wirklich an uns heranlassen, die Augen davor verschließen und ansonsten weiter handeln und wirtschaften wie bisher. Weit entfernt von einem verantwortungsvollen Handeln wirtschaften die Menschen nach dem Motto „Après nous le déluge" – „Nach uns die Sintflut". Aber in dem Moment, in dem sie das Weltgeschehen wirklich lebhaft auf sich wirken ließen, könnten sie sich mit dieser Gleichgültigkeit nicht zufrieden geben. Das hätte allerdings auch zur Folge, daß wir akut zurückstecken und scheinbare Sicherungen aufgeben müßten, was offensichtlich auch Angst bereitet.

Die Angst vor dem drohenden Elend der Dritten Welt, das man selber zu schaffen mitgeholfen hat, ist ganz gewaltig. Und sie führt in einem Circulus vitiosus dazu, daß man sich ihm gegenüber immer weiter verhärtet. Wir haben also einen Kreislauf sich steigernder Prozesse: Das Problem wird immer größer, einer moralischen Verantwortung will man sich nicht stellen, und man versucht auf merkwürdige Weise, sein eigenes Schäfchen ins Trockene zu bringen, indem man weitermacht wie bisher, wohl wissend, daß das langfristig gar nicht gehen kann und das Elend nur weiter vergrößert. Man verleugnet die Verantwortung, will sich der Angst vor den Forderungen des Über-Ich nicht stellen, die einem in Gestalt dieser irrwitzigen Armut begegnen. Statt dessen fürchtet man Ströme von Migrationen, den Einfall dunkler, verhungernder, gewalttätiger Massen, und man fürchtet ihre Rache und den eigenen Tod.

Unsere Zukunftsangst hat erstmals auch reale Gründe

K.-D.N.: Soziale Ängste entstehen auch aufgrund der empfundenen Undurchschaubarkeit der komplexen gesellschaftlichen Situation, in der wir mittlerweile leben. Damit geht ein Verlust des Vertrauens in die ordnenden Kräfte einher. Man hat keinen Sicherheit verleihenden Überblick über die ordnenden Kräfte im gesellschaftlichen Zusammenhang bzw. vertraut ihnen nicht mehr. Daher entstehen soziale Ängste auch besonders stark im Zusammenhang mit sozialen Krisen. Wie kann man sich das Phänomen der Zukunftsängste erklären, die sich scheinbar immer mehr ausbreiten?

H. Gekle: Die Zukunft ist der offenen Struktur der Angst analog. Sie ist der Zeitmodus, in dem sich die Angst ansiedelt: ein freier, unbesetzter, offener Horizont und Raum. De facto entstehen Ängste aus der Vergangenheit des Individuums. Wie sich aber Ängste relativ willkürlich ein Objekt suchen, so suchen sie auch einen offenen Ort und besetzen die Zukunft als eine Art negative

Utopie. Apokalyptische Ängste hat es schon immer gegeben. In der Zukunft wurde das Unheil erwartet, eine strafende, rächende Instanz.

Der ganze Zusammenhang der Zukunftsangst wird heute dadurch kompliziert, daß wir erstmals Grund haben, Angst zu haben. Ich nenne nur die ökologische Krise. Im Unterschied der Angst des mittelalterlichen Bauern vor dem künftig erscheinenden Rächer und Richter, vor Höllenqualen, die auf ihn zukommen aufgrund der Sünden, die er in seinem Leben begangen hat, fürchten wir heute, daß auf sehr vernünftig vorhersehbare Weise die Taten der Menschheit wie ein Bumerang auf sie zurückschlagen und sie sich selber den Boden unter den Füßen wegschlägt. Die Untersuchungsergebnisse des Club of Rome haben deswegen eine so große Wirkung gezeigt, weil man meinte, ganz kühl ausrechnen zu können, welche Katastrophen auf die Menschheit zukommen, wenn sie weiterhin so wirtschaftet, wie sie das im Moment tut. Unsere Zukunftsangst hat also erstmals reale Gründe. Das ist die historisch neue Dimension der Zukunftsängste heute.

Emotional aufgeladene Unheilserwartungen und kollektiver Wahn

Diese Realängste verbinden sich jedoch in aller Regel mit allgemeinen, emotional aufgeladenen Zukunftsängsten, Unheilserwartungen und apokalyptischen Ängsten, die die Menschen schon immer gehabt haben. Insofern sind Zukunftsängste, soweit auch sie psychisch außerordentlich aufgeladen sind, tendenziell dysfunktional und nicht von vornherein ein guter Berater.

Welche grotesken Formen und Dimensionen Zukunftsängste annehmen können, wird schlagartig durch das erschütternde Phänomen deutlich, daß sich plötzlich Hunderte von Menschen in religiösem Wahn auf Anweisung eines verrückten Sektenführers umbringen. Die Angst dieser Fanatiker ist so immens, daß sie dadurch völlig in Bann gehalten werden und eher ihren Tod in Kauf nehmen, als daß sie riskieren würden, wegzugehen.

K.-D.N.: Gibt es besondere Entstehungsmomente für kollektive Ängste?

H. Gekle: Es gibt immer gesellschaftliche Angebote, die das Individuum dazu leiten, Ängste auf bestimmte Gruppen zu lenken und seinen Ängsten einen kollektiven Ausdruck zu verleihen. Im Faschismus wurden die Juden zum Sündenbock der kollektiven Ängste gemacht, indem man sie für alles schuldig erklärte. Damit war man seine Ängste los und fühlte sich obendrein legitimiert, die Juden im KZ zu vernichten bzw. ihnen mindestens nicht zu helfen. Man konnte die Augen vor dem ganzen Wahn verschließen.

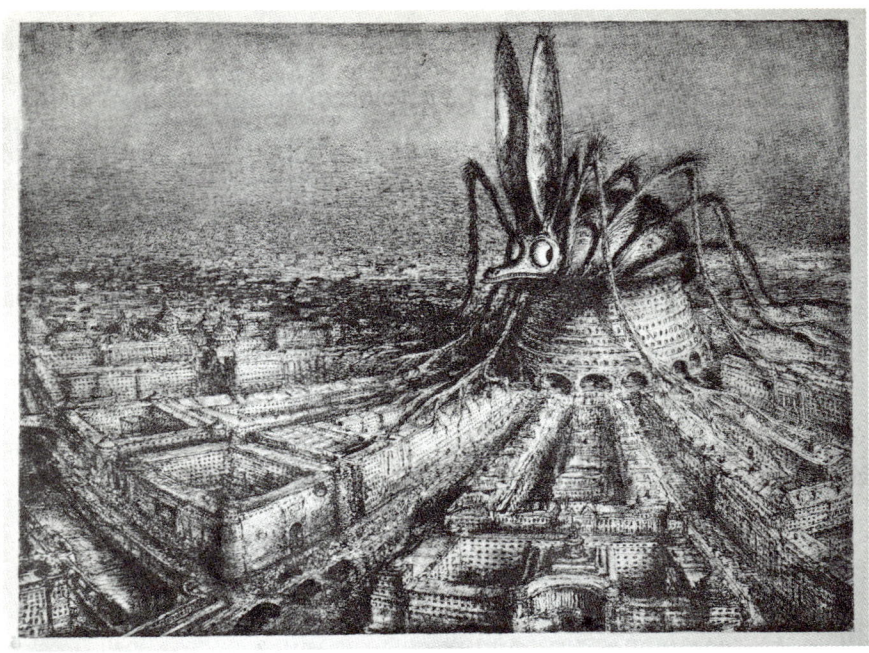

A. Paul Weber: Die Angst regiert
© VG Bild-Kunst Bonn, 1995

Man kann Menschen manipulieren, indem man ihre Angst lenkt, sie kollekti-
viert und auf bestimmte Gruppen richtet und so ihren psychischen Ängsten
Objekte in der Außenwelt bietet, an die sie sich binden können. Sie werden so
punktuell in eine Art Gruppen- oder Massenwahn verstrickt. Wie leicht dann
eine Masse in ekstatischen Momenten zu manipulieren ist, zeigt Goebbels Hetz-
rede im Sportpalast: „Wollt ihr den totalen Krieg?", und alle Anwesenden schrei-
en „Ja!". Eine völlige wahnhafte Verblendung! Indem ihnen die größte Angst
gemacht wird – denn „Wollt ihr den totalen Krieg?" heißt ja, daß sie alles
riskieren –, werfen sie alles über Bord, auch ihre psychischen Ängste und erleben
eine ekstatische Befreiung vom Über-Ich. Das ist für manche Leute so verführe-
risch, daß sie dem nachgeben. Was sie kurze Zeit später sagen, wenn sie nicht
mehr unter dem Einfluß eines Goebbels stehen und die Menge verlassen haben,
ist eine andere Sache.

Das Bedürfnis des Menschen, sich in Gruppen abzugrenzen

K.-D.N.: Warum hat der Mensch überhaupt das Bedürfnis, sich in Gruppen zu erleben und abzugrenzen?

H. Gekle: Der Mensch ist aufgrund seiner biologischen Offenheit und Hilflosigkeit von Geburt an auf andere angewiesen, zunächst einmal auf die Eltern bzw. auf die Mutter, auf jeden Fall auf eine fürsorgliche erwachsene Person, die diese biologische Hilflosigkeit kompensiert. Psychisch entspricht dieser Hilflosigkeit als Sicherungsmaßnahme die Tatsache, daß wir Kinder besonders niedlich, wehrlos und schutzbedürftig finden und der innere Protest daher sehr stark ist, wenn kleine Kinder mißhandelt oder Gefahren ausgesetzt werden. Insofern der Mensch von Geburt an auf Schutz und Fürsorge angewiesen ist, eine lange Kindheit und Jugendzeit bis zum Erwachsensein durchläuft, ist er schon biologisch ein soziales Wesen. Die Gruppe bietet ihm Schutz – auch eine Form der Abgrenzung nach außen – und Sicherheit.

Auf der Ebene der Geschwister wird mit jedem Neuankömmling auch eine Bedrohung der Sicherheit empfunden, weil bei den Eltern noch jemand an die gleichen Töpfe will. Im Geschwisterneid haben wir eine erste Form von aktiver Abgrenzung gegen gleichartige andere. Man könnte denken, daß dies auch das Vorbild für spätere Abgrenzungen abgibt. Unter den Bedingungen kreatürlicher Not haben sich in der Geschichte der Menschheit soziale Einheiten immer voneinander abgegrenzt, um als erstes die eigene Existenz zu sichern.

Auch anthropologisch soll es eine feststehende Neigung geben, Fremdes erst einmal abzustoßen und sich davor zu fürchten und abzugrenzen. Darum liegt eine der großen kulturhistorischen Leistungen der Menschheit im Austausch von Waren und darüber hinaus auch von Frauen. Wenn man sozusagen einen Teil von sich im fremden Stamm untergebracht hatte, gab es natürlich eine höhere Hemmschwelle, gegen diesen Stamm noch einmal Krieg zu führen. Denn der würde nun auch die eigenen Schwestern treffen.

Die Kindheit ist von Realangst geprägt

K.-D.N.: Bezogen auf Kinder gibt es ein besonderes Problem im Umgang mit Angst. Sie können mit Ängsten nicht in gleicher Weise umgehen wie Erwachsene und sind daher durch die Konfrontation mit den Tatsachen des Weltgeschehens, die bei Erwachsenen Ängste auslösen, oft überfordert – je jünger die Kinder sind, desto mehr. Sie können bestimmte Dinge einfach nicht verarbeiten, sie wissen nicht, woher die Angst kommt und wie lange sie dauert und sind ihr insofern hilflos ausgeliefert. Stimmen Sie mir zu, daß man Kinder nicht in gleicher Weise solchen Tatsachen und Nachrichten aussetzen sollte, wie man es sich selber zumutet, ich denke z.B. an Kriegsereignisse wie den Golfkrieg oder auch den Krieg im ehemaligen Jugoslawien?

H. Gekle: Ja. Die Kindheit ist überhaupt der Zeitraum im menschlichen Leben, der am meisten von Angst geprägt ist, und zwar von Realangst. Nie hat der Mensch Grund, so viel Angst zu haben, wie in der Kindheit. Kinder sind schutzlos, sie sind hilflos. Wenn sie nicht liebende Erwachsene haben, die sich ihrer annehmen, dann stehen sie sehr gefährdet in der Welt.

Ich sagte bereits, daß alle neurotische Angst eine reale Anbindung hat. Die geht zurück auf diese elementare Ungesichertheit menschlichen Lebens von Geburt an, die sich durch die ganze Kindheit bis zum Erwachsenendasein hindurchzieht. Nie hat man so viel Grund, ängstlich zu sein, wie als Kind, und nie hat man so wenig bewußte Verarbeitungsmöglichkeiten, Strategien und Mechanismen wie als Kind. Auf dieser Basis entsteht, was später als neurotische Angstmechanismen auffällt bzw. den Umgang mit der Realangst als Warnsystem so schwierig macht. – Nun weiß man, daß sich Kinder sehr an den Ängsten ihrer Eltern orientieren, weit mehr als an der Wirklichkeit. Ängstliche Eltern werden also ängstlichere Kinder haben als weniger ängstliche Eltern. Das ist relativ unabhängig davon, wie die reale Situation ist. Anna Freud hat aufgrund ihrer Untersuchungen festgestellt, daß Kinder selbst bei Fliegerangriffen, wenn sie mit ihren Müttern in den Kellern saßen, ruhig bleiben und sogar schlafen konnten, wenn die Mütter ruhig geblieben sind, also als Schutzschild für die Kinder funktionieren konnten. Diese Kinder waren weit weniger traumatisiert als Kinder, die mit ihren Müttern Situationen erlebt hatten, die keine realangstauslösenden Situationen sein mußten, und die Mütter dabei ängstlich waren. Das scheint mir einleuchtend zu sein. Es ist natürlich eine Frage, wieviel Nerven eine Mutter haben kann, wenn sie in Situationen permanent mit solchen Gefahren konfrontiert ist. Auf die Dauer kann sie es nicht leisten, dabei ruhig zu bleiben.

„Wir haben die Aufgabe, den richtigen Umgang mit der Angst zu lernen"

K.-D.N.: Soziale Ängste werden auch benutzt, um politische Interessen durchzusetzen. Gleich um welches Thema es in der politischen Debatte geht – sei es die ökologische Bedrohung, Gentechnik, Atomkraft, um das Verhältnis zum Golfkrieg, Rot-Grün, die Sicherheit der Renten oder was auch immer –, entzündet sich jeweils ein Streit, ob die Ängste begründet oder unbegründet, d.h. manipuliert sind. Es kommt dann immer der Vorwurf der Panikmache. Wie kann man den Problemen begegnen, daß die Ängste der Menschen auch immer manipuliert und benutzt werden, um Interessen durchzusetzen?

H. Gekle: Die Menschen haben die Aufgabe, den richtigen Umgang mit der Angst zu lernen. Wir alle haben Ängste, sie werden aber verleugnet, und sie können aufgrund der besonderen Struktur der Angst verschoben werden. Und damit können sie natürlich auch manipuliert werden. Dennoch sind sie in gewisser Weise auch ein Kraftreservoir par excellence, denn was tun die Menschen alles, um ihre Angst zu beschwichtigen!

Die Mobilisierbarkeit und Manipulierbarkeit von Ängsten wird immer dann gegeben sein, wenn die Menschen nicht gelernt haben, ihre Ängste wahrzunehmen und dorthin zu tun, wo sie hingehören. Man wird nur standhalten können, wenn man die Angst dort verortet, wo sie entstanden ist, und auch da versucht, mit ihr umzugehen. Mit dem bewußten Wahrnehmen von Angst steigt auch die Fähigkeit, sie zu ertragen. Was in der Kindheit noch wirklich unerträglich gewesen ist, weil damals die psychischen Verarbeitungsmöglichkeiten gefehlt haben, das wäre es normalerweise für den Erwachsenen nicht, nur weiß er das eben nicht. Indem man diese unbewußten, aus der Kindheit kommenden Ängste auflöst, gibt man dem Individuum die Möglichkeit, als Erwachsener bewußt mit Angst umzugehen. Er kann standhalten, er muß nicht ewig flüchten.

Mit der Angst in Kontakt

Interview mit Willi Butollo

von Thomas Höfer

Prof. Dr. Willibald Heinz Butollo, *geb. 1944 in Eberstein, Kärnten/Österreich. 1963–1968 Studium der Psychologie, Anthropologie und Philosophie an der Universität Wien, dort tätig als wissenschaftlicher Assistent, 1968 Promotion zum Dr. phil. 1972 Habilitation an der Universität Graz, 1968–1972 Universitätsassistent am Institut für Psychologie der Universität Graz. Forschungsaufenthalte in London und Los Angeles, Lehrstuhlvertretungen an den Universitäten Konstanz und Mainz.*

1973 Ruf an den Lehrstuhl für Klinische Psychologie der Universität München, dort 1974 Ernennung zum ordentlichen Professor, Leitung des IB Klinische Psychologie. Ausbildung in Verhaltenstherapie, Gestalttherapie und Körperpsychotherapie. Arbeitsschwerpunkte sind Psychotherapie in Praxis und Forschung, Traumapsychologie und -therapie, Klinische Entwicklungspsychologie. Verheiratet mit Dr. Andrea Butollo, sieben Kinder.

Buchveröffentlichungen zum Thema: „Die Angst ist eine Kraft", München [4] 1993, und: „Die Suche nach dem verlorenen Sohn", München 1993.

Im folgenden Interview mit Willi Butollo geht es um die Frage nach dem Stellenwert der Angst im eigenen Leben, um das Verständnis von Angststörungen und ihrer Entstehung aus der Sicht klinischer Psychologie sowie um ein therapeutisches Konzept bei Angststörungen, das verhaltenstherapeutische und gestalttherapeutische Elemente miteinander verbindet.

Thomas Höfer: Was ist Angst?

Willi Butollo: Angst ist die emotionale Reaktion auf eine Situation, die vom Betroffenen in irgendeiner Weise als bedrohlich erlebt wird. Angst hat in diesen Situationen die Funktion, den Betroffenen in Alarmbereitschaft zu versetzen, ihn zu aktivieren und damit handlungsbereit zu machen. Dadurch soll er entweder der bedrohlichen Situation entkommen können oder in die Lage versetzt werden, Maßnahmen zu ergreifen, die der Bedrohung entgegenwirken oder sie beseitigen. Angst aktiviert also den Menschen zur Flucht oder Gegenwehr angesichts einer objektiven Bedrohung.

Wenn weder Flucht noch Gegenwehr direkt möglich sind, hat die Angst auch die Funktion, gedankliche Prozesse in Gang zu setzen, die ihrerseits wieder zu einer Eliminierung der Angst führen. Das geschieht, indem entweder Maßnahmen zur Minderung der Angst ersonnen werden oder aber die bedrohliche Situation so umgedeutet wird, daß sie keine Bedrohung mehr darstellt. Hier handelt es sich um jene Prozesse, die in extremer Form auch in pathologische Zustände münden können, also z.B. Verdrängung, Verleugnung, Fehleinschätzung der eigenen Möglichkeiten usw.

„Es ist wichtig, angstfähig zu bleiben"

T.H.: Kann Angst auch in Lebenslagen entstehen, die eigentlich keine echte Bedrohung darstellen, sondern in denen der Mensch notwendige Schritte in der Persönlichkeitsentwicklung zu tun hat, vor diesen aber zunächst zurückschreckt?

W. Butollo: Entwicklung ist ein zwiespältiges Geschehen. Wenn der Mensch ein neues Stadium seiner Persönlichkeitsentwicklung erreichen will, muß er ein vorangehendes Stadium hinter sich lassen. Er betritt also Neuland, ohne genau zu wissen, ob seine Kenntnisse und Fähigkeiten ausreichen, um sich dort bewähren zu können. Entwicklung birgt also immer einen Unsicherheitsfaktor in sich. Diese Unsicherheit ist tatsächlich häufig von intensiven Ängsten begleitet. Das ist auch nicht weiter verwunderlich. Denken Sie etwa an die Ablösung Jugendlicher oder junger Erwachsener vom Elternhaus oder auch an das Ergreifen eines neuen Berufes. Der sich entwickelnde Mensch begibt sich in einen Veränderungsprozeß, dessen Ausgang ungewiß ist. Die Angst ist hier die Begleitemotion im Übergang von einem sicheren in einen unsicheren Zustand.

Ist Angstfreiheit ein erstrebenswertes Ziel?

T.H.: Kaum ein Mensch wird Angst wohl als angenehm empfinden, dennoch stellt sich die Frage, ob ein Leben ohne Angst möglich oder auch nur erstrebenswert ist.

W. Butollo: Ein Leben ganz ohne Angst führen zu wollen, ist ein verständlicher, aber unrealistischer Wunsch, denn Angst hat eine wichtige lebenssichernde Funktion. Sie hat z.B. die Aufgabe, den Betroffenen zu warnen, daß er sich auf Gebieten bewegt, die ihm nicht gut oder ausreichend bekannt sind, und daß die eigenen Kompetenzen möglicherweise nicht ausreichen, sich auf diesen Gebieten zurechtzufinden. Es ist daher wichtig, angstfähig zu bleiben, solange die Angst als Warnsignal für Gefahren dient.

Wenn die Angst allerdings zu stark wird und in den Vordergrund tritt, kann sie dazu führen, daß der Mensch in seiner Handlungs-, Denk-, und Entscheidungsfähigkeit beeinträchtigt wird, daß er also bestimmte Dinge nicht tun oder bestimmte Entscheidungen nicht fällen kann, weil die Angst ihn daran hindert. Dann hat sie offenbar ihre primär lebenserhaltende Funktion verloren und wird zu einer Kraft, die der Mensch als Behinderung empfindet.

Allerdings müßte man auch in solchen Fällen fragen, ob es nicht – von einem höheren Standpunkt aus gesehen – sinnvoll ist, daß der betroffene Mensch an der Ausführung eines bestimmten Vorhabens gehindert wird. Oftmals ist nämlich zu beobachten, daß Ängste, die sich pathologisch äußern, die also scheinbar über das normale und gesunde Maß hinausgehen, den betroffenen Menschen vor den Folgen einer Selbstüberschätzung bewahren, indem sie ihn daran hindern, gewisse Risiken einzugehen. Man muß also auch in solchen Fällen unterscheiden zwischen dem Erleben der Angst und ihrer Beurteilung durch den Betroffenen einerseits und der realen Funktion der Angst in der jeweiligen Situation andererseits..

Obwohl die Angst eine wichtige Funktion im Leben jedes Menschen hat, meine ich dennoch, daß ein Leben ohne Angst ein erstrebenswertes Ziel ist: Freiheit von irrational gewordenen Ängsten.

Angstfreiheit darf aber nicht dadurch erkauft werden, daß man sich Illusionen über sich selbst und sein Verhältnis zur Welt macht, indem man sich in falscher Sicherheit wiegt. Aber weitgehende Angstfreiheit kann auch in einer ganz realistischen Einschätzung der eigenen Lebenslage gründen, in einer echten Selbstsicherheit. Wenn ich die Fakten meiner Existenz und damit meine Grenzen annehme, ja, ihnen zustimme, nähere ich mich einem Optimum an Angstfreiheit. Nicht die Angstfreiheit selbst ist, so gesehen, ein erstrebenswertes Ziel menschlicher Entwicklung, sondern die ihr zugrundeliegende Einstellung zum Leben.

Ein differenzierter Umgang mit Angst ist nötig

T.H.: Stimmen Sie mir zu, daß die Angst unter anderem dazu führt, daß der Mensch sich in seinem Leben in einer bestimmten Art einrichtet, daß er bestimmte Grenzen nicht überschreitet?

W. Butollo: Die Angst führt zunächst einmal dazu, daß der Mensch sich konservativer verhält. Das kann für manche Lebenssituationen günstig sein, weil der Mensch sich eben auf sicherem Terrain bewegt und kein Risiko eingeht. Andererseits kann dieses konservative Verhalten auch von Nachteil sein, wenn der Mensch bestimmte Situationen oder Möglichkeiten seiner Existenz nicht ausprobiert. Er bleibt dann möglicherweise hinter seinen Fähigkeiten zurück.

Angst ist ursprünglich – von der Menschheitsentwicklung her gesehen – ein Schutzimpuls, der defensives oder konservatives Verhalten auslöst. Allerdings ist es so, daß wir in unseren heutigen Lebenslagen kaum noch mit den Situationen in Kontakt kommen, die ursprünglich angstauslösend waren. Wir erleben z.B. kaum noch archaische Situationen, die eine echte Bedrohung für unser Leben darstellen. An deren Stelle sind andere Gefahren getreten, für die wir oft kein angemessenes Sensorium haben. Daher bekommt die Angst irrationale Komponenten, indem sie in Situationen auftritt, die keine leibliche Bedrohung darstellen. Jemand kann z.B. vor einer Prüfung Todesangst empfinden, obwohl ihm nicht viel mehr passieren kann, als daß er durch die Prüfung fällt – schlimmstenfalls muß er sich nach einem anderen Beruf umsehen und das Bild, das er von sich und seiner Zukunft hat, revidieren. Das ist unter Umständen sogar das Beste, was ihm widerfahren kann. Wenn er sich aber so von der Angst beeindrukken läßt, daß er gar nicht erst zur Prüfung antritt, kann dieser Prozeß nicht in der einen oder anderen Weise zu Ende gehen, und er wird deshalb vielleicht nie zu dem Beruf finden, für den er eigentlich hochbegabt wäre.

Es ist daher erstrebenswert, einen differenzierten Umgang mit der Angst zu lernen, um Situation, in denen die Angst zu Recht auftritt, von solchen, in denen sie behindert, unterscheiden zu können.

Die Differenzierung des Welt- und Selbstbildes wird durch die Angst im Kontakt mit der Welt angestoßen. Wenn der Mensch sich konservativ verhält, nur um die Angst zu reduzieren, dann wird diese notwendige Differenzierung nicht mehr geleistet. Dieses Problem haben Angstpatienten: Sie können nicht mehr unterscheiden, wann ein bestimmtes Objekt oder eine bestimmte Situation – z.B. eine Spinne – eine Bedrohung darstellt und wann nicht. Folglich meiden sie das Objekt oder die Situation, und machen nicht die Erfahrung, daß die weit überwiegende Zahl der Begegnungen und Erlebnisse völlig gefahrlos ist.

Angststörungen

T.H.: Das leitet in den Bereich der Angststörungen über. Was ist, allgemein gesprochen, eine Angststörung?

W. Butollo: Das gemeinsame Merkmal von Angststörungen ist, daß die Intensität des Angsterlebens mit der tatsächlichen Bedrohung nicht in Einklang ist. Die Betroffenen erleben also intensive Ängste, obwohl sie sich real nicht in einer Situation befinden, die dieses Angsterleben rechtfertigen würde. Das Angsterleben wird durch unbegründete oder gar nicht mehr erkennbare Reize ausgelöst und erreicht eine Stärke, die den Menschen in seiner Handlungsfähigkeit erheblich beeinträchtigt und als extrem unangenehm empfunden wird.

Nehmen Angststörungen zu?

T.H.: Wie häufig sind Angststörungen?

W. Butollo: Faßt man alle Angststörungen zusammen, so sind sie neben der Depression die häufigsten psychischen Störungen überhaupt.

T.H.: Gibt es Belege für eine Zunahme von Angststörungen in den letzten zehn bis 20 Jahren?

W. Butollo: Wenn man von der Zahl der Fälle ausgeht, so ist sicherlich eine Zunahme festzustellen. Ich wäre aber vorsichtig, deshalb von einer Zunahme der Angststörungen zu reden. In dem von Ihnen genannten Zeitraum ist das Bewußtsein der Bevölkerung für psychische Prozesse und Störungen enorm gewachsen, und auch das Angebot an Psychotherapie hat stark zugenommen. Es läßt sich daher nicht entscheiden, ob immer mehr Menschen an Angststörungen leiden oder ob immer mehr Menschen den Mut aufbringen bzw. durch entsprechende Angebote überhaupt erst die Möglichkeit haben, sich in psychotherapeutische Behandlung zu begeben. Die Verbesserung der Versorgungslage führt oft einfach dazu, daß mehr Fälle bekannt werden. Das ist in medizinischen Bereichen auch so. In einer schon etwas älteren englischen Studie hat man festgestellt, daß sich nur ein geringer Teil der Angstpatienten aus freien Stücken behandeln läßt. Hauptgrund dafür ist, daß sie im Falle einer Behandlung die gezielte Konfrontation mit ihrer Angst erwarten, und genau das wollen sie ja nicht.

T.H.: Wäre es denkbar, daß Angststörungen vermehrt auftreten, weil die heutigen Lebenszusammenhänge für den einzelnen immer komplexer und undurchschaubarer werden?

W. Butollo: Die These an sich ist plausibel. Je undurchschaubarer die Lebenszusammenhänge sind, in denen sich ein Mensch befindet, je geringer die Kontrollmöglichkeiten gegenüber Bedrohungen sind, desto größer ist das Angstpotential. Unsere Zivilisation läuft in eine Richtung, in der der einzelne immer weniger Einflußmöglichkeiten auf ökonomische, soziale und kulturelle Entwicklungen hat, sich aber anpassen muß, wenn er überleben will. Wer heute z.B. einen Beruf lernt, kann nicht selbstverständlich davon ausgehen, daß er diesen Beruf auch einmal ausüben wird, sondern muß bereit sein, sich umzustellen, ständig dazuzulernen und sich auch räumlich zu verändern. Diese Faktoren führen zu einem Verlust an Sicherheit und einer Destabilisierung des menschlichen Grundvertrauens in die ihn umgebende Welt. Diese Destabilisierung fördert die Entstehung von Angst.

Man sollte aber davon ausgehen, daß Angststörungen in erster Linie etwas mit der Destabilisierung der inneren Welt zu tun haben, insbesondere mit der internalisierten Beziehung zu wichtigen Personen in der seelischen Entwicklung. Die betroffenen Menschen haben fremde Normen als für die eigene Person gültig übernommen. Gegenwärtige Ereignisse, die in oft nur entfernter Symbolik diese Selbstschwächung reaktivieren, lösen Angstzustände aus.

Entstehung von Angststörungen

T.H.: Wie kommt es dazu, daß ein Mensch Angststörungen entwickelt?

W. Butollo: Über die Entstehungsgeschichte von Angststörungen ist allgemein relativ wenig bekannt. Das liegt daran, daß man bei der Erforschung dieser Ängste von betroffenen Menschen ausgeht, von Menschen also, die die Angststörung bereits entwickelt haben. Schaut man dann retrospektiv nach den Ursachen, so wird das, was man findet, in hohem Maße von dem abhängig sein, was man zu finden hofft. Das ist, nebenbei gesagt, das Dilemma weiter Bereiche der psychoanalytischen Theorien.

T.H.: Man findet und bestätigt also die Theorie, von der man ausgeht.

W. Butollo: Ja, genau. Aussagen über die Entstehung von phobischen Angststörungen etwa sind also nur schwer zu machen. In den letzten Jahren hat jedoch eine These wieder an Boden gewonnen, die lange Zeit in den Hintergrund getreten war. Man geht davon aus, daß traumatisierende Erlebnisse in der Kindheit eine Disposition für die Entwicklung von Angststörungen schaffen. Extreme, nicht gut verarbeitete Angsterlebnisse in der Kindheit, traumatische Erfahrungen, vor allem Verlusterlebnisse, schaffen demnach die Grundlage dafür, daß eine besondere Sensibilität und Anfälligkeit für Ängste entwickelt wird.

Eine „heiße Spur" gegenwärtiger Forschung ist auch die generationenübergreifende Wirkung von vor allem tabuisierten Traumata in der Eltern- oder Großelterngeneration. Die kann in den Kindern oder Enkeln in Form von Angststörungen sichtbar werden. Das habe ich in meinen Büchern „Die Angst ist eine Kraft" (München ⁴1993) und „Die Suche nach dem verlorenen Sohn" (München 1993) näher ausgeführt.

Kinder müssen Kompetenz im Umgang mit Angst erwerben

Als zweites wäre zu nennen, daß betroffene Menschen oftmals keine Kompetenz im Umgang mit Ängsten entwickeln konnten. Der Umgang mit Angst wurde nicht erlernt, weil z.B. die Bezugspersonen des Kindes altersgemäße angsterzeugende Belastungen ständig vom Kind ferngehalten haben. Die Eltern sorgen häufig dafür, daß möglichst nichts auf ihr Kind einwirkt, was beim Kind Angst hervorrufen könnte. Wenn die Eltern jeden Streit mit Altersgenossen verhindern, wenn sie die Konflikte des Kindes lösen, statt das Kind selbst nach Lösungen suchen zu lassen, kann ein Kind keine Strategien entwickeln, um in angemessener Weise mit belastenden Situationen und den daraus entstehenden Ängsten fertigzuwerden. Es führt zu wenig Vertrauen in die eigenen Bewältigungsmöglichkeiten von angsterzeugenden Situationen.

T.H.: Das bedeutet, daß überbehütete Kinder eher Schwierigkeiten mit Angstbewältigung bekommen werden.

W. Butollo: Ja. Wichtig ist insbesondere, daß Kinder die sogenannten kritischen Übergangsstadien gut bewältigen – also den Übergang vom Elternhaus in den Kindergarten, vom Kindergarten in die Schule usw. Daß Kinder Probleme mit diesen Übergängen haben, ist nicht so tragisch. Wenn sie aber den Übergang nicht schaffen, weil sie jeweils zu leicht in das alte System zurückfallen können, dann kann sich bei ihnen die Überzeugung festsetzen, daß sie die Übergänge aus eigener Kraft überhaupt nicht schaffen. Die Konsequenz ist, daß sich ein schwaches Selbstbild herausbildet.

T.H.: Was würden Sie Eltern raten?

W. Butollo: Sie sollten ihren Kindern Gelegenheit geben, den Umgang mit altersgemäßen bedrohlichen Situationen zu erlernen. Hierzu ist es eben wichtig, Kinder nicht von allen potentiellen Gefahren fernzuhalten oder sie nicht vorschnell aus Situationen herauszunehmen, die konfliktträchtig sind, etwa auf dem Spielplatz oder im Sandkasten. Eltern sollten Kindern Gelegenheit geben, selbst Strategien zum Umgang mit Ängsten und Konflikten zu entwickeln und zu erproben. Das heißt nicht, daß sie ihre Kinder blind in jede Gefahr hineinlaufen lassen oder mit angsterzeugenden Situationen belasten sollten, die das Kind aufgrund seines Alters überhaupt nicht bewältigen kann.

Eltern, die als Kinder unter übermächtigen Belastungen zu leiden hatten, wollen ihren Kindern diese Erfahrungen ersparen: „Meine Kinder sollen es einmal besser haben." Diese Haltung führt leicht dazu, daß den Kindern jedes Mißerfolgserlebnis, jede Kränkung, jede Spannung zwischen Wunsch und Realität genommen wird, zum Schaden der Kinder letztlich. Was die Kinder wirklich brauchen, ist der Wechsel von Schutz zu Bewährung und wieder zurück.

Traumatische Kindheitserlebnisse schaffen Angstdispositionen

T.H.: Sie sagten vorhin, daß traumatische Kindheitserlebnisse eine Disposition für die Entwicklung von Angststörungen schaffen. Können Sie das näher erläutern?

W. Butollo: Wenn es in der Kindheit ein Erlebnis gab, das von starken Ängsten begleitet war, die nicht hinreichend verarbeitet werden konnten, dann kann damit quasi eine Veranlagung für das Entstehen einer Angststörung erworben werden. Oftmals werden solche Zusammenhänge erst in der Therapie aufgedeckt.

Ein Patient berichtet etwa, daß seine Mutter starb, als er vier Jahre alt war. Er versichert glaubhaft, daß er heute zu diesem Erlebnis großen inneren Abstand hat und es ihn nicht weiter belastet. Tatsächlich war jedoch der Tod der Mutter von extremen Verlassensängsten begleitet, die nie richtig ausgedrückt werden konnten. Es war z.B. einfach niemand da, der sich des Kindes während dieser Zeit angemessen angenommen hätte. Wenn solch ein Erlebnis vorliegt, ist es plausibel, daß andere Trennungssituationen immer wieder diese extremen Angstzustände auslösen.

Kontaktstörung und Gestalttherapie

Es gibt aber noch einen anderen Ansatz, der eine Dimension seelischer Gestörtheit in den Mittelpunkt stellt, die nicht unmittelbar ersichtlich ist: Insbesondere bei Menschen, die unter sozialen Ängsten leiden, kann man sagen, daß die Fähigkeit der Betroffenen, Kontakt zu anderen herzustellen, gestört ist. Sie schaffen es nicht oder nur mit größter Mühe, zu anderen Menschen einen normalen Kontakt herzustellen und dabei ihre Eigenständigkeit zu bewahren. Das führt dazu, daß sie entweder ganz in einem anderen Menschen aufgehen, total vom anderen begeistert sind und ihr Gegenüber idealisieren, oder aber sie ziehen sich ganz in sich zurück und vermeiden jeden Kontakt. Bei Menschen mit sozialen Ängsten ist also oft ein Hinundherkippen von sozialer Isolation und dem Aufgehen im Gegenüber zu beobachten. Die Betroffenen können im sozialen Kontakt nur schwer ihre persönlichen Ichgrenzen wahren. Der psychisch gesunde Mensch dagegen, der im Kontakt mit anderen Menschen seine Eigenständigkeit aufrechterhält, nimmt bestimmte Eigenschaften des anderen an, andere lehnt er ab, läßt sich aber insgesamt nicht in seinem Selbstbild erschüttern.

T.H.: Woher stammt dieser Ansatz?

W. Butollo: Dieser Ansatz ist von uns hier am Institut aus der Gestalttherapie heraus entwickelt worden und hat sich in einer stufenweise aufgebauten Therapie niedergeschlagen, die wir seit vielen Jahren anwenden. In einem *ersten* Schritt sollen die Menschen lernen, sich in Angstsituationen zurechtzufinden.

T.H.: Das ist praktisch ein verhaltenstherapeutisches Verfahren.

W. Butollo: Ja, genau, dieser erste Schritt ist verhaltenstherapeutisch. Wir beginnen mit Entspannungsübungen, es folgt eine allmähliche Konfrontation mit den Angstsituationen, die so weit gesteigert wird, daß es zu durchaus heftigen Angsterlebnissen kommt. Die Betroffenen lernen, in diesen Angstsituationen zu verweilen, und erfahren, daß die Angst wieder abklingt, ohne daß ihnen ernsthaft etwas geschieht. Sie lernen, daß sie die angstauslösende Situation durchstehen können, ohne die Flucht ergreifen zu müssen.

Die Verhaltenstherapie bietet hier ein sehr mächtiges therapeutisches Verfahren, das in vielen verschiedenen Therapierichtungen genutzt wird, oft auch ohne direkten Bezug zur Verhaltenstherapie. Schon Freud sagte übrigens lange vor der

Entstehung der Verhaltenstherapie, daß man mit jemandem, der Angst habe, auf die Straße zu gehen, früher oder später mit gewissem Druck seitens des Therapeuten auch auf die Straße gehen müsse. Die Verhaltenstherapie hat diese Verfahrensweise dann systematisiert und lerntheoretisch begründet.

Was allerdings verhaltenstherapeutisch nicht geleistet wird, ist die Bearbeitung der vorhin geschilderten *Kontaktstörung*. Deshalb arbeiten wir in einer zweiten Stufe der Therapie mit gestalttherapeutischen Methoden. Diese Arbeit dauert länger, sie berührt die Gesamtpersönlichkeit stärker, ist aber für die Klienten befriedigender, weil das Gefühl entsteht, daß es zu einer ganzheitlicheren, umfassenderen Heilung kommt, als sie durch die angstbezogenen Übungen allein erreicht werden könnte.

T.H.: Mir scheint ein grundsätzliches Problem verhaltenstherapeutischer Verfahren zu sein, daß die Klienten zwar ein Verhalten trainieren, das ihnen hilft, sich besser zurechtzufinden, die eigentlichen Ursachen aber unberührt bleiben.

W. Butollo: Ihre Kritik trifft die Verhaltenstherapie nicht direkt, denn der Idee nach ist es so, daß ein nicht vollzogener Lern- oder Reifungsprozeß in der Verhaltenstherapie nachgeholt wird. Faßt man dieses Verständnis weit genug, werden auch tiefere Ursachen nicht ausgeklammert. In der Praxis haben sich allerdings bestimmte Techniken vordergründig bewährt, und die Beschränkung auf diese Techniken kann zu dem von Ihnen geschilderten Effekt führen.

Die Angst in Beziehungen

T.H.: Können Sie den zweiten Therapieschritt ein wenig näher erläutern?

W. Butollo: Nachdem die Klienten in Einzeltherapie gelernt haben, ihre Ängste zu ertragen und selbst daran zu arbeiten, werden ihnen gestalttherapeutische Gruppen angeboten. Sie arbeiten dann in der Gruppe an der Angst, die in *Beziehungen* auftritt. Oftmals ist diese Angst den Betroffenen gar nicht bewußt. Sie denken, daß sie keine Angst in Beziehungen hätten, sie haben im Gegenteil oft das Empfinden, daß sie gerade in dieser Hinsicht keine Probleme haben. In der Gruppe wird ihnen dann erstmals deutlich, daß die Angst in ihren Bindungen zu anderen Menschen eine wichtige Rolle spielt. Häufig ist es so, daß die Klienten die Angst benutzen, um Bindungen zu sichern, die sie auf andere Weise nicht zu sichern wissen bzw. es sich nicht zutrauen. Die Angst wird dabei natürlich nicht bewußt eingesetzt.

Wir haben z.B. die Erfahrung gemacht, daß es kaum Menschen mit einer agoraphobischen Störung gibt – Patienten also, die Angst vor Menschenansammlungen haben –, die nicht in einer Beziehung leben. Diese Menschen haben oder finden in der Regel einen Partner, der auf sie aufpaßt und ihre zahlreichen Vermeidungsrituale mitmacht. Das ist in unserer Singlegesellschaft gar nicht so selbstverständlich. Wenn man sich die Partner von agoraphobischen Menschen anschaut, findet man häufig einen Typ Mensch, der sein Selbstbild durch die Funktion des Helfens bestätigt sieht, so daß oftmals eine asymmetrische Beziehungsstruktur vorliegt. Diese Asymmetrie ist für eine dauerhafte Partnerschaft nicht förderlich, weil mindestens ein Partner in seiner Entwicklung behindert wird.

In der Gruppe wird nun daran gearbeitet, diese Asymmetrie wahrzunehmen und dann andere Möglichkeiten zu finden und zu trainieren, Bindungen zu sichern, als durch Angsthaben und Hilflossein.

T.H.: Wenn ich Sie richtig verstanden habe, ist die Diagnose Agoraphobie für Sie im Grunde unerheblich.

W. Butollo: In Laufe der Therapie wandelt sich das agorophobische Problem in der Regel in eine Trennungsangst.

T.H.: Es kommt also zu einer Verlagerung der Angst.

W. Butollo: Ja, aber zu einer Verlagerung an einen Ort, an den die Angst gehört. Das wird von den Klienten auch so erlebt und als befreiend empfunden. Jetzt ist die Angst wieder dort, wo sie hingehört und wo sie einmal einen Sinn machte.

Wenn beispielsweise ein Klient zu einem Therapeuten ein Vertrauensverhältnis aufgebaut hat und die Therapie weit genug fortgeschritten ist, kann der Therapeut das Therapieende in Aussicht stellen. Nun kann es beim Klienten zu so heftigen Trennungsängsten kommen, die den Ängsten der Agoraphobie subjektiv exakt entsprechen. Wird dann die zugrundeliegende Trennungsangst bearbeitet, werden die agoraphobischen Störungen irrelevant. Ich habe es schon mehrfach erlebt, daß Klienten, die ihre Trennungsängste bewußt erleben können, keine agoraphobischen Ängste mehr haben. Sie können plötzlich alles, was sie vorher wegen der Angst nicht konnten, aber sie haben jetzt eine neue, starke Angst vor dem Ende der Therapie. Diese Angst kann dann, wenn genügend Zeit zur Verfügung steht, aufgelöst werden. Das geschieht, indem sie in den Zusammenhang gestellt wird, in dem sie tatsächlich entstanden ist, nämlich z.B. durch Überbehütung oder Verlusterlebnisse in der Kindheit: die Angst des Kindes vor dem Verlust des Sicherheit gewährenden Elternteils in der Ferne.

T.H.: Konnten Sie bei der Arbeit mit anderen Phobien ähnliche Verlagerungen feststellen?

W. Butollo: Es ist so, daß diese Verschiebungen jeweils erst in der Gruppentherapie festgestellt werden. Dort bringt jeder sein spezifisches Thema ein, und das ist bei agoraphobischen Klienten häufig die Trennungsangst. Bei klaustrophobischen Ängsten – also Ängsten vor engen, geschlossenen Räumen – kommt häufig auch eine Trennungsangst zum Vorschein, aber außerdem häufen sich hier die Fälle, in denen ein traumatisches Ereignis in der Kindheit, etwa sexueller Mißbrauch, als die eigentliche Angstursache erkannt wird. Gerade Fälle von sexuellem Mißbrauch lösen bei den Betroffenen verständlicherweise starke Schamgefühle aus, so daß diese Zusammenhänge erst in einem relativ späten Stadium der Therapie und nur in der Atmosphäre bedingungsfreier Akzeptanz auftauchen.

Allerdings bin ich nicht in der Lage, statistisch gesicherte Daten zu liefern. Ich will auch keinen Katalog von Angststörungen aufstellen, denen dann jeweils tiefere oder intimere Ursachen zugeordnet werden. Was ich geschildert habe, sind lediglich Erfahrungen aus der Therapie. Jeder Einzelfall kann anders gelagert sein, und ich verlasse mich daher auf das, was die Klienten in der Gruppentherapie selbst einbringen.

T.H.: Wer an Klaustrophobie leidet, sollte also nicht gleich davon ausgehen, daß er als Kind sexuell mißbraucht worden ist.

W. Butollo: Richtig. Meistens ist es so, daß die Klienten ihre Ängste gar nicht bewußt aussprechen und verbal in die Gruppe einbringen, sondern in ihrem Verhalten in der Gruppe zeigt sich, ob eine Kontaktstörung vorliegt und wie sie zu verstehen ist.

Aggressionen ausdrücken lernen

T.H.: Können Sie einmal ein Beispiel dafür nennen, wie sich eine Kontaktstörung in der Gruppe konkret äußert, und was Sie dann tun?

W. Butollo: Ein immer wieder auftauchendes Problem ist, daß Angstpatienten kaum in der Lage sind, Ärger und Aggression angemessen zu erleben und auch auszudrücken. Angstpatienten haben in aller Regel ein minimales Repertoire zum Ausdruck von Aggressionen, sie trauen sich z.B. gewöhnlich nicht, jemanden, der sie provoziert, anzuschreien. Statt ihren Ärger auszudrücken, ziehen sie sich zurück und übertragen damit die Verantwortung für das Kontaktgeschehen auf andere.

Indem an dieser Stelle mit Ausdrucksübungen gearbeitet wird, lernt der Betroffene, die Verantwortung für seine Aggression selbst zu übernehmen. Dadurch verändert sich auch seine Kontaktfähigkeit positiv. Es kann z.B. passieren, daß ein Gruppenmitglied sich äußert und andere Mitglieder beim Zuhören Wut oder Verärgerung in sich aufsteigen fühlen. Wenn sie das äußern, ist das Thema

Aggression auf dem Tisch und es können Übungen gemacht werden, durch die der Betroffene, der selbst den Ärger zunächst nicht spürte, den Ärger oder die Wut aussprechen kann. Er lernt, über Aggression zu sprechen und sie auch körperlich durch Mimik, Gestik, Tonfall usw. auszudrücken.

T.H.: Sie versuchen also durch Ihre Arbeit, Defizite in der Persönlichkeitsentwicklung aufzudecken und gegebenenfalls durch Übungen nachreifen zu lassen?

W. Butollo: Ja, das ist das Prinzip der humanistischen Psychologie: Psychische Störungen basieren häufig auf mangelnder Entwicklung von Teilen der Persönlichkeit, und in der Therapie gibt man die Gelegenheit zur Nachreifung.

Verhalten gegenüber angstgestörten Menschen

T.H.: Was kann man tun, wenn man erlebt, daß der Ehepartner oder ein Freund eine Angststörung entwickelt?

W. Butollo: Das läßt sich pauschal kaum beantworten, weil zu viele individuelle Faktoren ein Rolle spielen können. Aber generell sollte man auf die eigene Gefühlsreaktion, auf die Gefühle und Empfindungen, die die Angst des anderen bei einem selbst auslösen, achten. Häufig wird man ein Gemisch aus Mitgefühl und Ärger bei sich feststellen, wobei man sich den Ärger nicht gern eingesteht, denn der andere ist es ja, der – äußerlich und oberflächlich betrachtet – das Problem hat und der Mitleid verdient. Man will ihn nicht auch noch mit dem eigenen Ärger konfrontieren. Wichtig ist hier, daß man sich die eigenen Gefühle anschaut und sich ihrer bewußt wird.

Als zweites sollte man darauf achten, daß man sich nicht dazu mißbrauchen läßt, dem anderen die Angstabwehr abzunehmen. Häufig versuchen Angstpatienten, ihnen nahestehende Menschen in ein Vermeidungsszenario hineinzuziehen. Die Schwierigkeit ist dann, dem Betroffenen zwar Mitgefühl entgegenzubringen, sich aber nicht für die Angstvermeidung herzugeben. Man setzt sich sonst der Gefahr aus, daß das eigene Verhalten ein Teil des Angstgeschehens des Partners wird. Man trägt dann dazu bei, die Lebenssituation des Betroffenen zu stabilisieren, hilft ihm aber nicht, den Ursachen der Angst auf den Grund zu gehen.

Der dritte Schritt ist dann, den Betroffenen zu einer Therapie zu ermutigen. Man darf nicht selbst die Rolle des Therapeuten übernehmen, insbesondere nicht als Ehepartner. Und das Problem ist in der Regel auch zu gravierend, um mit Mitteln der „psychologischen Hausapotheke" gelöst zu werden.

T.H.: Gerade als Ehepartner ist man häufig an der Entstehung einer Angststörung nicht so unbeteiligt, wie man gerne wäre.

W. Butollo: Deshalb ist es wichtig, sich der eigenen Gefühle bewußt zu werden. Mitunter erhält man so einen ersten Aufschluß über den eigenen Anteil am Angstgeschehen.

Panikattacken

T.H.: Eine Angststörung ist das Paniksyndrom, das durch das wiederholte Auftreten von Panikattacken gekennzeichnet ist. Das Seltsame an diesen Panikattacken ist ja, daß sie die Betroffenen oftmals unerwartet treffen. Wie kann man sich das Entstehen von Panikattacken erklären?

W. Butollo: Wenn man zunächst bei den Phänomenen bleibt, ist zu sagen, daß Panikattacken nicht völlig unvorbereitet auftreten. Es gibt vielmehr bestimmte Umstände, die ihr Auftreten wahrscheinlicher machen. Oftmals ist ein erhöhter allgemeiner Erregungszustand zu beobachten, der unterschiedlichste Ursachen haben kann, allgemein gesprochen aber auf ein erhöhtes allgemeines Streß- und Belastungsniveau zurückzuführen ist, z.B. berufliche Anspannung, extreme familiäre Belastungen, Drogen, Alkohol, Medikamente usw.

Außerdem spielen die Gedanken und Erwartungsängste eine große Rolle: Wenn man eine Panikattacke befürchtet, ständig in sich hineinlauscht, auf jede Unregelmäßigkeit des Herzschlags achtet, dann ist die Wahrscheinlichkeit höher, daß tatsächlich eine Panikattacke auftritt.

Drittens ist die mangelnde Fähigkeit zur Entspannung und zur kontrollierten Atmung ein Faktor, der Panikattacken fördern kann. Panikattacken lassen sich sogar bis zu einem gewissen Grad bewußt durch entsprechende Maßnahmen herbeiführen.

Wie Panikattacken entstehen, läßt sich auf verschiedene Weise erklären. Wie diese Erklärung ausfällt, ist insbesondere von der psychologischen Theorie abhängig, von der man bei der Erklärung ausgeht. Man kann z.B. davon ausgehen, daß Panikattacken in Momenten auftreten, in denen Situationen, die extrem als Bedrohung empfunden werden, abgewehrt werden sollen. Wenn jemand z.B. vor einer einschneidenden Entscheidung steht oder Veränderungen durchmachen muß, die sein Selbstbild gefährden, kann es zu Panikattacken kommen. Sie dienen dann dazu, die eigentliche Bedrohung zu kaschieren und von ihr abzulenken. In gleicher Weise können Panikattacken dazu dienen, verdrängte Traumata nicht wieder ins Bewußtsein treten zu lassen.

Hilfe bei Panikattacken

T.H.: Was macht man mit einem Menschen, der einen Panikanfall erleidet und sich mehr und mehr in seine Angst hineinsteigert?

W. Butollo: Zur Angsteskalation kommt es, wenn der Betroffene versucht, die Angst zu unterdrücken. Je mehr er also der aufkommenden Angst Widerstand entgegensetzt, desto heftiger wird die Angst. Wenn es gelingt, das die Erregung vermeidende Verhalten aufzulösen, indem der Betroffene die Angst und Erregung zuläßt und ausdrückt, kann die Angsteskalation durchbrochen werden.

T.H.: Wie erreicht man das? Was kann ich konkret tun, um einem Menschen zu helfen, der eine Panikattacke hat und sich mehr und mehr hineinsteigert?

W. Butollo: Sie müßten versuchen, den Betroffenen dazu zu bringen, daß er seine Erregung nicht unterdrückt, sondern sie akzeptiert und entsprechend ausdrückt. Die Panikattacke bewirkt eine extreme Mobilisierung des gesamten Organismus, eine Art Alarmbereitschaft. Anstatt nun aber Aktivität zu entwickeln, bleiben die Betroffenen wie gebannt sitzen und tun in der Regel gar nichts. Worauf es also ankommt, ist, sich dem Erregungszustand entsprechend zu verhalten, auch wenn dies in einer sozial sonst nicht akzeptablen Form geschieht. Wenn das gelingt, verbündet man sich mit der Angst und kämpft nicht gegen sie an. Der Betroffene wird dann sehr aufgeregt sein, aber genau das ist das Ziel. Er darf und soll herumlaufen, schreien, herumhüpfen und auf den Boden trampeln. Wenn auf diese Weise die Angst nicht unterdrückt, sondern zum Ausdruck gebracht wird, dann wird die allgemeine Grunderregung gesenkt, und die Angst verschwindet nach einer Weile. Unter Umständen zeigt sich dann sogar das latente Angstmotiv.

T.H.: Wer zum ersten Mal von einer Panikattacke angefallen wird, vermutet oft, er würde einen Herzanfall erleiden. Gibt es eine Möglichkeit, einen Herzanfall von einer Panikattacke zu unterscheiden, außer daß man entsprechende Untersuchungen am Herzen vornimmt?

W. Butollo: Beim ersten Auftreten läßt sich eine Panikattacke nicht sicher von einem Herzanfall unterscheiden. Solange aber die Angst im Vordergrund steht, die Erregung zunimmt und andere Anzeichen des Infarkts, etwa der extreme Schmerz in der Herzgegend, ausbleiben, kann man einen Herzanfall wohl ausschließen. Beim akuten Infarkt ist der extreme Herzschmerz im Vordergrund, nicht die Angst vor der Angst, die ist höchstens sekundär. Aber das sind nur Hinweise, ganz sicher kann man eigentlich erst im nachhinein sein.

T.H.: Es ist also nicht verkehrt, beim ersten Auftreten einer Panikattacke mit dem Betroffenen zu einem Arzt oder ins Krankenhaus zu fahren?

W. Butollo: Nein, das ist ganz richtig.

T.H.: Oftmals wird Menschen mit Panikattacken zunächst einmal Valium verabreicht. Was halten Sie davon?

W. Butollo: Das ist zunächst einmal in Ordnung, denn es bewirkt, daß die Grunderregung gesenkt wird. Wenn die Grunderregung auf einem hohen Niveau bleibt, wenn der Puls entsprechend schnell ist, dann besteht die Gefahr einer weiteren Panikattacke. Eine Therapie ist das allerdings nicht, und es gibt auch die vorhin beschriebene Möglichkeit, die Grunderregung ohne Medikamente zu senken.

Angst vor anderen

Birgit Diebel-Alberts

Schon als Kind war Heinrich still und ängstlich, hatte keine Freunde, spielte immer allein. Nur zu seiner Mutter und ihrer Freundin hatte er Kontakt. Seine Mutter ist inzwischen verstorben, ihre Freundin besucht Heinrich heute noch. Er ist 55 Jahre alt. Die Freundin der Mutter ist sein einziger sozialer Kontakt, doch mittlerweile ist die alte Dame weit über 80 Jahre alt.

Was wird aus Heinrich, wenn sie stirbt? Bis zum Tod der Mutter war Heinrich sozial unauffällig. Er ging einer geregelten Arbeit nach, alle anderen Belange des Alltags übernahm sie für ihn. Er blieb ihr Kind, bis sie starb. Da Heinrich nichts selbst machen mußte und daher auch nichts machte, fiel es niemandem auf, daß er ein völlig verängstigter Mensch war, unfähig einen Brief zu öffnen – er fürchtete, es könne etwas Unangenehmes drinstehen – oder das Kartoffelwasser abzugießen – er hatte Angst, er könne sich verbrennen.

Mit dem Tod seiner Mutter, damals war er 40 Jahre alt, begann sein sozialer Abstieg. Gegen die Angst trank er Alkohol im Übermaß, er verwahrloste und verlor dadurch schon nach kurzer Zeit seinen Arbeitsplatz. Jahrelange intensive Betreuung war nötig, damit er die Angst ohne Alkohol oder Medikamente aushalten lernte und erstmals in seinem Leben ein einigermaßen selbständiges Leben führen konnte.

Soziale Angst

Das, worunter Heinrich leidet, würde ein klinischer Psychologe „soziale Angst" nennen (vgl. den Artiklel von Thomas Höfer in diesem Heft). Diese Angst äußert sich in der Begegnung mit anderen Menschen. Auslöser von sozialen Ängsten ist die Aufmerksamkeit, die andere einem in einer bestimmten Situation entgegenbringen oder die man sich selbst gegenüber in einer solchen Situation schenkt. Diese Ängste stehen – wie bei allen Angststörungen – in keinem angemessenen Verhältnis zur tatsächlichen Situation. Die übertriebene Selbstbeobachtung und die verzerrte Wahrnehmung der Situation führen zu den typischen körperlichen Angstsymptomen wie z.B. Herzrasen, Zittern, feuchte Hände, Erröten, Schwitzen. Soziale Ängste können zur totalen Vereinsamung, im Extremfall sogar zur Verwahrlosung und letztlich zur Zerstörung der Persönlichkeit führen.

Der Mann im Fahrstuhl

In bestimmten sozialen Situationen erlebt jeder von uns ein Gefühl des Unbehagens und eine Beeinträchtigung des Selbstwertgefühls. Wesentlicher Faktor für den entstehenden Streß aus diesem Gefühl der Unbehaglichkeit ist die Aufmerksamkeit, die man sich selbst entgegenbringt. Man bewertet sein Verhalten oder fühlt es von anderen bewertet. Bewertet man sein Verhalten negativ oder glaubt man sich von den anderen negativ bewertet, nimmt die Selbstbeobachtung zu, es steigt die Erregbarkeit und der Streß.

Stellen Sie sich einen schüchternen, zurückhaltenden, ein wenig gehemmten Mann vor, der einen Fahrstuhl betritt, in dem schon 5 Frauen sind. Als einziger Mann ist er in so einer Situation sozial hervorgehoben, er nimmt gleichsam eine Außenseiterrolle ein. Nun hängt es sehr davon ab, was der Mann aus dieser Situation macht, wie er sie deutet und wie er sich selbst in ihr erlebt. Bezieht er z.B. das Kichern und das Getuschel der Frauen auf sich, so wird er unsicher werden. Was an ihm mag es nur sein, was die Frauen zum Kichern bringt? Er bemerkt, wie er errötet, was sein Unwohlsein nur noch mehr steigert. Er fängt an zu schwitzen, seine Hände zittern, und auf einmal bemerkt er, daß an seinem Hemd ein Knopf fehlt. Spätestens jetzt wird die Situation im Fahrstuhl für ihn unerträglich. Bezieht er dagegen das Verhalten der Frauen nicht auf sich und nimmt die Situation so wie sie ist, kann er sie herausfordernd, witzig, komisch oder einfach neutral finden.

Wenn man jede Lage, in die man gerät, auf sich selbst bezieht, wenn man sich immer und ständig fragt, was wohl das Verhalten anderer Menschen für einen selbst bedeutet, wenn man laufend davon ausgeht, andere Menschen würden einen ununterbrochen beobachten und bewerten, kann das verheerende Folgen haben. Jede Situation wird zum Test, zu einer möglichen Bedrohung für das eigene Selbstbild. Dabei hat das negative Erleben der eigenen Person in sozialen Zusammenhängen gar keine reale Grundlage. Die befürchtete Beobachtung und Bewertung finden gar nicht statt. Doch die eigene soziale Angst suggeriert es einem. Folglich meidet man jede Situation, in der sich diese Ängste bestätigen könnten. Sozial überängstliche Männer würden sich z.B. der geschilderten Fahrstuhlsituation gar nicht erst aussetzen. Weil sie entsprechende angstauslösende Situationen meiden, können sie nie erleben, daß sie sie nicht nur unbeschadet überstehen, sondern unter Umständen sogar von ihnen profitieren, indem sie z.B. nette Menschen kennenlernen können. Ein ängstlicher Mensch wird den Fahrstuhl Fahrstuhl sein lassen, die Treppen benutzen und sich und andere mit der Erklärung beruhigen, Treppensteigen sei gut für die Gesundheit. Das wird niemand bestreiten, und die dahintersteckende Grundangst wird verborgen bleiben. Das heißt allerdings nicht, daß jeder, der Treppen steigt, statt den Fahrstuhl zu benutzen, ein sozial ängstlicher Mensch ist.

Um sich zu schützen, entwerfen sozial ängstliche Menschen ein kunstvolles Gebäude aus Erklärungen und Rechtfertigungen für ihr Verhalten. Diese Erklärungen helfen einerseits diesen Menschen, angstbesetzte Situationen zu meiden, indem sie ihr Verhalten vor sich selbst begründen und rechtfertigen. Andererseits dienen sie dazu, von anderen nicht als ängstlicher Mensch erkannt zu werden, indem sie die wahren Gründe für das kontaktscheue Verhalten verschleiern. Soziale Ängste sind daher für Außenstehende und auch für die Betroffenen selbst nur schwer zu erkennen. Immer gibt es irgendwelche scheinbar guten Gründe für den sozialen Rückzug.

Angst vor bestimmten Dingen ist dagegen sehr viel einfacher zu erkennen, und es ist auch leichter, sie sich einzugestehen und etwas dagegen zu unternehmen. Höhenangst z.B. kann ich mir, indem ich mich langsam desensibilisiere, vielleicht sogar abgewöhnen. Der Kirchturm oder der Eiffelturm, an dem ich übe, gibt mir auch keine negative Rückmeldung, wenn ich es nicht schaffe, bis zur Spitze hinaufzusteigen. Ich kann es hundertmal versuchen, der Eiffelturm ist stets nachsichtig mit mir. Meine Mitmenschen hingegen verlieren schnell die Geduld und vor allem auch das Interesse an mir. Wenn ich immer wieder Verabredungen mit fadenscheinigen Begründungen absage, weil ich Angst vor der Begegnung mit Menschen habe, wird bald niemand mehr Lust haben, mit mir eine Verabredung zu treffen. Dabei muß es mir selbst gar nicht deutlich sein, daß die vorgegebene Begründung, z.B. ein Migräneanfall, eine Ausrede für die Angst ist. Die Migräne ist ja real, weshalb sollte ich also nach einer tieferen, psychischen Ursache forschen? Meine Angst vor Geburtstagsparties werde ich daher mir selbst und schon gar nicht anderen gegenüber zugeben, ich werde sie wahrscheinlich nicht einmal selbst als solche erkennen. Statt mich mit meiner Angst auseinanderzusetzen, bekomme ich Kopfschmerzen, eine Magenverstimmung, oder ich habe gerade entsetzlich viel zu tun. Irgendwann wird man mich als ewig kränkelnd, vielleicht sogar als eingebildete Kranke abstempeln und sich nicht weiter für mich interessieren.

Sozial ängstliche Menschen bauen auf diese Weise ein kompliziertes System an Rechtfertigungen auf, um Angstsituationen aus dem Wege gehen zu können und gleichzeitig ihr Verhalten logisch für sich und andere zu erklären.

Der Angst im Umgang mit anderen Menschen liegt immer eine Grundangst zugrunde, die es aufzuspüren gilt. Nur wenn man es schafft, den Angstauslöser zu finden, ist es auch möglich, dagegen etwas zu unternehmen. Das kann Angst vor Blickkontakt, vor peinlichen Situationen, vor Kritik, vor zuviel Nähe oder dem Alleinsein sein. Auch traumatische und verdrängte Angsterlebnisse können wie vieles andere mehr Ursache sein.

Wenn die Kaffeetasse klappert

Isabel meint, sie sei ein furchtbar langweiliger Mensch, andere würden sich nicht für sie interessieren und zu Gesprächen könne sie auch nichts beitragen. Immer wieder betont sie, daß sie nichts Besonderes zu erzählen habe. In einer geselligen Tischrunde ist sie ausschließlich damit beschäftigt, den Blickkontakt mit anderen zu vermeiden. Sie hat Angst davor, daß jemand bemerkt, wie nervös sie ist. Ihre ganze Aufmerksamkeit ist darauf gerichtet, daß ihr bloß niemand zuschaut, wenn sie die Tasse hochnimmt. Sie weiß, daß ihre Hände zittern werden und das Geschirr anfängt zu klappern, wenn ihr jemand zuschaut. Wird sie angesprochen, so murmelt sie höchstens eine kurze Antwort. Das Sprechen vor mehreren Leuten fällt ihr schwer. Sie kennt das: Wenn sie etwas sagt, schaut alles zu ihr hin und schon wird sie rot, und die Hände zittern. Deshalb sagt sie lieber gar nichts mehr. Inzwischen haben sich alle daran gewöhnt, daß Isabel nicht spricht. Ihr ist das auch lieber so. Auf diese Weise bestätigt sie ihre Meinung über sich, daß sie langweilig sei und sich sowieso niemand für sie interessiere, und sie merkt nicht, wie sie sich immer stärker in die Angst und soziale Isolation hineinmanövriert.

Schon Tage vor ihrem Geburtstag denkt sie, ihre Kollegen werden sie bestimmt vergessen, sie würden sie sowieso nicht mögen. Aber sie unternimmt auch nichts, was die Kollegen an ihren Geburtstag erinnern könnte. Obwohl es in ihrer Firma üblich ist, daß derjenige, der Geburtstag hat, belegte Brötchen oder Kuchen spendiert, bereitet sie nichts vor.

Isabel hat Angst davor, anderen etwas anzubieten. Allein die Vorstellung macht sie krank. Nächtelang kann sie nicht schlafen, denkt nur daran, wie sie diesen Tag überstehen wird, ohne das jemand merkt, daß sie Geburtstag hat. Um ihrer Angst zu entgehen, bereitet sie nichts vor, bietet den Kollegen nichts an und beruhigt sich mit dem Gedanken, daß sie den Geschmack ihrer Kollegen ohnehin nicht treffen würde. So merkt auch niemand, daß sie Geburtstag hat, was sie wiederum kränkt. Der Kreis ihrer Argumentation ist geschlossen. Nun weiß sie es ganz genau: Sie ist langweilig, und niemand mag sie.

Was redet ihr über mich?

Margit leidet unter Verfolgungswahn. Sie muß die erste sein, die den Früh-stücksraum betritt und die letzte, die ihn wieder verläßt, denn sie hat Angst, die anderen könnten in ihrer Abwesenheit über sie sprechen. Wenn sie einen Raum betritt, in dem schon mehrere Menschen anwesend sind und das Gespräch verstummt in dem Moment, in dem sie in der Tür steht, glaubt sie fest daran, man hätte über sie gesprochen. Dann will sie von ihren Kollegen genau wissen, worüber gerade gesprochen wurde. Doch ganz gleich, was die Kollegen dazu sagen, sie hält an ihrer Überzeugung fest, daß nur über sie gesprochen worden sein kann. Die Angst davor, daß die anderen über sie reden, führt letztendlich dazu, daß sie es tatsächlich tun, und Margit hat die Bestätigung für ihre Angst.

Vom „normalen" zum „krankhaften" Verhalten ist es oft nur ein kleiner Schritt, zumal sich krankhaftes Verhalten nur schwer eindeutig definieren läßt. Problematisch werden Verhaltensmuster dann, wenn sie die Herrschaft über die Person gewinnen und von den Menschen selbst nicht mehr durchschaut und kontrolliert werden können. Sozial ängstliche Menschen konstruieren sich in der beschriebenen Weise Weltbilder, die nicht mit der Realität übereinstimmen. Indem sie die für sie angstauslösenden Situationen meiden und ihr Verhalten zudem vor sich und anderen rational begründen, verfestigt sich ihr innerlich aufgebautes Bild von der Welt.

Körper und Angst

Die Angst, in eine peinliche Situation zu geraten, hält Angelika davon ab, sich überhaupt noch mehr als notwendig unter Menschen zu begeben. Angelika leidet unter einer Blasenschwäche und hat ständig Angst, in der Öffentlichkeit einzunässen. Deshalb muß sie sich immer in der Nähe einer Toilette aufhalten. Dies dient ihr als Rechtfertigung sich selbst und ihrem Freund gegenüber, nicht auszugehen. Der Hinweis, ihre Blasenschwäche könnte medizinische Ursachen haben, die mittels einer Operation oder einer gezielten Gymnastik zu beheben seien, beunruhigt sie. Sie hätte keinen Grund mehr, zu Hause zu bleiben. Ihr Freund würde dann nicht mehr verstehen, warum sie nicht mit ins Kino oder auf eine Party will. Da? andere Menschen von ihrem Problem erfahren könnten, treibt ihr den Angstschweiß auf die Stirn. Eine gezielte Beckenbodengymnastik lehnt sie aus diesem Grunde ab, denn dann würden plötzlich viele Menschen wissen, woran sie leidet. Und das wäre ihr peinlich, obwohl sich in diesem speziellen Kurs nur Menschen treffen, die das gleiche Leiden plagt.

Angelikas Problem liegt tiefer. Sie ist auf ihre Blasenschwäche angewiesen, um angstauslösende Situationen mit einer guten Begründung meiden zu dürfen. Insgeheim weiß sie, daß sie schon immer Angst vor der Begegnung mit großen Gruppen hatte. Ihre Angst, sich dann zu blamieren oder etwas falsch zu machen, ist riesengroß. Seitdem sie nun endlich ein körperliches Symptom vorschieben kann, um diese Situationen zu meiden, geht es ihr besser, und sie hat endlich eine Erklärung für sich und andere für ihre zunehmende Einsamkeit.

Allein

Bei Olaf läuft den ganzen Tag der Fernseher, sein Leben dreht sich um das Fernsehprogramm. Er hat Angst, die Wohnung zu verlassen, weil er sich vor Überfällen fürchtet. Selbst in seiner Wohnung hat er Angst, aber hier ist sie erträglich. Olaf hat sich ein Weltbild aufgebaut, das ihm ausreichend Begründung dafür liefert, seine Wohnung nur noch kurz zum Einkaufen zu verlassen. Das schafft er immerhin noch. Da ansonsten sein einziger Kontakt zur Außenwelt der Fernseher ist und Gewalt auf allen Sendern längst zur Normalität gehört, erhält er die Bestätigung seiner Meinung, daß das Leben gefährlich sei, täglich frei Haus.

Olafs Angst hat ihn in die totale Isolation geführt. Früher ist er noch manchmal allein weggegangen, ins Kino oder in die Kneipe. Das macht er schon lange nicht mehr, denn zu seiner Angst vor Überfällen kommt die Angst hinzu, andere könnten entdecken, daß er einsam ist. Die Angst davor, sich z.B. alleine einen Film anzusehen, ist völlig unbegründet, denn entgegen Olafs Vorstellung, alle würden auf ihn achten und sich über ihn Gedanken machen, wird es wahrscheinlich keinem Besucher auffallen, daß er allein ist. Es würde sich auch niemand dafür interessieren. Es ist also allein Olafs übertriebene Angst, die die Situation für ihn unerträglich macht.

Die Angst überwinden

Martin dagegen hat es geschafft. Er hat der Angst getrotzt. Früher hatte er schon morgens, bevor der Tag überhaupt richtig angefangen hatte, Angst. Er war lange arbeitslos und damals auch psychisch gar nicht in der Lage zu arbeiten, da er viel zu sehr mit seiner Selbstbeobachtung beschäftigt war. Durch die lange Arbeitslosigkeit hatte er die realistische Einschätzung seiner Fähigkeiten verloren. Schon die Vorstellung an ein Bewerbungsgespräch ließ ihn zittern, erröten und ins Schwitzen geraten. Eine nicht zu bewältigende Situation!

Da er sich selbst für einen Langweiler hielt, und dies auch immer wieder deutlich zum Ausdruck brachte, hatte er keine Freunde. Schleppend quälte er sich über den Tag. Allein die Vorstellung, es könnte Post im Briefkasten sein, machte ihm Angst. Private Post bekam er schon lange nicht mehr, höchstens eine Aufforderung des Arbeitsamtes, sich zu melden, oder seine Kontoauszüge.

Als er seinerzeit tatsächlich einmal einen Brief bekommt, ist es eine Qual für ihn, den Brief zu öffnen: Sein Inhalt könnte bedrohlich sein. Vielleicht ist es die Kürzung seiner Arbeitslosenhilfe? Er schafft es schließlich, den Umschlag zu öffnen. In zwei Tagen soll er sich zwischen 9.00 und 12.00 Uhr im Arbeitsamt einfinden, seine Arbeitsvermittlerin möchte mit ihm über seine berufliche Zukunft reden. Das sind zwei Tage unerträgliche Qualen mit schlaflosen Nächten. Immer wieder durchlebt er die ihn erwartende Situation, deren Bedrohlichkeit von Stunde zu Stunde zunimmt. Martin weiß schon jetzt, daß er diese Situation nicht überstehen wird. Ein Kloß im Hals wird ihm das Sprechen unmöglich machen, er wird schwitzen und sich wahrscheinlich vor Aufregung neben den Stuhl setzen. Schon Tage vor der eigentlichen Situation baut sich eine Angst vor dieser Angst auf.

Als es dann soweit ist, läuft alles ganz anders: Die Vermittlerin hat Verständnis und bietet ihm die Möglichkeit, an einem Kurs zur Berufsfindung teilzunehmen, in dem er seine Fähigkeiten erproben kann. Martin nimmt tatsächlich an diesem Kurs teil und geht aus ihm mit gesteigertem Selbstwertgefühl heraus, das es ihm möglich macht, trotz seiner Angst seine Interessen beim Arbeitsamt zu vertreten. Schließlich finanziert man ihm – nach langem Hin und Her – eine Umschulung.

Nun hat er mit 40 Jahren seine erste eigene Wohnung und einen Arbeitsplatz. Er ist stolz auf sich, doch Angst im Umgang mit anderen Menschen hat er immer noch, nur weiß er jetzt, daß er trotz seiner Angst vieles erreichen kann. Ein ungutes Gefühl ist jedoch geblieben: Er hat so viel geschafft, und niemand interessiert sich dafür. Für jeden anderen Menschen ist es normal, in einer eigenen Wohnung zu leben und regelmäßig zur Arbeit zu gehen, für Martin aber ist es ein Riesenerfolg, den er sich mühselig erringen mußte. Wenn er diesen Erfolg gegenüber anderen so darstellt, trifft er oft auf Unverständnis. Denn wer interessiert sich schon für Alltagsbewältigung?

Der Teufelskreis der Angst

Der Teufelskreis aus Vermeidung, Rationalisierung und Selbstbestätigung entwickelt eine Eigendynamik, so daß sich das soziale Umfeld der Betroffenen immer mehr verengt und sie immer mehr in die Isolation geraten. Diejenigen, die sich in die soziale Isolation hineinmanövriert haben, werden professionelle Hilfe benötigen. Es kommt auf den Leidensdruck an, wann diese in Anspruch genommen wird oder in Anspruch genommen werden muß. Sozial ängstliche Menschen wissen oft gar nicht, daß Angst die Ursache ihrer Probleme ist. Einige fallen durch eine Alkohol- oder Medikamentenabhängigkeit auf, andere kommen z.B. mit Partnerschaftsproblemen in eine Beratungsstelle. Nur selten wird jemand kommen und sagen, daß er Angst vor dem Leben hat. Doch genau dieses Eingeständnis der Angst ist der erste Schritt zu ihrer Bewältigung. Über Angst vor Fröschen, Schlangen oder Spinnen wird zwar gelächelt, doch kann man diese Angstobjekte meiden und bleibt trotzdem lebensfähig, bleibt sozial unauffällig. Angst vor der menschlichen Begegnung dagegen ist sehr viel versteckter und deshalb sehr viel schwieriger zu entdecken, hat aber für die betroffene Person oft sehr viel weitreichendere Konsequenzen. Sie müssen zunächst lernen, mit ihrer Angst zu leben, lernen, trotz der Angst handlungsfähig zu bleiben.

Literatur:

Baer, Jean/Fensterheim, Herbert: Das Anti-Angst-Training. München 1988

Riemann, Fritz: Grundformen der Angst. München 1993

Schwarzer, Ralf: Streß, Angst und Hilflosigkeit. Stuttgart 1981

Entwickle Dich!

Interview mit Henning Elsner

von Klaus-Dieter Neumann

Dr. med. Henning Elsner, *geb. 1954 in Kiel. Anthroposophisch orientierter Arzt (Psychotherapie, Homöopathie, Naturheilverfahren); Oberarzt am Krankenhaus Lahnhöhe (Lahnstein, Krankenhaus für Innere Medizin, Psychosomatik und beson-dere Therapierichtungen auf der Grundlage der durch Anthroposophie erweiterten Heilkunst). Seit acht Jahren daneben in kassenärztlich ambulanter psychotherapeuti-scher Tätigkeit niedergelassen und fachärztliche sowie supervisorische Betreuung der sozialtherapeutischen Heilstätte „Wohn- und Werkgemeinschaft Hofgut Ardenroth". Verheiratet mit der Ärztin Maike Körner-Elsner, vier Töchter im Alter von 7 bis 14 Jahren.*

Frühes praktisches Engagement in der Krankenpflege. Mitarbeit in berufsübergrei-
fender Gruppeninitiative, die 1976 in die noch im Gründungsimpuls stehende Fil-
derklinik (bei Stuttgart) führt. 1977 Begründung einer langjährigen Jungmediziner-
arbeit mit Lüder Jachens in Kiel. Medizinische Impulse durch Erleben der Arztper-
sönlichkeiten Drs. Schürholz, von der Heide, Weckenmann, Schily, Lauer, Goebel.
1981 ärztliche Approbation und 1982 Promotion bei den Professoren Dr. Völkel und
Dr.Dr. Ahrens (Kiel, Hamburg) auf dem Gebiet der Psychosomatik Interne Diagno-
stik (Neumünster), Kindererziehungsjahr, Lehrzeit bei Dr. Hadamovsky in anthro-
posophisch orientierter Allgemeinpraxis in Kiel. Zur Ausarbeitung der Interessen-
schwerpunkte Mitarbeit am Krankenhaus Lahnhöhe seit 1984 bei Drs. Armin und
Ralf Bruker; dort Mitbegründung der Vereine „Quadrivium e. V." und „Sozialthera-
peutische Heilstätte e. V.".

„Das Annehmen und das Meistern der Angst bedeutet einen Entwicklungs-
schritt, läßt uns ein Stück reifen. Das Ausweichen vor ihr und vor der Auseinandersetzung mit ihr, läßt uns dagegen stagnieren; es hemmt unsere Weiterentwick-
lung und läßt uns dort kindlich bleiben, wo wir die Angstschranke nicht überwinden. [...] Und jedes Alter hat seine ihm entsprechenden Reifungsschritte mit
den dazugehörigen Ängsten, die gemeistert werden müssen, wenn der Schritt
gelingen soll." (Fritz Riemann: Grundformen der Angst. Eine tiefenpsychologi-
sche Studie. München/Basel 1994, S.9)

Der in diesem Zitat von Fritz Riemann angesprochene Entwicklungsaspekt,
der im Annehmen und Meistern der Angst liegt, wird auch im folgenden Interview mit Henning Elsner in den Blick genommen. Henning Elsner berichtet
dabei aus seiner Erfahrung aus Klinik und ambulanter psychotherapeutischer
Praxis im Umgang mit Patienten mit Angststörungen, denen oft seelische Entwicklungsstörungen zugrunde liegen.

Bevor wir das Interview begannen, schlug er vor, daß wir uns zur Einstimmung auf das Thema einen Text von Karl König zum Problem der Angst abwechselnd vorlesen sollten. Er sei auch zu Ihrer Einstimmung, liebe Leserinnen
und Leser, dem Interview vorangestellt.

Das Problem der Angst

„Es gibt kaum ein geistiges Phänomen, das heutzutage mehr besprochen wird
als das Problem der Angst. Gebsattel hat ganz recht, wenn er im einleitenden
Paragraphen seines Aufsatzes über 'Anthropologie und Angst' sagt: 'Die Angst
hat aufgehört, eine Privatangelegenheit des einzelnen zu sein. Der westliche

Mensch lebt in Furcht und Angst; eine undefinierbare Ahnung von riesengroßer herankommender Gefahr erschüttert den Boden unter den Füßen. Die Wichtigkeit dieses Phänomens, das in den letzten hundert Jahren stetig zugenommen hat, erreicht heute einen höheren Stand als je zuvor. Könnte es sein, daß die Fähigkeit zu Angsterlebnissen im westlichen Menschen dauernd zugenommen hat während der letzten drei oder vier Generationen?' (V.E. von Gebsattel: Prolegomena einer medizinischen Anthropologie. Berlin 1954)

Bevor wir mit unseren Überlegungen weiter fortschreiten, wird es nötig sein, die Bedeutung des Wortes 'Angst' zu klären und es von der sehr ähnlichen Erfahrung der Furcht zu unterscheiden. 'Furcht' stammt von dem anglo-sächsischen 'Foer', das eine plötzliche Gefahr und ein drohendes Unheil bedeutet und einst im Zusammenhang mit den Gefahren des Reisens verwendet wurde. Es ist das deutsche Wort 'Furcht', das englische 'fear'. Dagegen ist 'Angst' vom lateinischen 'angustia' abgeleitet, das einen Zustand des Druckes, der Engigkeit wiedergibt.

Angst ist eine Art anhaltender, über uns hereinbrechender Stimmung; sie wächst langsam, aber stetig heran und kann Tage und Wochen hindurch dauern. Furcht ist ein plötzlicher Überfall, in der Regel auch intensiver und daher dramatischer. Furcht ist ein Drama, Angst eine Elegie.

William Stern versucht Furcht und Angst in folgender Art zu unterscheiden: 'Wir sprechen von Angst (im Gegensatz zu Furcht), wenn wir eine generelle Stimmung herabgesetzter Sicherheit meinen. Solche Stimmung braucht sich nicht an ein gefürchtetes Objekt zu heften; sie kann ohne sichtbaren äußeren Grund auftreten.' (William Stern: Psychologie der frühen Kindheit. Leipzig 1928)

Diese Unterscheidung zwischen Angst und Furcht ist sehr wichtig. Furcht ist immer an ein Objekt gebunden; Angst, wenigstens in ihren Anfängen, ist es nicht. Im weiteren Verlauf kann es allerdings eintreten, daß die Angst sich mit einem äußeren Objekt verbindet und sich sehr intensiv daran klammert. Wenn Angst auftritt, ist es also eine generelle Stimmung mit verschiedenen Graden der Intensität. Von einem kaum merkbaren dumpfen Gefühl kann sie zur überwältigenden Emotion werden, die das leidende Subjekt, den Patienten, nicht nur reizt, sondern verstört.

Wenn wir fragen, was das Erlebnis der Angst ist und was es bedeutet, Angst zu haben, ist es nicht leicht, eine angemessene Antwort zu finden. Wir wissen eine ganze Menge über die organischen Veränderungen, die im Zustand der Angst auftreten; Veränderungen im Blutdruck und Herzschlag, Anstieg des Atemrhythmus, Intensivierung der Muskeltätigkeit im gesamten Verdauungstrakt und viele andere Anzeichen sind wohlbekannt. Es wäre müßig, zu argumentieren, ob diese körperlichen Zustände die seelische Erfahrung der Angst hervorrufen oder umgekehrt.

Der gewöhnliche Zustand der Angst und Furcht ist schwer zu beschreiben. Es ist eine Art Empfindung, die über den ganzen Körper hin aufsteigt, verbunden mit dem Gefühl eines dunklen Einflusses, einer leichten Spannung, einer Wolke, die über unserem Fühlen und Denken lagert und über unser seelisch-geistiges Sein einen Schatten wirft. Die aufsteigende Angst durchdringt fast vollständig unser Wesen, und die organischen Veränderungen nehmen mit der Intensität des Zustandes zu. Schwitzen, Zittern, Bewegungsunfähigkeit, Herzklopfen, Zähneklappern, Unrast, Durchfall und andere Anzeichen schwereren oder leichteren Grades können das seelische Erleben der Angst begleiten.

Der Mensch gerät in einen Zustand der Verwirrung. Nicht nur seine Organe sind in ihren Funktionen gestört, sondern auch sein seelisches Wesen ist unfähig, folgerichtig zu handeln. Ein allgemeiner Erregungszustand ergreift die Seele und gleichzeitig die körperlichen Funktionen. Es ist, als ob der Schmerzensschrei der ganzen Schöpfung in der Seele wiedertönen würde. Für gewöhnlich wissen wir gar nicht, warum die Angst uns befallen hat. Wir kapitulieren vor ihr in der gleichen Art wie vor dem Schmerz. Wir sind von der Pein befallen und werden in dem dunklen Raum der Angst gefangengehalten. Die Wortbedeutung drückt die Erfahrung aus: 'angustia' ist eng, fest – ein Gefühl von Druck, eine Fessel, die nicht gelockert werden kann.

Hinter der Angst steht der Abgrund des Unbekannten. Heidegger, der berühmte moderne Philosoph, prägte den Satz: 'Angst enthüllt die Nichtigkeit'. Unsere Existenzgrundlage ist weggeschwemmt, und wir treiben ziellos dahin. Wir wissen nicht, wovor wir erschreckt sind, aber wir empfinden Unsicherheit, und irgendwo im Hintergrund lauert der Tod.

Loosli-Usteri drückt diese Erfahrung in sehr einleuchtender Form aus: 'Zwischen der Emotion Angst – im tiefsten Grunde Todesangst – und dem Gefühl der Furcht – letzten Endes Gottesfurcht – liegt eine ganze Stufenleiter von Reaktionen, in denen die ursprüngliche Emotion durch Erfahrung und Vernunft umgemodelt erscheint ... Zweifellos ist es eine der schönsten erzieherischen Aufgaben, das Kind so zu leiten, daß sich die blinde Angst in vernünftige Furcht umwandelt. Die Furcht des Herrn und nicht die Angst vor ihm ist der Weisheit Anfang.' (M. Loosli-Usteri: Die Angst des Kindes. Bern 1948, S.23 f.)

Dauernder Angstzustand ist die Verfassung einer Welt, in der die Erziehung dieses Ziel verfehlt hat. Der Zeitgenosse ist aus keinem anderen Grund von Angst erfüllt. Unsere Erziehung in Schule wie Familie hat nicht verstanden, die

Todesangst in Gottesfurcht zu wandeln. Daher stehen wir vor dem dauernden Ansteigen neurotischer Zustände, die ihrerseits das Resultat unüberwindlicher Angstzustände sind.

Von Geburt an liegt die Angst in jedem Menschenkinde. Sie lagert in den Tälern unserer Seelen und macht sich zu irgendeinem gegebenen Moment bemerkbar. Ein Stolpern, ein Fall, ein plötzlicher Schreck, ein Asthmaanfall, ein prophetischer Traum, ein dumpfes Gefühl der Unsicherheit; all dies führt zu Angstgefühlen. Andererseits kann die Stimmung der Angst auch ohne jeden Grund auftauchen. Sie überfällt uns aus den Tiefen des Unbewußten, und wir werden ihr Sklave.

Es ist gerechtfertigt, daß wir die Angst eine Emotion nennen, sie ähnelt vielen anderen emotionellen Zuständen wie Zorn, Haß, Freude, Sorge usw. Auch diese Erscheinungen sind nicht wirkliche Gefühle, sie sind sowohl mehr wie weniger. Die grundlegende Form der Gefühle ist Sympathie auf der einen und Antipathie auf der anderen Seite. Ein emotioneller Zustand ist viel gewaltiger, viel dramatischer. Er ist wie ein plötzlicher Witterungswechsel in der Seelenlandschaft. Ein klarer, schöner Tag wechselt im Nu und zeigt aufsteigenden Sturm, Regengüsse und andere Wettereinbrüche.

Solch eine Emotion ist die Angst. Sie steigt als ein Nebel in unserer Seele auf, ein Schleier verdeckt den Horizont und bedeckt allmählich das ganze Land. Die Umrisse der Dinge verschwinden und wir finden unseren Weg nicht mehr. Dunkelheit umhüllt uns; wir sind abgeschnitten von anderen Wesen. Himmel und Erde gehen ineinander über. Die nähere Umgebung nimmt häßliche Formen an, ein Baumstumpf erscheint als gebückte Gestalt, ein Erdklumpen als wildes Tier. Wir verlieren unsere Sprache. Das, was um uns geschieht, wenn dichter Nebel aufsteigt, spielt sich in unserem Innern ab, wenn wir in Angstzustand geraten.

Die Frage bleibt: Woher steigt der Nebel der Angst auf? Wir finden wieder eine Antwort, wenn wir uns an das erinnern, was Rudolf Steiner einst über den Tastsinn gesagt hat. Er spricht nicht von der Sinnesempfindung selbst, sondern von allem, was dahinter liegt. Er lenkt unsere Aufmerksamkeit zu dem geistigen Hintergrund dieser Empfindung: 'Eigentlich ist das, was wir im Tastsinn haben, ein inneres Erlebnis, aber was da innerlich vorgeht, das bleibt ganz im Unbewußten. Davon ist nur ein Schatten vorhanden in den Eigenschaften des Tastsinnes, die wir den Körpern zuschreiben. Aber das Organ des Tastsinnes, das macht, daß wir die Gegenstände seiden oder wollen, hart oder weich, rauh oder glatt fühlen. Das strahlt auch ins Innere herein, das strahlt in die Seele herein; nur merkt der Mensch den Zusammenhang seines seelischen Erlebnisses mit dem, was der äußere Tastsinn ertastet, nicht, weil die Dinge sich sehr differenzieren – was da ins Innere hineinstrahlt und was nach außen hin erlebt wird. Aber dasjenige, was da ins Innere hineinstrahlt, ist nichts anderes als das Durchdrungensein mit dem Gottgefühl. Der Mensch würde, wenn er keinen Tastsinn hätte das Gottgefühl nicht haben. Was da im Tastsinn sich als Rauheit und Glätte, Härte und Weichheit erfühlt, das ist das nach außen Strahlende; was sich zurückschlägt in der Seelenerscheinung, das ist das Durchdrungensein mit der allgemeinen Weltsubstantialität, das Durchdrungensein mit dem Sein als solchem. Wir konstatieren das Sein der äußeren Welt gerade durch den Tastsinn.' (GA 199/1967/ 08.08.1920/S.55 f.)

Jetzt lernen wir den Hintergrund der Angst verstehen. Dieses Erlebnis ist letztlich mit dem Tastsinn verknüpft, weil gerade dieser Sinn uns ermöglicht, nicht nur die unmittelbare physische Umgebung zu erleben, sondern weil er uns innere Sicherheit gibt. Wenn wir ein Ding sehen oder seinen Ton hören, sind wir nie ganz sicher, inwieweit es Realität hat. Sobald wir es berühren, sind wir überzeugt, daß es existiert. Der Tastsinn bestätigt uns die physische Realität eines Gegenstandes oder eines Wesens. In ähnlicher Art versichert er uns der göttlichen Gegenwart. Das letztere Erlebnis ist kein bewußtes, vollzieht sich aber in den Tiefen unseres Unbewußten. Es bildet eine der Grundlagen unseres Lebens. Wir wissen von Gott, weil wir seine Gegenwart unterbewußt erleben – durch unseren Tastsinn.

Angst zu haben bedeutet den zeitweisen Verlust dieser grundlegenden Erfahrung. Solcher Verlust ist verbunden mit einer Lockerung der Seele vom physischen Instrument des Tastsinns. Unsere Seele ist an die ganze Oberfläche unserer Haut gebunden. Der Tastsinn ist wie ein Hafen, in dem das Schiff unserer Seele verankert ist. Wenn der Anker gelichtet wird, treibt das Schiff dahin ohne richtigen Halt, und der Nebel der Angst steigt auf. Jedes unvorhergesehene Erlebnis wie ein Schock, ein Schrecken oder eine Überraschung kann dies herbeiführen. Aber auch ein allmählicher Verlust des Glaubens, eine anhaltende Unsicherheit in bezug auf die Zukunft kann die Grundlage unseres Lebens erschüttern, uns des Gefühls der göttlichen Gegenwart berauben und dadurch zum Anlaß werden, daß Angst aufsteigt. Der Nebel der Unsicherheit breitet seine Flügel aus und umhüllt die Seele mit Finsternis." (Karl König: Über die menschliche Seele. Stuttgart ²1989, S.42 ff.)

Patienten mit Angststörungen

Klaus-Dieter Neumann: Wer kommt als Patient zu Ihnen?

Henning Elsner: Da müssen wir unterscheiden: Zum einen spreche ich aus dem Erfahrungsbereich meiner psychotherapeutischen Praxis und der Ambulanz – die ist nicht hier im Hause –, und zum anderen aus dem Bereich der stationären Therapie. Hierher, in das Krankenhaus, kommen Menschen mit verschiedensten Erkrankungen: von internistischen Erkrankungen, wie z.b. Darmerkrankungen, Stoffwechselerkrankungen und auch Karzinomerkrankungen, über typische psychosomatische Erkrankungen, wie z.b. Asthma, aber auch Neurodermitis, bis hin zu Angststörungen, die oft mit körperlichen Äußerungen einhergehen.

Die Patienten mit Angststörungen kommen – und da sind wir jetzt auch im Bereich der Ambulanz –, weil sie z.B. Attacken hatten mit Herzklopfen, Herzrhythmusstörungen, Schweißausbrüchen, Zittrigkeit, kalten Händen und Füßen und einem Angstgefühl, das sich bis zur Panik steigern kann, was wiederum mit Schwindelgefühlen und der Sorge, in Ohnmacht zu fallen, verbunden sein kann. Weiterhin können die Attacken mit Erscheinungen verbunden sein, die wir auch im Zusammenhang mit Erwartungsspannungen kennen, also mit Verdauungsbeschwerden, Durchfall und der Angst, nicht schnell genug eine Toilette finden zu können.

Zunächst erleben die Patienten die Beschwerden wie von außen kommend. Sie fühlten sich ansonsten bisher gesund, und jetzt plötzlich haben sie diese körperlichen Beschwerden, die sie wie etwas Fremdes erleben. Und dann gehen sie damit z.B. zum Hausarzt, zum Internisten oder zum Kardiologen. Der jeweilige Arzt macht eine entsprechende Diagnostik und sagt dann, daß er so nichts finden könne: Der Blutdruck, das Herz und die Verdauung sind in Ordnung. Vielleicht gibt der Hausarzt dann Tranquilizer, so daß der Patient im akuten Fall durch die Einnahme das Erlebnis hat, daß das Herzrasen zurückgeht, die Schweißausbrüche weniger werden und er sich beruhigt.

Wenn sich nun aber das Ganze öfter wiederholt und der Patient hinterher vom Arzt immer wieder hört, daß dieser keine organische Erkrankung finden kann, dann gibt es verschiedene Möglichkeiten: Eine wäre, daß der Arzt zu dem Ergebnis kommt, der Patient sei immer nur zu aufgeregt, würde zu schnell mit dem Blutdruck reagieren, und daß er ihm Betablocker gibt, also ein Medikament, das den Patienten psychovegetativ entkoppelt. Betablocker verhindern, daß die seelische Erregung ins Körperliche durchschlägt, und der Patient ist dadurch erst einmal vor den körperlichen Begleiterscheinungen geschützt. Denk-

Krankenhaus Lahnhöhe
© Foto: Jörg

bar wäre auch, daß der Arzt sieht, daß der Patient seelisch sehr labil und durcheinander ist, und ihm daraufhin langfristig Tranquilizer zur Beruhigung gibt, also Valium, Lexotanil oder ähnliches.

Es kann also sein, daß der Arzt den Patienten eine ganze Weile auf diese Weise medikamentös behandelt, der Patient über einen langen Zeitraum Medikamente braucht, um zurechtzukommen. Wenn der Arzt gegenüber psychosomatischen Zusammenhängen aufgeschlossen ist, wird er dann irgendwann bemerken und auch den Patienten darauf hinweisen, daß es nicht nur eine vorübergehende Krise ist, sondern beim Patienten etwas nachhaltig durcheinander gekommen ist und er die Orientierung in seinen Daseinsbezügen verloren hat. Er könnte dem Patienten dann raten, auf der Gesprächsebene herauszufinden, welche Entwicklungsschritte für ihn anstehen. Womöglich liegen für den Arzt aus der Vorgeschichte des Patienten auch Hinweise auf bestimmte Ursachen vor, über die er dann mit ihm spricht.

Das wäre dann der Zeitpunkt, zu dem die Patienten auch in die psychotherapeutische Praxis kommen, weil sie erkannt haben, daß sie therapeutisch behandlungsbedürftig sind. Oder sie kommen hier in die Klinik, weil deutlich geworden ist, daß sie in ihrer Alltagsbewältigung erheblich eingeschränkt sind und ständig rezidivierende, rückfällige Körperbeschwerden auftreten, denen man im ambulanten Rahmen nicht beikommen kann, ohne im Grunde genommen chronifizierend zu wirken, d.h. durch vielleicht inadäquate, unangemessene therapeutische Verfahren den Zustand zu fixieren, der eigentlich eines Entwicklungsschrittes in einem klinischen Rahmen bedarf.

K.-D.N.: Der Schritt in die psychotherapeutische Praxis bzw. in die Klinik setzt den glücklichen Umstand voraus, daß inadäquate Verfahren als solche erkannt werden. Eine allzu sorglose Behandlung mit Tranquilizern z.B. könnte sonst auch sehr bald in die Sucht führen.

H. Elsner: Das ist sicher so. Wir können jetzt einmal den schlimmsten Fall annehmen, mit dem wir nicht selten konfrontiert sind. Dabei will ich gar nicht den Ärzten als Stand einen Vorwurf machen, denn hier spielen mehrere Faktoren zusammen, die auch gesellschaftlich bedingt sind. Vor allem haben wir die Erwartungshaltung des Patienten, das Symptom möglichst umgehend beseitigt zu bekommen, damit er im Grunde so weitermachen kann wie bisher. Wenn jemand z.B. in einer verantwortlichen Position steht, jemand es sich scheinbar nicht leisten kann, sein Leben und seinen Alltag neu zu ordnen, dann ist diese Haltung auch verständlich und menschlich, weil wir eben bequem sind. Da sind die Betablocker, Tranquilizer oder Medikamente dieser Art ganz willkommen, weil so zunächst einmal eine gewisse Beruhigung eintritt, die körperlichen Angstsignale zurückgedrängt werden und man im großen und ganzen so weitermachen kann wie bisher.

Betablocker bewirken eine psychovegetative Entkoppelung

Ich bringe einmal ein Beispiel: Vorgestern kam ein Patient zu mir in die Praxis, der mit 19 Jahren erstmals eine tiefe Verunsicherung, begleitet von Herzrasen, Blutdruckerhöhung und all den Angstsymptomen, erlebte. Wenn man sich Biographien anschaut, ist es oft so, daß um das 19., 20. Lebensjahr herum – also zur Zeit des ersten Mondknotens – Unfälle geschehen oder auch schwere

Erkrankungen, Infektionen auftreten und dadurch eine Verunsicherung eintritt. In diesem Fall war es ganz deutlich eine primär seelische Verunsicherung mit den bekannten Angstsymptomen.

Vor einem Jahr, der Patient war inzwischen 37, trat diese Verunsicherung mit den Symptomen einer Angststörung wieder auf. Damals, als er 19 war, hat er Betablocker bekommen. Betablocker bewirken – wie gesagt – die psychovegetative Entkoppelung, d.h. seelische Impulse und äußere Eindrücke, die einer seelischen Verarbeitung bedürfen, die gewissermaßen abgetastet werden müssen, schlagen nicht mehr direkt in das Vegetativum durch. Durch die Entkoppelung wird sozusagen Watte bzw. ein Block dazwischen geschoben.

K.-D.N.: Deswegen eignen sich Betablocker auch hervorragend als Dopingmittel bei Sportarten, in denen es darauf ankommt, daß die seelische Erregung nicht in die Physis durchschlägt, also z.B. beim Sportschießen oder Biathlon. Es ist vorgekommen, daß Biathleten Betablocker eingenommen haben, damit trotz Anstrengung und Wettkampferregung die Hand beim Schießen ganz ruhig bleibt.

H. Elsner: Genau. Und jetzt stellen Sie sich die Katastrophe vor, die durch die Einnahme von Betablockern bei diesem Patienten eingetreten ist. Er ist im Grunde genommen 19 Jahre lang daran gehindert worden, ein Ausgleichsorgan zu entwickeln.

Es ist ganz selbstverständlich, daß der Mensch mit 20, 21 Jahren, wenn er in die Phase der Entwicklung der Empfindungsseele eintritt, sich im Umgang mit der Welt, mit den Dingen, die von außen auf ihn zukommen, üben muß. Was lasse ich wie tief in mich herein, was verdaue ich auf welche Weise? Das muß der Mensch in diesem Alter übend herausfinden. Dazu braucht er im höchsten Maße auch seine körperlichen Empfindungen als Signalsystem. Daran kann er sich entwickeln und eine Art Ich-Organ ausbilden, d.h. eine Instanz, die sehr eng mit ihm und seinen individuellen Strebungen zu tun hat. Diese Instanz ermöglicht dem Menschen, ständig abzugleichen, was er wie verarbeiten, individuieren kann. Sie ermöglicht ihm, aus dem, was von außen auf ihn einströmt, das auszuwählen, was er für seine Individuation benötigt. Er kann durch dieses Organ abspüren, was er auf welche Weise verdauen muß, was er wieder ausscheiden oder was er aufnehmen kann, um es in der ihm gemäßen Weise in seine Seinsgewohnheiten zu integrieren.

Die Ausbildung eines solchen Organs ist aber unter dem Einfluß von Betablockern nicht möglich, weil man eben abgekoppelt ist. Wir haben also über 18, 19 Jahre ein verschlepptes Entwicklungsdefizit bei diesem Patienten. Es ist interessant, daß sich bei ihm zur Zeit des zweiten Mondknotens dasselbe Thema wieder stellte. Jetzt wirkten die Betablocker inzwischen nicht mehr, und die Symptomatik setzte sich nochmal ganz tief durch. Er kam in ein Krankenhaus, und da war man inzwischen mit der Forschung so weit, daß man auch einen Blick für die psychosomatischen Zusammenhänge hat. Die ganzen Beschwerden, die er nun hatte, bis hin zu zusätzlich eingetretenen Schilddrüsenstörungen, wurden als Auswirkung einer Depression erkannt. Depression heißt ja eigentlich auch Unterdrückung von Entwicklung.

Die Betablocker wurden abgesetzt, was zur Folge hatte, daß er nun völlig durcheinander geriet, weil die Organe und der Kreislauf sich inzwischen daran gewöhnt hatten. Nun stand er wieder im Regen und bildete eine heftige Hypochondrie aus, und eine Lebensverunsicherung mit ganz anklammerndem Verhalten trat ein. So kam er schließlich in die Sprechstunde. Jetzt muß man ihn in liebevoller und geduldiger Art einen längeren Weg begleiten, auf dem dieses Ausgleichsorgan jedenfalls ein Stückweit gebildet werden kann. Durch dieses Organ kann der Mensch die richtige Grenze fokussieren, die er in seiner Individualität im Austausch mit der Umgebung hat.

K.-D.N.: Wird also durch Betablocker eine Krise fixiert?

H. Elsner: Ja, die Katastrophe besteht darin, daß durch die Anwendung von Betablockern eine Entwicklung verhindert wird, die eigentlich notwendig wäre. Die Krise wird tatsächlich fixiert, und dadurch werden auch organische Ausdrucksformen, die eine Begleitreaktion des Lebendigen sind, ins Kranke hinein fixiert. So wird eine Chronifizierung von Erkrankungen bewirkt.

Deswegen ist es auch falsch, das Phänomen Angst mit seinen körperlichen Korrelaten einseitig als krankhaft hinzustellen, weil Angst eine Lebensäußerung ist. Das Ziel muß sein, mit der Angst zu kooperieren und nicht direkt gegen sie anzugehen. Wenn man mit Medikamenten, über eine akute Krisenintervention hinaus, die Sache nur zudeckt, dann ist das eine falsche Therapiemethode. Vorübergehend kann eine solche medikamentöse Behandlung eine Entlastung in extremen Anspannungssituationen bedeuten, die vielleicht auch notwendig ist, weil man den Patienten anders nicht mehr zurückholen kann. Von vornherein sollte sie aber diesen vorübergehenden Kriseninterventionscharakter haben. Sie darf den Patienten nicht dahingehend einlullen, daß er glaubt, so weitermachen zu können wie bisher.

„Autogenes Training ist das Valium der Psychotherapie"

Eine weitere falsche Therapiemethode wäre, ausschließlich im Blick zu haben, gegen die Angst durch sogenannte Entspannungsmethoden vorzugehen. Ich sage immer: Das autogene Training ist das Valium der Psychotherapie. Damit will ich nicht dem autogenen Training oder progressiven Entspannungsverfahren die Berechtigung absprechen, aber in dem Zusammenhang mit Angststörungen muß sehr genau überlegt werden, was ich damit vermittle, wenn ich sage, daß der Patient nur lernen müsse, sich zu beruhigen, und Entspannungsverfahren gegen die Angst einsetze, ohne darauf aufmerksam zu machen, daß es längerfristig darum geht, eine Entwicklungsaufforderung anzunehmen und etwas für sich, für die Individuation, und nicht etwas gegen die Angst zu tun.

Scham und Schuldgefühle bei einer seelischen Entwicklungsstörung

K.-D.N.: Bei seelischen Störungen hat man, anders als bei organischen Erkrankungen, eher das Gefühl, an ihrem Entstehen mitgewirkt zu haben und auch mitverantwortlich zu sein. Man hat bestimmte Entwicklungsschritte nicht vollzogen, gewisse Einseitigkeiten ausgeprägt und empfindet diese Defizite in der Persönlichkeitsentwicklung nun womöglich als peinlich. Mit einer seelischen Entwicklungsstörung wird oft der Makel verbunden, selber schuld zu sein. Sie wird dann als selbstverschuldete Schwäche gesehen. Fällt es den Patienten, die psychosomatische Angstsymptome aufweisen, schwer, sich eine seelische Störung einzugestehen?

H. Elsner: Es fällt in jedem Fall leichter – das geht wohl jedem so –, sich eine Erkrankung einzugestehen, wenn man ein überschaubares Erklärungsgefüge hat. Wenn mit einer tiefgreifenden Verunsicherung, die sich als Ausdruck einer seelischen Entwicklungsstörung äußert, die Vorstellung verbunden ist, daß sie sich über eine kurze Kausalkette zurückführen läßt, die womöglich im Organischen liegt, dann liegt darin auch die Hoffnung, daß das Krankheitsgeschehen nach gewissen klaren Gesetzen abläuft und so auch zu heilen bzw. zu lindern ist.

Eine seelische Genese bleibt demgegenüber aber immer mit etwas Unüberschaubarem verbunden. Eine seelische Entwicklungsstörung läßt sich nicht so leicht, nicht monokausal erklären. Man hat keine kurze klare Kausalkette, sondern oft müssen verborgene Zusammenhänge erst einmal ahnend erschlossen werden. Daher ist es verständlicherweise viel angenehmer, es z.B. mit einem Infekt zu tun zu haben, von dem man weiß, daß er vielleicht noch einige Tage dauert, dann aber vorbei ist.

Gerade weil eine seelische Störung immer mit einem Konflikt verbunden ist, ist es per se so, daß dieser Konflikt erst einmal verdrängt wurde. Das heißt, ich schiebe das, was sich zunächst auf der seelischen Ebene offenbart, was ich auch unter Umständen bewältigen könnte, wenn ich es dort aufsuchen würde, erst einmal weg. Ich verdränge es. Zum Glück ist es aber so, daß sich dann das Unbewußte auf Umwegen wieder inszeniert und ins Gedächtnis bringt. Und dann kommt es oft zur Reinszenierung auf der somatischen Ebene.

Die somatischen Symptome sind zunächst leichter annehmbar, weil sie wie von außen auf einen zukommen. Man kann dann erstaunt davorstehen, zu Fachleuten gehen und die Erwartungshaltung einnehmen, daß sie diese Symptome beseitigen. Die Symptomatik, die auf die Dauer nach einer seelischen Bewältigungsstrategie verlangt, kommt zuerst von außen wieder auf einen zu. Das Unbewußte tritt also durch die somatischen Angstkorrelate konstruktiv wieder auf den Plan.

K.-D.N.: Bleiben wir noch bei der Empfindung des Makels gegenüber einer seelischen Entwicklungsstörung. Wenn Menschen sich aufraffen, einzusehen, daß sie therapiebedürftig sind, wird das manchmal von Aussagen begleitet wie: „Das hätte ich nie gedacht, daß ich einmal in eine solche Situation kommen würde." Das Eingeständnis, therapiebedürftig zu sein, ist oft schambesetzt, vielleicht auch, weil damit wohl eine gewisse Ernüchterung einhergeht, daß man sich selber vielleicht idealisiert hat, und auf einmal feststellen muß, daß man sich jedenfalls in gewissen Bereichen fernab vom eigenen Ideal bewegt, das man in jungen Jahren noch so glühend vor sich hergetragen hat.

Vielleicht hat die Scham aber auch etwas mit den Zerrbildern eines Menschseins zu tun, die einem von der Freizeitindustrie, den Medien und insbesondere der Werbung ständig vorgehalten werden: der ewig gutgelaunte Mensch, der auch andere ständig in gute Laune versetzt und unterhält; der Selbstsichere, der sich durchsetzen kann und erfolgreich ist, der schön und hart bis brutal zugleich ist, der sorglos einem egozentrischen Hedonismus frönen kann usw. usf. – eben ein Gewinner, der keine Schwächen zeigt.

Angst, sich die eigene Orientierungslosigkeit einzugestehen

Darüber hinaus sehe ich zwei Pole: zum einen die Tatsache, daß immer mehr Menschen den Eindruck erwecken, daß sie ganz stark therapiebedürftig sind, und zum anderen eine Therapieflut, wie sie z.B. aus den USA berichtet wird. Abschätzig wird dann etwa gesagt, jeder habe dort seinen Therapeuten, und die Inhalte der Therapiegespräche eigneten sich vorzüglich für die Small talks auf Stehparties. Trotzdem bleibt der Eindruck, daß viele Leute, die offenkundig seelische Schwierigkeiten haben, ihre Hemmschwelle nur schwer überwinden können, sich in eine Therapie zu begeben oder sich zumindest in dieser Angelegenheit einmal Rat zu holen. Können Sie diesen Eindruck aus Ihrer Erfahrung bestätigen?

H. Elsner: Ja, und man könnte noch eine ganze Reihe von Aspekten aufzählen, die dazu beitragen, daß hier eine Hemmschwelle besteht. Für den einen oder anderen ist ganz einfach ein Angstgefühl damit verbunden, sich einzugestehen, daß er die Orientierung verloren hat. Gegenüber der Konstruktion eines Selbstbildes, das durch gesellschaftliche Einflüsse mit aufgebaut wird – Sie nannten einige Beispiele –, ist es mit einer Art Minderwert verbunden, die Übersicht zu verlieren. Denn zu den gesellschaftlichen Vorgaben dieses Selbstbildes gehört auch, sehr bewußt und auf seine Interessen bedacht durchs Leben zu gehen. Demgegenüber bietet unsere Gesellschaft wenig Schulung und Anweisung, wie wir in unser tägliches Handeln das Unbewußte mit aufnehmen können, wie wir den Zugang zur inneren Stimme als lebensgestaltendes konstruktives Element mit einbeziehen können.

Hinter dem Klischee der amerikanischen Therapiesituation verbirgt sich die Vorstellung und Geringschätzung einer Therapie, in der es nur darum geht, sich zu befriedigen, ganz in der Gruppenseele aufzugehen und sich affektive Zufuhr zu holen, die man aus lebendigen Kontakten nicht bekommen kann oder die man in Krisenzeiten und über längere Durststrecken vielleicht auch tatsächlich nicht zur Verfügung hat. Allerdings ist es noch die Frage, inwieweit dieses Klischee, das wir uns hier über die amerikanische Psychotherapieszene machen, etwas mit der Wirklichkeit zu tun hat. Auf jeden Fall gibt es auch bei uns einen Markt der Psychotherapie, der zu wenig darauf ausgerichtet ist, den Menschen sich selbst zurückzugeben, so daß er unter Umständen von Gruppenseelenritualen abhängig wird. Es kann eine Übergangsphase geben, in der es wichtig ist, sich ganz in seinen eigenen Emotionen kennenzulernen, weil ein neues Selbstverständnis gut gegründet sein muß. Jedoch muß dann auch der nächste Schritt erfolgen, sich ganz zurückzugewinnen.

Wenn man sich zum selbsternannten Therapeuten phantasiert

K.-D.N.: Weil es viel Zweifelhaftes auf dem Therapiemarkt gibt, steht man manchmal vor der Schwierigkeit, einem Bekannten eine konkrete Empfehlung zu geben, an wen er sich wenden kann, wenn er Hilfe braucht. Hinzu kommt, daß das Gelingen einer Therapie nicht nur von der Methode abhängt, sondern sehr viel mehr von der Qualifikation des Therapeuten. Auch die anthroposophi-

sche Biographiearbeit scheint sich zu einem Sammelpool für alles mögliche und auch für selbsternannte Therapeuten unterschiedlichster Qualifikation zu entwickeln. Auch da müßte man sich den jeweiligen Biographiearbeiter anschauen, bevor man eine Empfehlung aussprechen könnte. Manchmal wird ja auch Therapeuten überhaupt die böse Absicht unterstellt, Patienten von sich abhängig zu machen, um ein gesichertes Einkommen zu haben.

    H. Elsner: Schwarze Schafe gibt es überall, aber das sind doch wohl die seltensten Fälle. Aber bei jedem Berater und Therapeuten kann man natürlich fragen, ob sein Handeln ausreichend auf die eigene Selbsterfahrung gegründet ist. Es mag hier und da eine Art Größenselbstbild oder Narzißmus eine Rolle spielen, wenn sich jemand ohne ausreichende Qualifikation und Selbsterfahrung auf einmal zum Therapeuten phantasiert. Es gibt tatsächlich eine Menge von selbsternannten Psychotherapeuten und auch Biographiearbeitern. Die Bezeichnung „Psychotherapeut" ist auch nicht geschützt, d.h. diese Berufsbezeichnung ist, außer bei Ärzten, nicht an bestimmte Ausbildungsvoraussetzungen gebunden. Es gibt allerdings bestimmte Schulen, die die Absolventen ihrer Ausbildungswege entsprechend auszeichnen und so für einen gewissen Schutz sorgen. Aber heute ist es noch so, daß sich z.B. ein Heilpraktiker einfach Psychotherapeut nennen und eine entsprechende Tätigkeit ausüben kann. Dann sagt der Begriff zunächst natürlich gar nichts aus.

Aber auch auf die Psychologen bezogen muß man sagen, daß letztlich doch das einzige Maß der Beurteilung die persönliche Erfahrung mit demjenigen ist, der die Therapie anbietet, das Gefühl, nicht abhängig gemacht zu werden, sondern Unterstützung im Selbstwerdungsprozeß zu finden. Die tatsächliche Fähigkeit eines Therapeuten ist eben auch ganz schwer an äußere Qualifikationsmerkmale zu binden.

In bezug auf die Biographiearbeit geschieht von seiten der Medizinischen Sektion, unter Leitung von Frau Dr. Glöckler und Frau Dr. Burkhardt, im Zusammenhang mit dem Verein für Biographiearbeit derzeit doch eine ganze Menge, um die Qualitäten klarer zu fassen. Man bemüht sich darum, eine klare Unterscheidung zwischen hygienischer und therapeutischer Biographiearbeit zu treffen und auch Ausbildungswege im Sinne einer anthroposophischen Psychotherapie zu entwickeln. Die Ausbildungswege können demjenigen, der eine solche Tätigkeit ausüben will, auch die Möglichkeit der Überprüfung an die Hand geben, ob er dazu auch von seinen Fähigkeiten her in der Lage ist.

Der zunehmende Verlust der Daseinsbezüge

K.-D.N.: Man hört von allen Seiten von einer Zunahme von Depressionen und Angststörungen. Können Sie diese aus Ihrer Erfahrung bestätigen, und was wären die Ursachen für diese Zunahme?

H. Elsner: Ich habe auch den Eindruck, kann es aber nicht eindeutig statistisch belegen. Aber eine Zunahme würde sicher im Zusammenhang mit dem allgemeinen Verlust der Daseinsbezüge zu sehen sein. Durch die schnelle Entwicklung, die wir sonst im übrigen Leben erfahren – technisch, wirtschaftlich, gesellschaftlich –, ist die Gefahr, die leibliche, seelische und geistige Orientierung zu verlieren, größer geworden. Es fällt schwer, eine Bezogenheit zu behalten, wenn sich im Leben alles so schnell bewegt und verändert. In den vergangenen Jahrzehnten hat ein erheblicher gesellschaftlicher Wertewandel stattgefunden. Sich in diesem ständigen Strom der schnellen und immer schnelleren Veränderung zu gründen, zu halten und zu individuieren, scheint doch immer schwieriger zu werden. Auch der zunehmende Verlust der Jugendideale und der Ideale überhaupt wäre hier zu nennen.

So kann man das Auftreten einer Angststörung als eine Aufforderung, die Persönlichkeit zu entwickeln, als Aufruf: „Entwickle Dich!", verstehen. Sie fordert dazu auf, innezuhalten und eine neue Orientierung zu suchen. Aus meinem Deutungshorizont ist es so ganz natürlich, daß die Angststörungen zunehmen.

Allerdings kann es auch sein, daß wir aufmerksamer auf die Störungen werden. Vielleicht sind viele Menschen auch sensibler geworden und haben es einfach satt, sich an den gesellschaftlichen Selbstbildern, am Größten und Stärksten, zu messen, weil sie merken, welchen Preis das hat und was wir an Kontaktbezogenheit und Geborgenheit dadurch verlieren. Etliche Menschen haben halt angefangen, sich gegenseitig liebevoll zuzugestehen, daß sie auch Angst haben dürfen, weil es in der Freundschaft und Partnerschaft auch viel interessanter ist, sich über die jeweiligen Ängste zu unterhalten, die vielleicht viel mehr über die Menschen aussagen, als wenn sie sich über ihre scheinbaren Stärken unterhalten.

Frauen gehen eher zum Therapeuten, Männer fliehen in die Betäubung

K.-D.N.: Die größere Aufmerksamkeit und Sensibilität gegenüber der Angst mag vielleicht auch der Grund sein, warum in der Literatur immer von einem größeren Frauenanteil bei den Betroffenen von Angststörungen gesprochen wird. Die Menge der Betroffenen teilt sich demnach etwa in zwei Drittel Frauen und ein Drittel Männer auf. Wie aussagekräftig sind solche Zahlenangaben?

H. Elsner: Die Frauen gehen früher zum Therapeuten, und die Männer haben andere Kompensationsmechanismen. Dazu möchte ich einfach mal ein Zitat aus einem Seminarmanuskript der Klinik Grönenbach bringen:

„Angststörungen, oder früher als Angstneurosen bezeichnet, sind die häufigste Störungsgruppe in der Allgemeinbevölkerung.

Die Panikstörung ist die häufigste Störung bei Behandlungssuchenden.

In der klinischen Praxis ist die Panikstörung mit Agoraphobie wiederum häufiger anzutreffen als ohne Agoraphobie.

Frauen leiden doppelt so häufig an dieser Störung als Männer. Nach den Studien des Epidemiological Catchment Area Program des amerikanischen National Institute of Mental Health (insgesamt 18.000 Probanden), der Zürich-Studie (6.000 Probanden) und der Münchner Follow-up-Studie (MFS) (über 1.300 Probanden) ist die Angststörung bei Frauen die häufigste und bei Männern nach dem Abhängigkeitssyndrom die zweithäufigste Form der psychischen Störung."

Zählt man nun einmal die Häufigkeit von Angststörungen und Abhängigkeitssyndromen zusammen, dann kann man wohl sagen, daß die Männer, die ja bisher auch hauptsächlich die äußere Entwicklung zu verantworten haben, eher aus der Kurve fliegen, zunächst allerdings Kompensationsmechanismen über Abhängigkeitssyndrome haben, hauptsächlich über die Alkoholsucht. Nimmt man diese Kompensationsformen im Sinne von Abwehrmechanismen gegen die Angst, dann verkehrt sich das Bild sogar! Frauen gehen eher zum Therapeuten, weil sie das leichter mit dem gesellschaftlich vorgegebenen Bild des schwächeren Geschlechts vereinbaren können, während sich Männer in alle möglichen Betäubungen und Abhängigkeiten flüchten. Man könnte auch sagen, daß die Frauen in bezug auf die Seelenentwicklung den Männern schon etwas voraushaben. Wir können jetzt aber auch hier in der Klinik feststellen, daß langsam mehr Männer den Weg hierher finden.

Ausschlußdiagnose und Drehtürversorgung

K.-D.N.: Mit welchen Vorstellungen und mit welchen organischen Auswirkungen der Angststörung kommen die Patienten ins Krankenhaus?

H. Elsner: Die Patienten kommen mit sehr unterschiedlichen Vorstellungen. Beispielsweise werden sie von ihrem Hausarzt geschickt, der in seiner Praxis überfordert ist, auf tiefere Zusammenhänge einzugehen; andere werden vom Kardiologen oder Internisten geschickt, bei denen bereits abgeklärt worden ist, daß kein organisch bedingter Bluthochdruck, kein Herzfehler, keine Herzrhythmusstörungen oder keine andere tiefere Erkrankung vorliegen. Andere kommen schon mit Heilsvorstellungen oder recht umfangreichen Erwartungen an eine Psychotherapie.

Jetzt kommen die Menschen also mit den Angststörungen, die durch die Symptome plötzliche Atemnot, Erstickungsgefühle, einer Beklemmung im Brustgebiet, was oft mit einem Herzinfarkt verwechselt wird, gekennzeichnet sind. Häufig tritt das Gefühl auf, sterben zu müssen, und manchmal werden die Menschen auch ohnmächtig, zumindest überkommt sie ein Schwindelgefühl und Benommenheit, oder sie haben ein Gefühl der Taubheit in den Unterarmen.

K.-D.N.: Sie denken an den sogenannten langen Handschuh?

H. Elsner: Ja, z.B. auch im Rahmen der Hyperventilationsanfälle. Das zeigt, daß die Patienten oftmals nicht mehr richtig in ihrem physischen Leib anwesend sein können. Desweiteren treten oft auch Zustände auf, die man Depersonalisation oder Derealisation nennt. Diese Menschen erleben die Realität draußen wie in einem Film. Auch erleben sie ihre Leiblichkeit anders, bis hin zu Leib-Fühl-Störungen. Das alles sind Hinweise darauf, daß der Mensch aus seinem rhythmischen System herausgeraten ist. Von der Symptomatik her kann das – wie ich einleitend sagte – zu allen möglichen Patientenkarrieren führen: Dauernd muß ein EKG geschrieben werden, ständig muß alles kontrolliert werden. Es kommt zu einer internistisch- oder auch psychiatrisch-medikamentösen Drehtürversorgung. Diese Patienten werden von den Allgemeinärzten oder Internisten per *Ausschlußdiagnose* in die Gruppe derjenigen Menschen eingeordnet, die eine Angststörung haben.

Panikattacken

Nach neueren, rein beschreibenden Einteilungen läßt sich die Angststörung dann weiter differenzieren, z.b. unter dem Begriff der Panikstörung. Panikstörung bedeutet, daß keine durch ein Objekt ausgelöste Furcht vorhanden sein muß, sondern daß völlig unvermittelt eine Panikattacke eintritt, und zwar mit Atemnot, Beklemmungsgefühlen und vielem mehr. Wichtig ist, daß man von Panikstörung erst dann spricht, wenn diese Attacken über Monate hinweg häufiger auftreten.

K.-D.N.: Nach dem DSM-III-R spricht man von einem Panikanfall bei dreimaligem Auftreten innerhalb von drei Wochen.

H. Elsner: Gut, so kann man die Panikstörungen weiter differenzieren. – Wichtig ist noch, daß es nicht bei den funktionell-organisch empfundenen Angstäquivalenten bleibt, sondern daß es im Sinne von Angustia = Enge immer enger wird, d.h. der Patient bekommt eventuell Angst, sich in die Öffentlichkeit zu begeben. Das ist dann die sogenannte Agoraphobie, die Angst, sich auf Plätze zu begeben oder auch an bestimmte Orte zu gehen in der Sorge, daß einem dort die scheinbar angstauslösenden Elemente begegnen könnten. Solche Menschen gehen immer weniger aus dem Haus und haben mitunter auch eine Soziophobie, also die Angst vor Kontakt mit anderen Menschen. Denn jeder Kontakt mit anderen ist für sie angststimulierend.

Vom Bild her genommen haben wir bei diesen Menschen eine Situation, in der sie ihren Radius immer enger ziehen. Trotzdem wird die Angst größer, denn durch Vermeidung erreichen diese Menschen überhaupt nichts, statt dessen geraten sie in einen Teufelskreis, indem sie immer mehr tricksen müssen, um bestimmte Dinge auszuschließen oder zu kontrollieren. Das geht eventuell auch über in die Zwangsstörungen, die ein sehr starkes gedankliches Element haben.

Eine Panikattacke im Kaufhaus

K.-D.N.: Bleiben wir noch einmal bei der Panikattacke. Aus dem, was Sie eben dargestellt haben, entnehme ich, daß sich aus einer Panikattacke Phobien entwickeln können.

H. Elsner: Ja, Phobien im Sinne von Angst vor der Panikattacke, z.B. eine Sozio- oder Agoraphobie. – Ich kann ein Beispiel einer 37jährigen Frau bringen,

Der Schrei
Edvard Munch, 1893
© The Munch Museum/The Munch Ellingsen Group/VG Bild-Kunst Bonn, 1995

die zwei Kinder im Alter von etwa 15, 16 Jahren hat. Die Phase der Hüllenbildung für die Kinder hört langsam auf. Die Frau ist eines Tages in einem Kaufhaus, wo es stickig, eng, heiß und hektisch ist, und sie bekommt einen leichten Anfall von Herzklopfen, Schweißausbrüchen und Unwohlsein. Aber plötzlich steigern sich diese körperlichen Reaktionen zu dem Gefühl, ohnmächtig zu werden, zu der Angst, die Besinnung zu verlieren, und weiter zu der Angst, daß mit ihrem Herzen einiges in Unordnung sei. Es trat sogar ein massiver Schmerz am Herzen auf, vielleicht empfand sie ihn ähnlich dem, was man in vielen Illustrierten über Herzattacken liest. – Ein solcher Mensch wird dann meist als Akuteinweisung in das Krankenhaus gebracht. – In dem von mir geschilderten Fall tritt bei der Frau eine starke Verunsicherung ein. Biographisch steht ihr ohnehin eine neue Phase bevor: Die Kinder werden zunehmend selbständiger, und sie ist damit konfrontiert, nach eigenen Verwirklichungsmöglichkeiten zu suchen.

Nach dem Anfall im Kaufhaus ist sie besonders sensibel für bestimmte Geschichten geworden, die sie aus ihrer Umgebung hört. Sie hört z.B. von einem guten Bekannten, der nicht viel älter als sie war und der auf dem Tennisplatz verstorben ist. Er hat aus voller Gesundheit heraus einen Herzinfarkt bekommen. Solche und ähnliche Geschehnisse erhalten eine ganz neue Bedeutung, und sie wird mit der Endlichkeit ihres Daseins konfrontiert, was bei ihr zu einer tiefen Verunsicherung führt. Hinzu kommt noch eine Verunsicherung in der Partnerschaft, weil ihr Partner sich vorübergehend verliebt hatte, so daß bei ihr über die Eifersucht hinaus noch das Gefühl der Sorge, verlassen zu werden, auftritt.

Verunsicherungen im Geborgenheitsgefüge

K.-D.N.: Treten vor einer Panikattacke oft Partnerprobleme auf, z.B. die Angst, verlassen zu werden?

H. Elsner: Auf jeden Fall. Denn das ist eine tiefe Verunsicherung im Geborgenheitsgefüge. Damit wird gegebenenfalls etwas reaktualisiert, was in einer frühkindlichen Phase schon einmal als Verunsicherung empfunden worden ist, aber zunächst verdeckt werden konnte.

Bei diesen Panikattacken oder Angstneurosen ist es fast schon klassisch, daß eine Konfrontation mit dem Tod in der persönlichen Umgebung stattgefunden hat. Zumindest ist das ein sehr häufiges Motiv. Man war z.B. auf einer Beerdigung, und sie hinterläßt tiefe Wirkungen.

K.-D.N.: Ich kenne beide Fälle: Todeserlebnisse in der Verwandtschaft sowie die Angst, vom Partner verlassen zu werden.

H. Elsner: Beides korrespondiert meist miteinander. Die Angst, in der Partnerschaft verlassen zu werden, ist vorhanden, gleichzeitig entsteht die Konfrontation mit der großen Verlassenheit, dem Tod. Solange ich dem Tod keine Daseinsberechtigung einräumen kann, solange ich nicht mit dem Tod auch eine gewisse Geborgenheit verbinde, entsteht natürlich an dieser Stelle am ehesten die Sorge, mich aufzulösen und verlorenzugehen. Das ist natürlich die Form der größten Verlustangst.

Ich greife noch einmal auf das Beispiel der 37jährigen Frau zurück: Blickt sie in ihre Vergangenheit, so sucht sie das Vertrauen, das sie angelegt hat, aber nun greift sie ins Leere; blickt sie in die Zukunft, so wird sie mit dem Tod konfrontiert. Sie muß also ganz neue Bezüge entwickeln, was in dem Alter, in dem die Jugendkraft vorüber ist, nicht leicht ist. Man muß z.B. seine Partnerschaftsbezüge überdenken, weil man auch hier aus dem Zaubermantel herausgefallen ist, weil sich auch dort die Symbiose, in der man sich mit seinem Partner gegenseitig ergänzt hat, auflöst. Plötzlich tritt das Gefühl, isoliert und alleine in der Welt zu stehen, stark in den Vordergrund. Wenn hier dann in den ersten Jahrsiebten das Zusammenspiel von Hülle bzw. guter Grenze mit Freiheit und sich ausdehnenden Entwicklungsräumen nicht gestimmt hat, fehlen Vertrauensanlagen.

Verborgene Ausbruchsphantasien: Wenn man nicht mehr über Brücken fahren kann

Jetzt kommen wir zu dem Punkt, den Sie angesprochen haben, nämlich wie sich diese Panikattacken ausweiten. Zunächst führt das Geschehen zu einer Fluchtreaktion, einem Rückzug. Man macht sich zunächst eng, in der Hoffnung, auf diese Weise seine Grenze wahren zu können. Die Folge ist, daß ich immer enger werde und ich mich immer weniger den unterschiedlichsten Situationen aussetzen kann. Das kann z.B. bedeuten, daß ich irgendwann nicht mehr Auto fahren, mich nicht mehr unter Leute wagen oder abends nicht mehr still zu Bett gehen kann. Diese Menschen haben dann z.B. das Gefühl, nicht mehr über eine Brücke fahren zu können.

Vielleicht ist es unangenehm zu hören, aber das hat meines Erachtens auch damit zu tun, daß dahinter eigentlich der Wunsch steht, das Bisherige zu verlassen. Dieser Wunsch wird aber abgewehrt, denn es hätte ja Konsequenzen, und mit meinem kontrollierenden Bewußtsein bzw. mit dem von mir installierten Selbstbild ist das nicht vereinbar, diese Konsequenzen anzunehmen. Indem ich über eine Brücke fahre, werde ich mit meiner heimlichen Ausbruchsphantasie konfrontiert, die ich aber abwehren muß.

Melancholie und Geheimnis einer Straße
Giorgio de Chirico, 1914
© VG Bild-Kunst Bonn, 1995

Angst
Edvard Munch, 1894
© The Munch Museum/The Munch Ellingsen Group/VG Bild-Kunst Bonn, 1995

K.-D.N.: Sie nehmen bewußt das Bild der Brücke, nicht aber das der Höhe?

H. Elsner: Ja.

K.-D.N.: Entstehen diese Angstgefühle nicht meist auf hohen Brücken?

H. Elsner: Nein, diese Angstgefühle können im Grunde bei jeder Brücke entstehen. Oder nehmen Sie das Auto: Warum kann sich jemand oftmals nicht mehr ins Auto setzen? Doch nicht, weil er prinzipiell unvermögend ist, Auto zu fahren, sondern weil man mit einem Auto die Möglichkeit hat, sich fortzubewegen. Auch das rührt an die abgewehrte Ausbruchsphantasie. Im Grunde möchte ich nur dazu auffordern, auch einmal so herum zu denken. Wenn z.B. jemand mit einer Herz-Angstneurose zu uns kommt, dann kann der Patient oft nicht mehr Autofahren, und er muß von der Partnerin gebracht werden. Meistens äußern diese Patienten, daß eine solche Partnerin für sie lebenswichtig sei und daß sie ohne sie schon längst tot wären. Dahinter steht aber – wie sich meist hinterher entpuppt – ein nicht mehr aufrecht zu erhaltendes Verhältnis, und daß die Patienten heimlich längst ausbrechen wollen, weil sie sich dem Partner gegenüber zum Kind gemacht haben, sich das aber in der Konsequenz nicht eingestehen können. Das heißt natürlich nicht, daß sich jeder in diesen Krankheitsfällen von seinem Partner trennen muß, aber es bedeutet wohl, daß die Partnerschaft in dem alten symbiotischen Sinne nicht mehr weitergeführt werden kann und daß neue Elemente in sie integriert werden müssen.

Die Angst, verrückt zu werden

K.-D.N.: Es ist doch ziemlich schwer für jemanden, eine Panikattacke nachzuvollziehen, wenn er sie selber noch nicht erlebt hat. Nehmen wir ruhig noch einmal das Beispiel: Man fährt mit dem Auto spazieren, plötzlich hat man dieses schreckhafte Erlebnis, kalter Schweiß tritt auf, Unwohlsein entsteht, das Herz beginnt zu rasen und man hat Angst, das Bewußtsein während der nächsten 500 m Autofahrt zu verlieren. Wenn in einer derartigen Situation Angst eintritt, braucht man nicht nur an einen Herzinfarkt zu denken, sondern kann auch die Angst bekommen, verrückt zu werden. Bedeutungsschwere erhält diese Sorge eventuell dadurch, daß man aus seiner Bekanntschaft Menschen kennt, die tatsächlich verrückt geworden sind, und man sich vorstellt, daß dieses Verrücktwerden vielleicht auch mit entsprechenden Gefühlen oder Zusammenbrüchen begonnen hat. Auch solche Vorstellungen können die Angst ungeheuer steigern.

Ist es nicht nach einer Panikattacke schwer, Vertrauen zu gewinnen, daß man nicht verrückt werden wird, nur weil ein Arzt oder Therapeut einem das sagt? Wenn dann kurze Zeit später eine zweite Panikattacke kommt, bleibt dann nicht diese Bedrohung, diese Vorstellung, daß es bei denen, die wirklich verrückt geworden sind, ähnlich abgelaufen ist? Und als Zusatzfrage: Welche Rolle spielt dabei der sympathische Teil des vegetativen Nervensystems, der meines Wissens für die physiologischen Angstreaktionen des Körpers verantwortlich ist?

H. Elsner: Das vegetative Nervensystem ist im Grunde genommen der Träger dieser seelischen Affekte ins Körperliche hinein. Besteht eine allgemeine Lockerung und ist das vegetative Nervensystem irritiert, kann es zu unerklärlichen Fehlreaktionen kommen, die nicht dadurch zu erklären sind, daß z.B. ein furchtauslösendes Objekt vorhanden ist. Man erlebt also eine Streßsituation, die scheinbar sinnlos ist, und dadurch hat sie diesen überfallartigen Charakter, der den Menschen so stark verunsichert. Deswegen ist es falsch, an diese Attacken so heranzugehen, daß man eine direkte Ursache oder Bezogenheit sucht. Es muß auch nicht immer ein angstauslösendes seelisches Motiv vorhanden sein. Es reicht eine allgemeine nervliche Zerrüttung, und man ist z.B. zerrüttet, weil man aus seinem Rhythmus herausgefallen ist. Warum fällt man aus seinem Rhythmus heraus? Weil das, was einen bisher getragen und eingebunden hat, nicht mehr trägt und verwandelt werden muß. An dieser Stelle beginnt die Verunsicherung, weil man in seinen bisherigen Daseinsbezügen eine Neuorientierung braucht, und dadurch kommt man in einem tiefen Maße in eine Stimmung hinein, wie sie in dem Text von Karl König beschrieben ist, den wir eingangs gelesen haben.

Das von Ihnen angesprochene Gefühl des Verrücktwerdens ist im Grunde das, was ich Depersonalisation und Derealisation nannte. Als Angstpatient ist es deswegen sehr wichtig, sich klarzumachen, daß es natürlich Menschen gibt, die ver-rückt sind, weil sie mit ihrem Ich nicht mehr ihre Hüllen eigentätig schaffend durchdringen können, die nicht mehr Herr im eigenen Hause sind. Wenn nun bei mir die Angst in dieses Haus hineinkommt, so heißt das nicht, daß ich auch verrückt werden muß. Psychotisch wäre es erst dann, wenn sich die Angst vollständig ausdehnt, so daß ich nicht mehr anwesend bin, also ver-rückt, zur Seite gestellt. Als Angstpatient muß ich mir klarmachen, zu welchen Menschen ich gehöre. Gehöre ich zu den Menschen, die grundsätzlich, aufgrund einer schweren psychotischen Erkrankung, eine hohe Tendenz haben, ver-rückt zu werden, oder liegt nur eine Verrückung im Rahmen des Angstphänomens vor, im Sinne der Depersonalisation und Derealisation?

Nun kann es natürlich sein, daß man nicht auf der richtigen Schiene versorgt wird, daß man z.B. in einer Klinik aus einer Routine heraus nur medikamentös abgedeckt wird, so daß man eine hohe Psychopharmaka-Medikation als eine zusätzliche Verunsicherung erfährt und man noch schwerer in sich selber zurückfindet. Dann lösen sich die Grenzen auf, und man kann nicht mehr genau

Die angstvolle Reise
Giorgio de Chirico, 1913
© VG Bild-Kunst Bonn, 1995

Das Zimmer des Lauschens I
René Margritte, 1953
© VG Bild-Kunst Bonn, 1995

unterscheiden, wann ein Mensch typisch psychotisch, wann er typisch psychosomatisch und wann er von einer Angststörung mit krankhaftem Charakter befallen ist. Wo sind hier die Übergänge? Haben diese Übergänge nicht auch mit der „Karriere" zu tun, die ich als Patient mache? Deswegen spielt an dieser Stelle die therapeutische Versorgung eine große Rolle. Vielleicht ist es schwer zu denken, aber die Grenzen sind wirklich fließend, deswegen kann ich es verstehen, daß mit einer Panikattacke die Sorge des Verrücktwerdens verbunden ist.

Exkarnationsgefühle: Das Vegetativum spielt verrückt

K.-D.N.: Es mag dann etwas beruhigend sein, wenn man von einem Arzt oder Therapeuten gesagt bekommt, daß man nicht verrückt wird, aber die Sorge ist trotzdem vorhanden, und schließlich ist man medizinischer Laie. Wenn dann z.B. bei einem Angsterlebnis das Phänomen des sogenannten langen Handschuhs auftritt, also daß man vom Ellbogen bis zu den Händen herunter ein quarkiges kribbelndes Gefühl hat, dann erlebt man doch, daß man nicht mehr einen so festen Bezug zu seinem physischen Leib hat. Man erlebt dabei ein gewisses Exkarnationsgefühl. Zwar wird dieses Symptom als ein rein subjektives beschrieben, aber als Anthroposoph weiß man, daß das ein ganz reales Erleben ist, d.h. die Angst, die ich habe, beruht zum Teil auf realen Vorgängen, sie beruht darauf, daß ich mich tatsächlich ein bißchen aus mir herauslöse. Kann die Vorstellung, daß hinter einem solchen Angsterlebnis etwas Reales steckt, die Angst nicht verstärken?

H. Elsner: Grundsätzlich ist es so, daß wir alle mit Ängsten leben, und die Angst kann in den verschiedensten Momenten auftreten. Dabei ist es die Frage, ob sich die Angst zu einer Panikattacke auswächst. Das kann dann so weit gehen, wie Sie schildern, daß man Angst hat, verrückt zu werden, oder in den Teufelskreis hineingerät, Angst vor der Angst zu bekommen. So etwas kann aber nur in einer therapeutischen Situation über die Neugewinnung des Vertrauens geheilt werden. Natürlich kann ich mich als Arzt hinstellen und sagen: „Die Angst wird sich nicht steigern, Du wirst nicht verrückt, der Blutdruck wird nicht steigen, Dein Herz wird nicht zerspringen." Deswegen versuche ich in einem ersten Schritt, meinen Patienten zu vermitteln, daß die Panik, die der Patient mit der Angst verbindet, auf einem Entwicklungsweg weniger wird. Die Angstanfälle müssen sich also keineswegs sofort verringern, denn sie gehorchen noch einer Eigengesetzmäßigkeit. Deswegen ist es nur ein erster Schritt, nicht so lange aus sich herauszurutschen und hinterher nicht so lange fertig zu sein, wenn sich die Panikattacke in irgendeiner Weise abgelebt hat.

Selbstvergrößerung
© Psychopathologische Sammlung Dr. Manfred in der Beeck, Schleswig

Erst wenn der Patient es geschafft hat, nicht zu tief in dieses Geschehen hineinzugeraten, werden die Attacken seltener. Das Ganze kann der Patient streckenweise nur durch das Hilfs-Ich des Therapeuten überwinden, wobei ich jetzt nur an die Panikattacken denke, die im Rahmen der psychotherapeutischen ärztlichen Versorgung behandelt werden müssen. Denn in diesen Fällen ist der Patient ganz überflutet und in der Astralität gefangen, und das eigene Ich kann sich derzeit nicht als Steuermann gestaltend durchsetzen. Auch viele körperliche Vorgänge des rhythmischen Systems, die normalerweise weisheitsvoll in das physisch-ätherische Schaffen eingetaucht sind, zerren und zuckeln nun wie von außen am Menschen. Wenn das Vegetativum verrückt spielt, ist das eine solche Situation. Dinge, die sonst unbewußt, weisheitsvoll in einem wirken, zerren nun an einem wie von außen.

Wenn ein Patient von schwerpunktmäßig organisch tätiger Ärzten per Ausschlußdiagnose zu einem Therapeuten geschickt wird und wenn er gehört hat, daß organisch bei ihm nichts vorliegt, so hat er deswegen noch lange keine Sicherheit gewonnen. Deswegen kommen die Menschen z.B. auch zu einem Psychotherapeuten, um das in Frage zu stellen, was die vorwiegend organisch arbeitenden Ärzte sagen. Wenn die sagen, daß bei einem Patienten organisch

Die Nacht
Max Beckmann, 1918/19
© VG Bild-Kunst Bonn, 1995

Abstürzender
Max Beckmann, 1950
© VG Bild-Kunst Bonn, 1995

nichts vorliegt, so heißt das lediglich, daß keine organische Erkrankung diagnostiziert werden kann, aus der gewohnte direkte therapeutische Konsequenzen gezogen werden könnten. Aber selbstverständlich liegt auch zumindest somatisch-funktionell etwas vor: Der Herzschlag ist erhöht, der Blutdruck ist erhöht, der Schweiß sondert sich ab usw. Das ist alles meßbar, selbst das Gefühl des langen Handschuhs, das sie beschrieben haben, das Gefühl dieses „Kribbelquarks". Auch das ist über den Hautwiderstand meßbar, das ist überhaupt keine Frage. Die Diagnose „Sie haben nichts" besagt also nur, daß diese Ärzte innerhalb ihres Betätigungsfeldes keine therapeutischen Konsequenzen anbieten können. Der Patient versteht das leider meist so, daß ihm gesagt wird, er sei gesund, und fühlt sich nicht ernstgenommen.

Der Therapeut verbindet sich mit dem Engel des Patienten

In der Therapie geht es nun darum, daß ich mittels Hilfs-Ich des Therapeuten mir langsam eine neue Sicherheit aufbaue und ich mir selbst zurückgegeben werde. Bildlich gesprochen ist es dabei so, daß der Patient vorübergehend etwas unter die Hülle der Ich-Stärke des Therapeuten schlüpft. Wenn es gutgeht, kann eine gewisse Art von vertrauensvoller Stimmung entwickelt werden. Und dann ist es nicht egal, wenn die Therapeutin oder der Therapeut dem Patienten sagt: „Mehr kann es nicht werden als das, was Du erlebt hast. Es gibt ein Plateau, auf dem die Angst stattfindet, aber darüber hinaus wird es nicht gehen." Wenn der Therapeut das dem Patienten in dieser vertrauensvollen Atmosphäre sagt, wird das in diesem Moment auch evident und für den Patienten unmittelbar nachvollziehbar. In Wirklichkeit ist der Vorgang noch tiefer.

K.-D.N.: Inwiefern?

H. Elsner: Man könnte z.B. darüber nachdenken, wieso der Therapeut den Mut hat, so etwas auszusprechen. Denn schließlich könnte der Patient morgen tatsächlich einen Herzinfarkt bekommen. Woher nimmt der Therapeut den Mut, dem Patienten ein Stück Sicherheit zu vermitteln? Das kann ich mir persönlich nur so erklären, daß ich mich im Grunde genommen mit dem höheren Ich bzw. dem Engel des Patienten verbinde und mit ihm etwas Gemeinsames schaffe. Wenn ich mit dem Engel Kontakt aufnehme, bekomme ich auch eine Hilfe, dem wahren Ich des Menschen wirklich zu begegnen, und zwar zu einem Zeitpunkt, in dem der Patient sein volles Ich nicht zur Verfügung hat. Bei diesem Vorgang „durchglaube" ich den Patienten, ich ahne seinen Seins-Grund. Ich kann das zwar nicht als Wissen vom Patienten fordern, trotzdem trete ich zu ihm in eine Verbindung, und er fühlt sich jetzt nicht analysierend, sezierend durchschaut, sondern liebevoll angeschaut. Vielleicht spürt er etwas von Licht, Liebe, Empathie, Wärme und Hülle, wodurch er vorübergehend ein Stückweit in eine neue Geborgenheit hineinkommt.

Wenn er dann im Laufe des Prozesses die Erfahrung macht, daß er innerhalb dieser Geborgenheit auch mit seinen Autonomiebestrebungen er selbst sein darf, dann bereitet sich vielleicht eine Selbstrückgabe, eine Ich-Begegnung vor, so daß der Patient durch die biographische Arbeit ahnen lernt, daß es verborgene, sinnvermittelnde Zusammenhänge gibt, daß er sich doch in einem sinnvollen Seinsgefüge befindet. Dann kann er sein Schicksal auch wieder wollen, er kann eine Zukunft ahnen, die sinnbezogen ist. Er braucht dann sein Leben nicht nur in Erinnerungsarbeit kausal-mechanistisch aufzuklären, sondern kann zusätzlich Vertrauen in eine Führung aufbauen. Das Ganze ist natürlich ein Prozeß, den wir in der therapeutischen Arbeit langsam aufbauen. Dieses Miteinander ist eine Art Gefäßbereiten, und dann kann es geschehen, daß in dieses Gefäß etwas Drittes hineinkommt, aus dem heraus er sich selbst zurückgegeben wird.

Jede Angststörung ist individuell

K.-D.N.: Die Angst, verrückt zu werden, braucht nicht nur aus dem aktuellen Panikerleben stammen. Es gibt Übergänge, und jeder Fall ist auch individuell. Es gibt wohl keine Panikattacke, die klar von allen weiteren Störungen des jeweiligen Menschen abgegrenzt ist. Denkbar ist z.B. eine Störung, daß man Zwangsgedanken hat, die wie eine Spirale ablaufen. Deswegen können solche Vorstellungen wie „Ich bin nicht mehr Herr meiner Gedanken; ich habe Angst, verrückt zu werden" schon vor einer Panikattacke vorhanden sein. Wenn dann noch eine Panikattacke hinzukommt, dann mehrt sich diese Angst, verrückt zu werden. Ich denke dabei an Zwangsgedanken in der Art, daß man z.B. ständig über einen Partner nachdenken muß, den man durch Tod oder das Auseinanderbrechen der Beziehung verloren hat. Können Sie bestätigen, daß keine klar abgegrenzten Störungen auftreten, sondern auch Übergänge, wie ich sie jetzt zu schildern versucht habe?

H. Elsner: Ich denke, daß jede Angststörung im Grunde genommen eine ganz individuelle Erkrankung ist, die zu dem jeweiligen Menschen gehört. Es kommt ein Mensch zu mir mit einer Angststörung, und sie hat ihren individuellen Kontext. Die Angststörung ist nur eine gemeinsame Endstrecke der verschiedensten psychodynamischen Konstellationen. Und es kann so sein, wie Sie es eben geschildert haben: Der Kontext – die Lebensgeschichte, die verlorengegangen ist und die wieder angeeignet werden muß – kann so sein, daß damit auch zwang-

Die Nachtmahr
Johann Heinrich Füssli, 1790/91

hafte Gedanken verbunden sind. Wenn es allerdings ganz starke zwanghafte Gedanken sind, sind sie meist auch mit zwanghaften Handlungen verbunden, z.B. daß Menschen ihre Küchenschubladen abschließen, aus der Angst heraus, sie könnten ein Messer ergreifen und ihre eigenen Kinder töten Das sind natürlich schon graduell schwerwiegendere Formen als eine bloße Krise, die auch mit einer Panikattacke einhergehen kann, z.B. eine Entwicklungskrise, bei der ein entscheidender Schritt noch nicht getan werden konnte.

Angststörungen durch Mißbrauch und Schwangerschaftsabbruch

Angststörungen sind auch eine obligate Begleitsymptomatik bei Mißbrauchserfahrungen, zu verstehen als sogenannte posttraumatische Belastungsreaktion, oder sie treten in biographischen Übergängen als Krise auf. Unterschätzt wird meines Erachtens bei jungen Frauen auch der Zusammenhang von Angststörungen mit zuwenig therapeutisch begleiteten Schwangerschaftsabbrüchen. Der Schwangerschaftsabbruch ist trotz vordergründiger intellektueller Verarbeitung ein ungeheurer Schock in verborgenen Schichten. Und vielleicht viel später, damit scheinbar gar nicht im Zusammenhang stehend, tauchen Angststörungen auf.

Es ist ja so: Alles Leiblich-Seelische hat daran gearbeitet, dem empfangenen Geistkeim Hülle zu bilden, der dann die Entsprechung übergangslos entzogen wird, mit dem Resultat, daß die freigewordenen, aus der Organisation entlassenen Kräfte im rhythmischen System zunächst wie vagabundieren. Da die Frauen sich oft einreden oder eingeredet bekommen, wie unproblematisch das alles geht, wird in der ganzen Diskussion um die Paragraphen zu wenig auf eine Art „Wochenbettbetreuung" geachtet. Dem Organismus wird zu wenig Hilfe gegeben, sich in der plötzlich veränderten Konfiguration zurechtzufinden. Es fehlt das begleitende liebevolle Einarbeiten der freigesetzten Kräfte. Aus Scham und Tabu ist frau nur tapfer und verdrängt. Im rhythmischen System bleiben Reste, die später als Angststörung auftauchen können, aber nicht mit der vegetativen Verunsicherung durch den Abbruch identifiziert werden.

Es gibt also große Unterschiede, alle Arten von Übergängen, und im Grunde bringt jeder seine eigene Geschichte mit, die man jetzt gemeinsam entwickeln muß.

K.-D.N.: Wie bekomme ich denn Grund in diese eigene Geschichte? Wo liegen die Wurzeln, aus denen heraus ich etwas entwickeln kann? Wie machen Sie das in der Therapie?

H. Elsner: Angst bedeutet Enge, Angst bedeutet Verlust der Daseinsbezüge, Angst bedeutet eventuell das Gefühl, abgeschnitten zu sein. In der Therapie kann man jetzt so vorgehen, daß man sich fragt, wie man in den Daseinsbezügen verunsichert ist. Und dabei geht es immer darum, in der richtigen Weise Kontur und Grenze zu haben, so daß das Ich in seinem Hause anwesend sein und die Hüllen mitschaffen kann. Das würde bedeuten, daß ich wirklich daran arbeite, die Grenze zwischen Ausdehnung und Zusammenziehung herauszufinden. In der Angst ziehe ich mich ganz zusammen, und Grenze heißt nicht, daß ich mich einmauere oder blockiere, sondern daß ich sehr fein herausfinde, was ich hereinlassen und wie ich aus mir herausstrahlen kann. Das ist eine Entwicklungsarbeit: dem Patienten das Vertrauen zu entwickeln, sich wieder diese Grenze zu setzen.

K.-D.N.: Wobei die Grenze jetzt noch nicht konkret genug beschrieben ist.

H. Elsner: Es ist die Grenze zwischen Innen und Außen. Sie hat damit zu tun, was ich unmittelbar von außen wahrnehme und dann zur inneren Verarbeitung bringe. Und sie hat damit zu tun, wie ich mich traue, innerlich Verarbeitetes nach außen zu tragen.

Riemanns Grundformen der Angst

K.-D.N.: Werfen wir einmal einen Seitenblick auf Fritz Riemanns „Grundformen der Angst" (München/Basel 1994): Die erste, der beiden Antinomien, die er anführt, zwischen denen das menschliche Leben ausgespannt ist und die der Mensch in ihrer Gegensätzlichkeit und Widersprüchlichkeit leben soll, ist diejenige zwischen der Forderung zur Individuation und der Forderung, sich der Welt zu öffnen. Wir sollen also einerseits ein einmaliges, eigenständiges Individuum werden und uns andererseits der Welt, dem Leben und den Mitmenschen vertrauensvoll öffnen. Denken Sie auch an diese erste Antinomie, wenn Sie über die Grenze zwischen Innen und Außen sprechen?

H. Elsner: Ich denke, daß hier verschiedene Bilder benutzt werden können. Riemann hat versucht, über sein Schema deutlich zu machen, daß es um die Orientierung in verschiedenen Daseinsqualitäten geht.

Zum einen geht es darum, wie weit ich mir zugestehe, Selbst werden zu können. Das wäre dann die Seite der Selbstwerdung, die Forderung zur Individuation, die er in einem Gleichnis mit dem Bild der Rotation der Erde um die eigene Achse verknüpft. Zur Selbstwerdung sagt er dann, daß diese eventuell bei depressiver Grundpersönlichkeit abgewehrt wird. Denn die depressive Grundpersönlichkeit hat nicht mehr den Mut, Selbst zu werden.

Die andere Seite, die Sie auch ansprechen, wäre die Seite des Sich-hingeben-

Könnens, d.h. sich auch einem Überpersönlichen hinzugeben, die Seite der vertrauensvollen Öffnung gegenüber der Welt. Das entspricht im Bild Riemanns der Bewegung der Erde um die Sonne, der sogenannten Revolution. Das fällt jemandem schwer, der von seiner Grundstruktur her eine Hingabestörung hat. Riemann setzt den mit einem schizoiden Typus gleich. Das sollte aber nicht mit irgendeiner Form der Schizophrenie verwechselt werden. Es gibt verschiedene Färbungen, verschiedene Grundtendenzen.

Dann führt Riemann im weiteren die zweite Antinomie im Gleichnis von Schwerkraft und Fliehkraft an. Dazu sagt er, daß wir einerseits immer gefordert sind, beständig zu sein, Dauerhaftes anzustreben und zu begründen sowie den Notwendigkeiten zu folgen – gleichgesetzt im Bild mit der Schwerkraft. Das fällt denjenigen Menschen schwer, die von ihrer Struktur her versprühend, hysterisch sind und sich nicht festlegen können. Sie haben Schwierigkeiten, einzusehen, daß es Notwendigkeiten gibt, die mit Dauer, Rhythmus, Gleichmaß und Sicherheit zu tun haben.

Andererseits müssen wir auch immer bereit sein, uns zu wandeln, Veränderungen und Neues anzustreben und auszuprobieren. Die Forderung zur Wandlung und Veränderung wird von ihm im Bild mit der Fliehkraft gleichgesetzt. Menschen, die eher zwanghaft sind, haben Schwierigkeiten mit der Wandlung.

Das ist eine Art, zu einer bildhaften Anschauung zu kommen, wohin die Orientierung innerhalb der Daseinsbezüge verlorengehen kann.

K.-D.N.: Riemann schildert dabei vier verschiedene Grundängste, die aus der Orientierung in diesen vier Daseinsbezügen und aus Einseitigkeiten in der Durchmischung der Persönlichkeitsanteile entstehen:

„1. Die Angst vor der Selbsthingabe, als Ich-Verlust und Abhängigkeit erlebt;
2. die Angst vor der Selbstwerdung, als Ungeborgenheit und Isolierung erlebt;
3. die Angst vor der Wandlung, als Vergänglichkeit und Unsicherheit erlebt;
4. die Angst vor der Notwendigkeit, als Endgültigkeit und Unfreiheit erlebt."
(Fritz Riemann: Grundformen der Angst, a.a.O., S.15)

Sie benutzen ein anderes Bild als Riemann, nämlich daß der Mensch zwischen Innen und Außen, Hinten und Vorne, Oben und Unten steht, sein Leben sich also zwischen den Polen Ich und Welt, Vergangenheit und Zukunft, Geist und Natur entfaltet. Dabei muß er jeweils seine individuellen Grenzen erspüren, die durchlässig sind und im Kraftfeld zwischen den Polen verlaufen. Geht es dabei um das Gleichgewicht, das man halten muß, z.B. zwischen dem In-mir-Leben und dem Sich-der-Welt-Öffnen?

H. Elsner: Dieses Bild bedeutet eigentlich, daß ich in meiner eigenen Hülle anwesend sein muß. Um aber in meiner eigenen Hülle anwesend sein zu können, muß ich selbstverständlich im Austausch mit der mich umgebenden Welt stehen, denn dadurch spüre ich die eigene Kontur. Im Sinne des Textes von Karl König kann ich mich dann fühlen, kann ich mich tasten. Indem ich die Kontur taste, erlebe ich eine Grenze zwischen mir und der Welt:

Zwar stehe ich in einem Austausch, bin aber trotzdem gleichzeitig auf meinem Individuationsweg. Das Bild beschreibt einen Idealzustand, den wir niemals erreichen, denn es beschreibt nur das Gleichgewicht, das wir ständig suchen. Aber ich kann eine Ahnung davon haben, wie es ist, wenn ich mich in meinen Hüllen geborgen fühle, aber dennoch im Kontakt und in Interaktion mit der Außenwelt bin.

Im Spannungsfeld zwischen Vergangenheit und Zukunft

K.-D.N.: Können Sie noch kurz auf ihr Bild des zweiten Spannungsfeldes – zwischen Vergangenheit und Zukunft – eingehen?

H. Elsner: Grundlegend sind das Hilfen, die sich ein Therapeut schafft, um aus einem Bild heraus arbeiten zu können. Für mich ist es sehr wichtig, daß ich nicht in der Erinnerungsarbeit stehenbleibe, in der ich die Vergangenheit anschaue und sehe, wie ein Mensch was geworden ist, sondern ganz entscheidend ist für mich die Frage: Was will er werden? Was soll werden? Das aber bedeutet, daß ich den Zukunftsstrom mitberücksichtige.

Ein Mensch, der z.B. in einer nervlichen Zerrüttung lebt, ist meist zu sehr auf die Vergangenheitskräfte fixiert. – Einerseits kann uns krankmachen, was wir erlebt haben, andererseits kann uns aber – nach Viktor von Weizsäcker – auch krankmachen, was wir nicht gelebt haben. Wenn ich mir die Vergangenheit eines Patienten anschaue, so blicke ich nicht nur auf seine Traumata, sondern versuche genauso herauszufinden, was nicht entwickelt werden konnte. Und das ist im Zusammenhang mit der Angststörung ein ganz entscheidender Aspekt. Ich schaue also vorwiegend nicht auf das, was den Patienten gefangennimmt – wenn ich auf einen wirklich Gefangenen schaue, kann ich nicht nur auf die Gitterstäbe sehen, sondern muß ihn als potentiell freien Menschen sehen, muß den Blick also auf dasjenige lenken, was gefangen ist –, sondern ich schaue ihn so an, daß ich eine Ahnung davon bekomme, was in ihm als Entwicklungspotential verborgen liegt. Damit schließe ich mich der Zukunft auf. Das ist ein Blickwinkel, der dem Patienten, der in seiner Enge verfangen ist, vollkommen verlorengegangen ist, denn er hat keine Perspektive mehr, er hat nicht das Gefühl, mit der Zukunft in Kontakt zu sein, und dadurch ist er ganz aus Vergangenheitskräften bestimmt. Er blickt mehr auf das, was eng macht, und zuwenig auf das, was eingeengt wird.

Innen und Außen
© Psychopathologische Sammlung Dr. Manfred in der Beeck, Schleswig

Deswegen muß ich es im therapeutischen Akt schaffen, vorzubereiten, daß der Mensch aus dieser Vergangenheitsbestimmtheit in ein Gefühl des Sich-geführt-Fühlens aus der Zukunft heraus kommen kann. Das bedeutet also, daß ich im therapeutischen Bereich lerne, zurückzuschauen, um mich der Zukunft aufzuschließen. Ich muß also eine richtige Rückschau üben. In der Angst dagegen schaue ich immer nur in der Art nach vorne, daß ich nicht erblicken kann, was mich aus der Zukunft heraus führt, sondern nur das fixiere, was mich bedroht, was ich von vornherein kontrollieren und absichern muß. Wenn der angsterfüllte Mensch nach vorne schaut, ist er ganz und gar aus der Vergangenheit heraus bestimmt, und er hat keine Möglichkeit, daran etwas zu ändern.

Die dunkelste Zeit im Leben des Menschen

K.-D.N.: Treten Angststörungen daher besonders in biographischen Umbruchsituationen auf? Gibt es in gewissen Altersstufen eine Häufung der Angststörung, z.B. insbesondere Ende 30, Anfang 40, zur Zeit der sogenannten Midlife-crisis?

H. Elsner: Ja, das kann man sagen. Die größte Häufigkeit ist im Alter zwischen 25 und 45 Jahren. Der Höhepunkt ist bei vielen Störungen Ende der 30er Jahre, und das hat sicher etwas mit den biographischen Entwicklungsgesetzmäßigkeiten zu tun.

K.-D.N.: Ich erlebe im Umgang mit Menschen, die etwa Ende 30, Anfang 40 sind, oftmals, daß sie aus ihrer Vergangenheitsverhaftung heraus Formen von Depression und Angststörung entwickelt haben – das muß nicht immer gleich die extreme Form einer Panikattacke annehmen –, und daß diese Menschen stereotyp im Rückblick bedauern, was alles nicht geworden ist, was sie alles nicht geschafft haben. Man glaubt dann z.B., daß man eine schlechte Mutter gewesen ist oder ein mieser Ehemann, daß man den falschen Beruf gewählt hat oder was auch immer, auf jeden Fall wird alles im Rückblick pessimistisch gesehen, und im Vorblick auf die Zukunft erscheint nichts anderes als das, was von der Vergangenheit her negativ bestimmt ist, als sei das Leben schon vertan.

H. Elsner: Gudrun Burkhardt spricht im Zusammenhang der Biographiearbeit sehr sinnfällig von dem Tunnel, der in etwa zwischen 35 und 42 Jahren auftritt. Das ist tatsächlich die dunkelste Zeit im Leben eines Menschen. Bevor die tiefere geistige Entwicklung des Menschen einsetzt, schließt sich die Seelenentwicklung bis zum 42. Jahre ab, und deswegen wird es in dieser Zeit noch einmal finster.

... und die hellste Zeit

Wenn man die Zeit zwischen 39 und 42 Jahren an der Achse des 21. Lebensjahres in der Biographie des Menschen spiegelt, dann spiegeln sich in dieser Zeit die ersten drei Lebensjahre. Diese ersten drei Jahre sind eigentlich die hellste Zeit im Leben des Menschen. Steiner sagt von dieser Zeit, daß der Christus das Kind in diesen Jahren noch ganz umgibt. Deswegen geht uns, wenn wir Kindern in diesem Alter begegnen, oft das Herz auf, weil wir an ihnen noch das Engel- und Christuswirken spüren. Zwischen dem 39. und 42. Lebensjahr muß ich auf die Kräfte, die an mir in den ersten Lebensjahren gewirkt haben, zurückgreifen. Und es ist schwer genug, sich dieses Geistlicht selber anzuzünden, das einem damals von außen zur Verfügung gestanden hat. Deswegen ist die Zeit zwischen 39 und 42 besonders finster und schwierig. Hinzu kommt, wie Sie sagen, daß ich realisiere, was mir mittlerweile alles fehlt. Deswegen bin ich in dieser Zeit auf neue Perspektiven angewiesen. Natürlich muß ich aber meine Situation auch annehmen können, wie sie ist.

„Die Angst an den Tisch bitten"

K.-D.N.: Wie gehen Sie konkret mit der Angst der Patienten um?

H. Elsner: Es geht darum, daß man nicht gegen die Angst angeht. Ich sage unseren Patienten immer wieder, daß wir zwar etwas für sie tun, aber daß es im wesentlichen darum geht, daß sie selber etwas für sich tun. Natürlich müssen sie auch konkret mit ihrer Angst umgehen, und das bedeutet, daß die Patienten lernen, die Angst, wenn sie wiederkommt, nicht abzuwehren, sondern sie – bildlich gesprochen – an den Tisch zu bitten und ihr Kaffee (besser Kamillentee!) anzubieten. Man kann ihr dann sagen, daß sie zwar eine Weile bleiben kann, aber daß man nicht will, daß sie die Herrschaft im Hause übernimmt. Und dann kann man darauf achten und bemerken, daß die Angst das Haus auch wieder verläßt. Man sollte eben nicht die Tür verrammeln, so daß die Angst gar nicht hereinkommt, denn die Angst ist auch ein Faktor, der zur Entwicklung auffordert, den man nicht verleugnen und wegdrücken darf.

Als Angststrategien gibt es verschiedene Verhaltens- und Konfrontationstherapien. Zeitweilig arbeite ich mit der paradoxen Intention, d.h. ich verordne dem Patienten das, was er befürchtet. Für den Soziophobiker heißt das dann z.B.: „Finden Sie heraus, welcher Moment auf der Familienfeier der günstigste zum Fallenlassen des Sektglases ist und maximale Aufmerksamkeit aller auf Sie garantiert." – Grundsätzlich empfehle ich die modifizierte Rückschau, damit der

Angstpatient lernt, nicht an einer Situation zu verhaften. Wenn man die Rückschau anfänglich übt, so fällt das oft schwer, denn man bleibt immer wieder an einem Gefühlsinhalt haften, man kommt dann in seiner Vorstellung nicht weiter zurück durch den durchlebten Tag.

Im weiteren schaue ich mit dem Patienten die Situationen genauer an, in denen die Angstnebel aufwallen, also betrachte mit ihm gemeinsam die Situationen, in denen die Angst entstanden ist, allerdings in einer distanzierten Weise, damit der Patient nicht wieder beim Betrachten dieser angstauslösenden Situationen von seiner ganzen Emotionalität ergriffen wird. Anschließend kann ich zu Bewältigungsstrategien übergehen, z.B. daß ich mit dem Patienten übe, daß er in bestimmten Situationen lernt, etwas Neues zu entwickeln.

K.-D.N.: Sie denken an ein neues Verhalten?

H. Elsner: Ja, daß man sich z.B. einbringt und nicht wieder zurückzieht, daß man es wagt, sich zu zeigen. In der Rückschau kann man dann den Tag so durchgehen, daß man sich besonders die Situationen anschaut, in denen man es gewagt hat, sich wirklich selber zu zeigen, und vor allem, welche Konsequenzen das gehabt hat. War es denn wirklich so schrecklich? Das ist eine Möglichkeit im therapeutischen Bereich.

Grundsätzlich muß man auch die künstlerischen Therapien ganz wesentlich mit einsetzen, was wir auch hier in der Klinik tun. Die Kunsttherapie ist gerade im Aufspüren verlorener Empfindungsqualitäten eine ungeheure Hilfe. Mit ihr entdeckt man aber nicht nur in einem verborgene Qualitäten, sondern sie eröffnet auch neue Zukunftsperspektiven. Deswegen ist sie eine sehr schöne und tragende Unterstützung für das Therapeutische.

Desweiteren arbeiten wir auch gerne mit gruppentherapeutischen Elementen.

K.-D.N.: Worauf kommt es in der alltäglichen Lebensgestaltung im Umgang mit der Angst an?

H. Elsner: Darauf, daß ich den Mut habe, ein Ich zu werden, mich zu individuieren, und mir Autonomie zuspreche. Es kommt darauf an, daß ich mich um Sinnbezogenheit in meinem Leben bemühe, desweiteren, daß ich mich um Rhythmus und Kontakt bemühe sowie um Echtheit und Authentizität: Ich zeige mich, ich interessiere mich, ich atme, ich schlafe, ich befinde mich in einem Rhythmus, ich bin geborgen und ich werde. Das sind Daseinsgesten, die ich mir in einer ganz praktischen Weise immer wieder als tragende Werte vergegenwärtigen sollte. Denn dann werde ich nicht von einer gesellschaftlichen Wertgebung weggezogen, die an meinen tieferen Grundbedürfnissen vorbeigeht und mich in einen Sog zieht, der mich so labilisiert, daß ich von Ängsten und anderen Kräften überflutet werde und fremdbestimmt bin.

Wenn die Maske fällt

K.-D.N.: Es ist für den einzelnen nicht einfach zu erkennen, daß er in bestimmten Bereichen Defizite hat, z.B. in seinem Beziehungsverhalten gegenüber anderen Menschen und der Welt oder auch in seiner Individuation. Unter Umständen fällt es sogar schwer, sich einzugestehen, daß man ein unrhythmisches Leben führt. Deswegen scheint mir die Selbsterkenntnis die vordringliche Aufgabe zu sein. Im Lebensalter der 40er Jahre stellt sich die Selbsterkenntnisfrage von selbst, weil man bereits einen großen Teil seines Lebens absolviert hat und eventuell durch Einschnitte – Partnertrennungen, Kinder aus dem Haus – veranlaßt wird, Bilanz zu ziehen. Vielleicht realisiert man zum ersten Mal wirklich, daß man nicht mehr in den 20ern ist. Ich meine das nicht äußerlich, sondern vom inneren Seelenleben her, daß man nicht mehr der sprühende hoffnungsfrohe Mensch der 20er Jahre ist. Warum ist es so schwierig, sich über die eigenen Defizite klarzuwerden?

H. Elsner: Defizite klingt natürlich immer sehr negativ. Aber selbstverständlich gibt es Krankheitssituationen, die darauf beruhen, daß ich in meiner Entwicklung stark korrumpiert worden bin und ich das erst einmal verdrängt und überspielt habe, um den Schmerz zu überdecken. Dann habe ich mir vielleicht eine Maske zugelegt, mit der ich halbwegs gut durchs Leben gekommen bin. Nun aber bemerke ich, daß etwas verschleppt worden ist und ich diese Maske nicht mehr brauchen kann, und dadurch stoße ich auf das, was noch entwickelt werden soll. – Oft ist es einfach so, wie Sie sagen, daß in gewissen Lebensphasen recht kritische Situationen auftreten. Dann muß ich mir eingestehen, daß ich nicht nur jemand bin, der sich nach dem bisherigen überschaubaren Bild gestaltet, sondern auch jemand, der aus unbewußten, fördernden Kräften heraus wieder Anschluß an sich selber sucht. Dadurch werfe ich einen neuen Blick auf meine Lebensgeschichte. Und indem ich zugeben kann, daß Potentiale in mir verschüttet sind, die noch entwickelt werden müssen, ist schon ein großer Schritt getan.

K.-D.N.: Zwar sind Krisen im Moment unangenehm, aber wenn man erst einmal die Stufe erreicht, daß man weiß, die Angststörung und die Krise gehen wieder vorüber, wenn man bereit ist, bestimmte Dinge zu lernen, sein Leben zu ändern, dann geht man mit sehr viel mehr Kräften daraus hervor, als man vorher zur Verfügung hatte. Ist eine Angststörung unter diesem Blickwinkel nicht ein positives Erlebnis innerhalb der Biographie?

H. Elsner: Selbstverständlich. Es ist so, als würde ich an mich selbst erinnert werden. Dadurch habe ich die Möglichkeit, mich wieder selbst zu finden.

Angstanfälle und ihre Heilung

Interview mit Hertha Lauer

von Wolfgang Weirauch

Dr. med. Hertha Lauer, *geb. 1933 in Berlin. Studium der Medizin in Berlin, Münster und Tübingen. 1957 durch Dr. med. Gerhard Kienle Einführung in die Anthroposophie. Promotion 1960 an der Universität Tübingen; dort auch Ausbildung zur Nervenärztin und Psychotherapeutin. Seit 1978 Leiterin der psychiatrisch-psychotherapeutischen Abteilung mit Ambulanz im Gemeinschaftskrankenhaus Herdecke. Sie ist verheiratet und hat drei erwachsene Kinder. Buchveröffentlichung zum Thema: „Angstanfälle. Entstehung, Behandlung, Verlauf. Anwendung anthroposophisch-medizinischer Erkenntnisse in Diagnostik und Therapie", Stuttgart 1991.*

Panikattacken und Angststörungen sind weit verbreitet und haben für die Betroffenen unangenehme Folgen. Wie aus heiterem Himmel kann es geschehen, daß jemand, z.b. während er mit dem Auto über eine Brücke fährt, von einer Panikattacke erfaßt wird. Oftmals werden sie jedoch nicht einmal als solche erkannt und auch falsch behandelt.

Hertha Lauer schildert in folgendem Interview, wie sie durch das Erstellen einer Entwicklungsanamnese die Ursachen der Angstentwicklung bei den Patienten aufspürt und mit einer viergliedrigen Methode im Gemeinnützigen Gemeinschaftskrankenhaus Herdecke versucht, die verschiedenen Angstanfälle zu heilen.

Wolfgang Weirauch: Was war für Sie persönlich der Anlaß, sich mit Angstpatienten zu beschäftigen?

Hertha Lauer: Dafür gibt es mehrere Gründe. Zum einen beschäftige ich mich eigentlich schon seit meiner Doktorarbeit mit vegetativen Störungen und hysterischen Syndromen. Bei diesen Betroffenen handelt es sich um eine Gruppe von Patienten, mit denen man mit den üblichen Psychotherapieverfahren nichts machen kann, weil sie bestimmte Voraussetzungen nicht erfüllen. Diese Patienten wurden in der Nervenklinik immer ein bißchen als nebensächlich abgetan, weil sie nicht so schwer krank sind wie ein Psychosekranker. Aber wenn man sie nicht behandelt, werden sie auf lange Zeit gesehen – nach zehn bis 30 Jahren – chronisch krank und müssen z.B. frühzeitig verrentet werden, oft schon um das 40. Lebensjahr herum. In dieser Phase werden sie dann sehr schwer krank, fast so schwer wie die Psychosekranken. Diese Gruppe hat mich von Anfang an sehr interessiert, und ich habe mich gefragt, ob man sie nicht, wenn man sie anders betrachtet, auch anders behandeln könnte.

Speziell mit Angst habe ich mich zu dieser Zeit noch nicht befaßt. Mit Angst beschäftige ich mich eigentlich erst intensiv, seitdem ich in Herdecke bin. Dabei ist mir auch klargeworden, wie diese Art der „vegetativen Störungen" in den letzten Jahren zugenommen hat.

Die Aufgabe des vegetativen Nervensystems

W.W.: Ihr Ansatz ist ein anthroposophischer, der das Zusammenspiel von Seele und Körper stärker berücksichtigt. Könnten Sie kurz die Dreigliedrigkeit des physischen Leibes des Menschen charakterisieren?

H. Lauer: Zum einen haben wir das Nervensinnessystem, zum zweiten das rhythmische System und drittens das Stoffwechsel-Gliedmaßensystem. Von der anthroposophischen Sinneslehre her würden das Vorstellen und das Wahrnehmen dem Nervensinnessystem zugeordnet sein, alles, was mit dem Fühlen zu tun hat, dem rhythmischen System, während der gesamte Willensbereich dem Stoffwechsel-Gliedmaßensystem zuzuordnen wäre. Wichtig dabei ist jetzt, daß das Fühlen und Wollen nicht dem zentralen Nervensystem zugeordnet ist, wie allgemein angenommen wird, denn das ist ein Unterschied gegenüber anderen Betrachtungsweisen.

W.W.: Könnten Sie das ein wenig erläutern?

H. Lauer: In der Wissenschaft findet man immer wieder die Behauptung, daß bei Angstpatienten das limbische System gestört sei, und wenn man hier eine funktionelle Durchtrennung bewirken würde, so hätte der Patient vielleicht keine Angst mehr. Denn anatomisch sei das limbische System zwischen Großhirn und Hirnstamm liegend das Gebiet, das das vegetative Nervensystem beeinflusse und von dem gefühlsmäßige Reaktionen auf Umweltreize ausgingen.

Bei dieser Betrachtungsweise ordnet man die tieferliegenden Teile des Gehirns der vegetativen Tätigkeit zu. Und aus dieser Zuordnung entwickelt man Medikamente, z.B. Tranquilizer. Aber die Zuordnung ist an sich schon eine falsche, weil seelisch nur das Wachbewußtsein und das Denken, nicht aber das Fühlen mit der Gehirntätigkeit zu tun haben. Hinzufügen möchte ich noch, daß Rudolf Steiner darüber spricht, daß es funktional keine motorischen Nerven gibt, denn der Wille hat eben mit dem Stoffwechsel-Gliedmaßensystem zu tun, mit der Wärmetätigkeit des Organismus und nicht mit der Nerventätigkeit.

Nehmen wir ein Beispiel für das Gefühlsleben: Beim Erschrecken etwa wird das Gesicht blaß, man zittert, es wird einem kalt, der Atem stockt, der Puls geht langsam und unregelmäßig oder stolpert: Man erlebt in der Seele das Erschrecken, und im rhythmischen System zeigen sich das Blaßwerden und die anderen Phänomene. Fühlen und die Änderung der rhythmischen Funktionen treten gleichzeitig auf.

Das Zusammenwirken von Stoffwechsel-Gliedmaßensystem und Wille kann durch folgendes Beispiel vergegenwärtigt werden: Es kracht an der Straßenecke. Zwei Autos sind zusammengestoßen. Ich laufe vielleicht fort, weil ich vor 14 Tagen selbst in einen Unfall verwickelt war und daher jetzt eine starke Angstreaktion entwickle. In einem solchen Handeln wird eine angstmachende Situation zu vermeiden gesucht, indem ich aus ihr fliehe. Daß ich aus Angst fortlaufen will, feuert das Stoffwechsel-Gliedmaßensystem an.

W.W.: In welchem Wechselspiel stehen vegetatives Nervensystem und Seele, und welche Funktion hat das vegetative Nervensystem überhaupt?

H. Lauer: Es hat die Funktion, alle vegetativen Vorgänge aus dem Bewußtsein fernzuhalten, z.B. Atmung, Kreislauf, Verdauung. Von diesen Vorgängen darf nichts in das Bewußtsein kommen. Insofern hat das vegetative Nervensystem eine umgekehrte Funktion als das zentrale Nervensystem, welches seinerseits eine Bewußtseinsvermittlung zur Aufgabe hat. Das vegetative Nervensystem hält also alle vegetativen Vorgänge vom Bewußtsein fern. So denkt man nur im anthroposophischen Bereich.

In den ersten vier Jahrsiebten des menschlichen Lebens ist das Seele-Körper-Erleben allerdings noch nicht voll entflechtet. Erst etwa mit 23 Jahren werden Seele und Körper weitgehend dualistisch erlebt. Diese relative Dualität des Seele-Körper-Erlebens ist erst mit 28 Jahren voll entwickelt.

Mit Angstattacken tritt etwas aus dem vegetativen Bereich ins Bewußtsein

W.W.: Nehmen wir an, jemand habe eine Störung in seinem vegetativen Nervensystem: Gibt sie eine mögliche Grundlage für spätere Angstanfälle?

H. Lauer: Die Angstpatienten hat man noch vor 30 Jahren mit vegetativer Dystonie diagnostiziert. Das war eine Verlegenheitslösung, denn man weiß eben nicht, was mit dem Vegetativum wirklich passiert, man weiß nicht, wie es im einzelnen gestört ist und wie die Störung dann mit den Ängsten zu tun hat. Denn hier gibt es keine klaren kausalen, direkten Zusammenhänge. Deutlich ist nur, daß eine Störung vorliegt: Bei einem gesunden Menschen tritt nichts aus dem vegetativen Bereich ins Bewußtsein. Erst wenn die erste Angstattacke auftritt, tritt etwas aus diesem Bereich in das Bewußtsein.

Mein Bemühen geht dahin, andere Erscheinungen aufzufinden, die rückwirkend in der menschlichen Biographie aufzuspüren sind, um zu entdecken, was zu einer Angstattacke geführt hat. Das sind aber meist keine direkten vegetativen Störungen.

Die Heilmethode Hertha Lauers

W.W.: Sie haben, besonders hier im Gemeinschaftskrankenhaus Herdecke, eine eigene Heilmethode entwickelt. Können Sie diese kurz schildern?

H. Lauer: Wenn wir einen Patienten stationär aufnehmen, haben wir vier verschiedene Bereiche, die wir mit unserer Therapie erreichen wollen. Zum einen üben wir, daß die Patienten ihren Willen gezielter einsetzen können. Das geschieht in unserem *Angsttraining*. In diesem Trainingsprogramm versuchen wir z.B. mit Menschen, die ihre Wohnung aus Angst nicht mehr verlassen konnten, Stück für Stück zu erreichen, daß sie das Haus wieder verlassen können, zunächst in Begleitung von Pflegern, später allein. – Zum zweiten möchten wir den Betroffenen ermöglichen, wieder mehr Gefühlsfähigkeiten frei zur Verfügung zu haben. Um das zu erreichen, bieten wir verschiedene *Kunsttherapien* an: Heileurythmie, Musiktherapie, Plastizieren, Malen. – Drittens sollen diese Gefühlsmöglichkeiten sozial, also zwischenmenschlich zur Verfügung stehen. Gemeinsam werden in den Gruppen Märchen gespielt, wird Sport getrieben oder gekocht und gegessen. – Viertens möchten wir erreichen, daß nichts aus dem vegetativen Bereich weiterhin im Bewußtsein ist, und dazu braucht man die *Medikation*. Das Medikament ist dann ein anthroposophisches, individuell gesuchtes und gefundenes. Wegen der Vielfalt der ineinandergreifenden Behandlungen haben wir ein Team von Pflegenden, Kunst- und Werktherapeuten sowie Ärzten. Alle können selbständig und doch aufeinander bezogen handeln.

W.W.: Crash-Kurse machen Sie in Ihrem Trainingsprogramm sicherlich nicht?

H. Lauer: Nein. Die Patienten informieren sich meist über unser Trainingsprogramm, bevor sie zu uns nach Herdecke kommen. Man liest und sieht immer wieder von diesen Crash-Kursen, und viele Patienten haben davor erhebliche Angst und wollen sich auch nicht auf diese rabiate Methode einlassen. Meines Erachtens ist das auch ein bißchen unnötige Quälerei des Patienten, weil man dasselbe erreichen kann, wenn man systematisch die Eigenleistung des Patienten steigert.

Es hat keinen Zweck, daß Patienten an guten Tagen das Dreifache absolvieren, an schlechten überhaupt nichts, denn dann bringt das ganze Training wenig. Wir haben daher das Ziel, daß unsere Patienten systematisch lernen, das Angsttraining schrittweise steigernd durchzuführen. Sie müssen das auch nach der Krankenhausentlassung zu Hause weiter absolvieren, denn sonst fallen sie wieder zurück. Das ist ein langer Selbsterziehungsprozeß und Übungsweg. Wenn die Patienten zunächst z.B. üben sollen, sich ein Stückweit alleine vom Krankenhaus zu entfernen, dann kommt es im nächsten Schritt auch darauf an, daß sie bei einem erneuten Angstanfall nicht sofort umdrehen und ins Krankenhaus zurückgehen, sondern daß sie trotz Herzrasen oder Schweißausbrüchen standhalten, um abzuwarten, ob die Angstattacke wieder verschwindet.

Ich habe gerade einen Wirtschaftsprüfer als Patienten. Weil er werktags bei uns ist, erledigt er seine Arbeit am Wochenende. Sein Problem ist, daß er nicht mit der Zeit umgehen kann. Wenn z.B. ein Klient von ihm am Wochenende anruft und sich für mittags um 12.00 Uhr bei ihm ansagt, er aber dringend andere Arbeiten zu erledigen hätte, dann traut er sich nicht, ihm zu entgegnen, daß er da etwas anderes vorhat. Weil er dem nicht entgegentreten konnte, bekam er jetzt am Wochenende einen langen Angstanfall. Jetzt muß man seine Situation mit ihm zusammen anschauen und ihm klarmachen, daß es sein Problem ist, nicht richtig mit der Zeit umgehen und seine eigene Zeiteinteilung dem anderen nicht entgegensetzen zu können. Das ist ein spezieller Fall, der schon in den neurotischen Bereich hineinreicht. Bei so einem Menschen wird deutlich, daß es nicht ausreicht, ein isoliertes und schnelles Trainingsprogramm im Krankenhaus durchzuführen, wenn man eine grundlegende und langfristige Gesundung erreichen will. Man muß die Angstanfälle immer wieder auf seine Biographie, sein Temperament und vieles mehr beziehen, um geduldig eine tiefgreifende Änderung zu bewirken.

Zur Medikation

W.W.: Welche Wirkung haben die Metalle, die Sie in der Medikation einsetzen?

H. Lauer: Ich bin erst im Laufe der Zeit darauf gekommen, Metalle einzusetzen, und zwar mit dem Ziel, das vegetative Nervensystem wieder in die Lage zu versetzen, die entsprechenden körperlichen Funktionen aus dem Bewußtsein herauszuhalten. Dazu gehört auch, daß man Unregelmäßigkeiten im Puls oder in der Atmung wieder ausgleicht, ohne daß man sie mit Betablockern stoppt oder durch Tranquilizer nicht zum Vorschein kommen läßt. Das sind ja die beiden anderen Medikamentensorten. Ich habe meine Medikamente wirklich ausprobiert und je nach Persönlichkeit, Temperament bzw. nach den verschiedenen Rhythmen des Patienten entschieden, ob er ein oder mehrere Metalle bekommen muß, ob ich das eine morgens, das andere abends geben muß oder ob ich z.B. die Asche der Belladonna nachts dazugeben muß.

Zuerst hatte ich die Idee, mit zwei Metallen auszukommen – morgens Eisen, abends Kupfer –, aber das schlägt bei Dreiviertel der Patienten nicht an. Wenn man fünf Patienten nacheinander anschaut und alle die gleichen Angstattacken haben, so kann man sie doch nicht gleich behandeln. Insofern ist die Medikation nicht so einfach, obgleich Kupfer als ein Grundmedikament fast immer vorkommt, was auch eindeutig aus dem Anthroposophischen erklärbar ist, denn die aktive rhythmische Tätigkeit im Kreislauf, im Verhältnis von Flüssigkeit und Luft ist Nierentätigkeit. Diese ist in der Nacht am intensivsten. Sie wird angeregt durch Kupfer. Ich habe auch oft Silber genommen. Es ist eben nicht zu generalisieren, welche Metalle man geben muß. Ich gebe die Metalle immer in einer niedrigen Potenz, bis zu D6.

W.W.: Warum in dieser niedrigen Potenzierung?

H. Lauer: Wenn man von dem dreigliedrigen Menschen ausgeht, so liegt bei den meisten meiner Patienten eine Störung zwischen dem rhythmischen System und dem Stoffwechsel-Gliedmaßensystem vor, und dann gibt man Metalle in niedrigen Potenzen.

Durch drei Anamnesen zur Diagnose

W.W.: Sie legen großen Wert auf das Auftreten des ersten Angstanfalles, unterschieden nach seinem Auftreten in der ersten oder zweiten Lebenshälfte. Welche Erkenntnisse und Erfahrungen stecken dahinter?

H. Lauer: Tritt der erste Angstanfall bei einem jungen Menschen auf, dann ist die „Entflechtung" von Seele und Körper im Laufe seiner Entwicklung vom Kind zum Erwachsenen unvollständig. Tritt er bei einem älteren Menschen erstmals auf, entsteht er aus einer Situation, die ein akutes Ungleichgewicht im rhythmischen System bewirkte. Oft ist dies eine körperliche Erkrankung, ein Unfall, eine Operation mit Narkose usw.

W.W.: Ein Angstanfall für sich genommen ist kaum aussagekräftig; er wird es erst dadurch, daß man vom Menschen verschiedenste Faktoren kennt, z.B. Vorkrankheiten, Allergien usw. Sie erstellen deshalb bei ihren Patienten eine Entwicklungsanamnese. Können Sie diese kurz charakterisieren?

H. Lauer: Ich habe daran in der letzten Zeit weitergearbeitet und bin dazu gekommen, daß man eigentlich bei jedem Patienten drei Anamnesen machen muß. Alle Anamnesen sollten unter verschiedenen Voraussetzungen durchgeführt werden. In einer ersten Anamnese wird auf die Krankheiten des Patienten und seiner Familie gesehen, ohne Betrachtung der psychodynamischen Faktoren. – In einer zweiten Anamnese betrachtet man seine Lebensgeschichte und alle Faktoren, was und wie er in dieser Lebensgeschichte alles unternommen und durchgeführt hat. – In einer dritten Anamnese betrachten wir, wie der Patient in Schwierigkeiten gehandelt hat.

Bei allen drei Anamnesen braucht man eine andere innerliche Haltung, wenn man sie erstellt. Wenn man die Haltung hat, die man in der Psychotherapie braucht, dann schaut man sich nur die dynamischen Faktoren an, also die Faktoren, die zwischen den Menschen spielen, und läßt alles andere beiseite. Dadurch erhält man aber ganz andere Antworten. Belastungen durch die Familie z.B., durch Erbfaktoren erfragt man dann nur nebenbei. Deshalb ist es das Beste, drei verschiedene Anamnesen an drei verschiedenen Tagen durchzuführen, um sie erst hinterher bei sich selber zusammenzufassen.

W.W.: Ist das jetzt bei Ihnen gängige Praxis?

H. Lauer: Ich mache es seit kurzem, und gleich morgen werde ich meinem Team eine Fallvorstellung vorführen. Für mein Team ist es als Fortbildung gedacht, auch um zu zeigen, daß bei einem besonders eklatanten Fall durch diese drei erstellten Anamnesen eine ganz andere Diagnose gestellt wird und man auch ganz andere Behandlungsmöglichkeiten bekommt. Man sieht immer wieder, je nachdem, an welcher Stelle der Ausbildung die einzelnen Assistenzärzte stehen, was sie bevorzugen. Sobald jemand mit der Psychotherapieausbildung angefangen hat, sieht er nur noch die psychodynamischen Faktoren. Ist er fertig und mittlerweile Facharzt geworden, sieht er möglicherweise nur noch die in der Familie liegenden Erbfaktoren, und die psychodynamischen Faktoren treten wieder in den Hintergrund. – Eigentlich benötigt man noch eine vierte Anamnese, nämlich zu der Frage, welches Medikament gegeben werden muß.

Grundlegende Faktoren im ersten Lebensjahrsiebt, die auf spätere Angstanfälle hindeuten können

W.W.: Welche Faktoren stellen Sie in Ihrer Entwicklungsanamnese fest, wenn ein Mensch im späteren Leben Angstattacken bekommt, die ursächlich im ersten Lebensjahrsiebt veranlagt worden sind?

H. Lauer: Das können z.B. Menschen sein, die im ersten Lebensjahrsiebt keine Kinderkrankheiten gehabt haben. Ich habe z.B. derzeit eine Angstpatientin, die erst mit 28 Jahren Windpocken und mit Anfang 30 zusammen mit ihrem Kind Scharlach bekommen hat.

W.W.: Gibt es weitere Faktoren im ersten Lebensjahrsiebt, die auf spätere Panikattacken hindeuten?

H. Lauer: Eigentlich hängt alles damit zusammen, wie sich das Leibliche entwickelt hat. Ein Symptom hängt auch mit den Erbfaktoren zusammen, wenn z.B. der Vater im fünften Lebensjahr Heuschnupfen bekommen hat und seine Tochter ebenfalls im fünften Jahr Heuschnupfen bekommt. In einem solchen Fall ist die Fähigkeit, Stoffe so aus der Umwelt aufzunehmen, daß sie unwirksam bzw. unschädlich werden, nicht gut entwickelt. Wenn beides zusammenfällt – bestimmte Erbfaktoren, keine Kinderkrankheiten im ersten Lebensjahrsiebt –, dann sind das zwei Faktoren, die auf eine spätere Angstentwicklung hindeuten können.

Die Angst vor Menschen im zweiten Lebensjahrsiebt

W.W.: Nun können bei der Entflechtung von Seelischem und Körperlichem verschiedene Hemmungen und Störungen auftreten, z.B. wenn die nach dem ersten Lebensjahrsiebt normalerweise freiwerdenden ätherischen Kräfte nicht den seelischen Kräften frei zur Verfügung stehen. Welche Krankheitsdispositionen werden dadurch gelegt, und wie stehen diese in Beziehung zu möglichen späteren Angstanfällen?

H. Lauer: Normalerweise ist ein Kind zwischen sieben und 14 Jahren gesund. Die Kinderkrankheiten sind meist vorbei. Zwar können Mandelentzündungen in dieser Zeit auftreten, sie sind aber nicht allzu häufig. Wenn bei einem Kind Migräneanfälle auftreten oder das Kind in der Schule Bauchschmerzen bekommt, und sich das ständig wiederholt, dann ist dies ein Zeichen, daß irgend etwas in der Entwicklung des Kindes nicht in Ordnung ist. Schaut man die Angstpatienten an, so findet man bei ihnen in dieser Zeit ihres Lebens oft körperliche Krankheiten oder Störungen.

W.W.: Auch Allergien?

H. Lauer: Nein, Allergien treten gerade in diesem Lebensjahrsiebt nicht auf, sondern entweder vor dem siebten Lebensjahr oder nach dem 14. Aber es gibt in dieser Phase des Kindes Trennungserlebnisse, z.B. solche, die mit einem Schulwechsel zu tun haben, oder Trennungen im sozialen Bereich, die das Kind unter Umständen nicht verarbeiten kann. Auch die Angst vor einem Lehrer kann hier eine große Rolle spielen, wenn das Kind z.B. vier Jahre denselben Lehrer hat und jeden Tag mit Angst vor ihm in die Schule gehen muß. Die Angst vor Menschen in diesem Lebensabschnitt wird im späteren Lebensalter nicht selten zu einer angstneurotischen Entwicklung.

Drogen im dritten Lebensjahrsiebt hemmen die Gefühlsentwicklung

W.W.: Eine Störung im dritten Lebensjahrsiebt ist z.B. eine verzögerte oder zu schwache Gefühlsentwicklung. Könnten Sie vielleicht anhand eines konkreten Falles schildern, wie sich so etwas äußern kann?

H. Lauer: Am klarsten erkennt man das bei denjenigen, die z.B. im zwölften Lebensjahr beginnen, Haschisch zu rauchen, und es bis zu ihrem 20. oder 22. Lebensjahr fortsetzen, dann damit aufhören und schließlich im 28. Lebensjahr ihren ersten Angstanfall erleben. So etwas nenne ich sekundäre Angstanfälle, denn sie hätten meines Erachtens keine Angstanfälle bekommen, wenn sie nicht so lange Haschisch geraucht hätten. In diesen Jahren des Haschisch-Rauchens haben sie natürlich viel Schönes erlebt, aber es ist durch die Droge entstanden, nicht durch eigene innere seelische Entwicklung.

W.W.: Durch Haschisch-Rauchen pausiert der Mensch also weitgehend in seiner Seelenentwicklung?

H. Lauer: Ja, es hält den Menschen – wie in diesem Falle – z.B. auf der Stufe eines Zwölfjährigen, obwohl er vielleicht schon Anfang 20 ist. Ich habe einen konkreten Fall vor mir, mit dem ich meine Therapie durchgeführt habe, anschließend eine ambulante Behandlung. Anhand der Therapie kann man beobachten, wie langsam eine Entwicklung eintritt, aber wie am Ende der Behandlung auch die Angst verschwindet. Aber derartige Angstanfälle sind sekundär.

Etwas Ähnliches liegt auch vor, wenn man andere Drogen nimmt, Schmerztabletten etwa. Nimmt das Kind bereits ab dem zwölften Lebensjahr Schmerztabletten, z.B. weil die Mutter dies wegen permanenter Kopfschmerzen auch tut, und setzt es dies jahrelang fort, so gibt es auch keine richtige seelische Entwicklung. Bei allen Süchten ist also diese Entwicklungshemmung am besten abzulesen.

Neurotische Störungen in der Gefühlsentwicklung

W.W.: Und wie steht es mit anderen Fällen einer verzögerten Gefühlsentwicklung, ohne daß Drogen genommen worden sind?

H. Lauer: Das sind z.B. die Patienten, die man auch psychotherapeutisch behandeln könnte, diejenigen, die sogenannte neurotische Störungen in der Gefühlsentwicklung haben. Wenn man von neurotischen Störungen spricht, so meint man immer eine Störung in der Gefühlsentwicklung. Unter allen möglichen Erscheinungen gibt es natürlich auch Menschen mit Ängsten. Das sind sicherlich auch diejenigen, die für eine rein analytische Therapie geeignet wären. Das ist eine bestimmte Gruppe, bei der man diese Gefühlsentwicklung nachholen oder anregen kann. Ablesen kann man das z.B. an Partnerschaftsschwierigkeiten oder ständigem Partnerwechsel, auch daran, daß man keinen Partner findet oder ständig mit Menschen in Konflikten steht. Man kann am äußeren Umfeld des betreffenden Menschen ablesen, wie er gestört ist.

W.W.: Kann man jetzt im Umkehrschluß sagen, daß eine verzögerte Gefühlsentwicklung auf jeden Fall einen Angstanfall im späteren Lebensalter nach sich ziehen wird?

H. Lauer: Nein. Es kann auch etwas ganz anderes daraus folgen. Aber der Angstanfall ist *eine* Möglichkeit. Deswegen muß man bei jedem Patienten wieder ganz genau schauen, am besten durch die drei Anamnesen, welche Faktoren bei ihm vorherrschend sind. Inzwischen machen wir auch Unterscheidungen: Wenn es eine Angstneurose ist, bei der die Gefühlsentwicklungsstörung das Wichtigste war, dann vernachlässigen wir unser viergegliedertes Übungsprogramm und rücken vorwiegend das Gespräch in den Vordergrund oder auch Maltherapie und

Gespräch. Eine Medikation ist aber meist nicht nötig. Natürlich gibt es auch die ambulante Behandlung bei uns.

Der konkrete Angstanfall in der ersten Lebenshälfte

W.W.: Können Sie ein typisches Beispiel für eine Lebenssituation geben, in der der erste Angstanfall innerhalb der ersten Lebenshälfte auftritt?

H. Lauer: Eine typische Lebenssituation gibt es nicht, denn der akute Angstanfall kann in jeder Situation auftreten. Bei jungen Männern kann z.B. die Bundeswehr der Auslöser dafür sein, daß bei ihnen während der ersten vier Wochen ihres Wehrdienstes der erste Angstanfall auftritt.

W.W.: Was ist bei diesem ersten Angstanfall für Sie besonders wichtig? Sind es die einschießenden Gedanken, die panikartigen Gefühle oder körperliche Symptome?

H. Lauer: Wichtig für die Frage der weiteren Behandlung ist eigentlich, was der Patient als Erlebnis beschreibt. Was er konkret während seines Angstanfalles erlebt, hängt z.B. mit seinem Temperament zusammen. Ein Mensch, der sehr sanguinisch ist, wird eher eine Pulsbeschleunigung haben, vielleicht verbunden mit einem Schweißausbruch, während ein Mensch mit phlegmatischem Temperament eher Schwindelzustände bekommt bzw. die Angst umzufallen. Ein Mensch mit cholerischem Temperament hat eher eine Befürchtung, z.B. die Befürchtung, verrückt zu werden.

Angststörungen werden oft nicht als solche erkannt

W.W.: Normalerweise lebt der Mensch in dem Bewußtsein, daß er nicht von derartigen Angstanfällen attackiert werden wird. Welche Reaktionen zeigen die Menschen, wenn sie von der ersten Panikattacke befallen werden?

H. Lauer: Ich habe hier gerade den Fall einer Patientin: Das Herzrasen ist bei ihr zum ersten Mal im November 1992 aufgetreten. Und in ihrem Fall gab es einen Zusammenhang mit einer bestimmten Situation: Sie hatte nämlich am 1. November, nach dreijähriger Beurlaubung wegen eines Kindes, wieder zu arbeiten begonnen. Die Angstanfälle dieser Patientin waren auch mit Schwindelgefühlen verbunden. Sie dachte, sie hätte eine körperliche Erkrankung und ging von einem Arzt zum anderen.

So etwas ist eine häufige Reaktion: Man rennt zuerst zum Internisten, dann zum Neurologen, und man läßt die verschiedenen Untersuchungen durchführen, bei denen meist überhaupt nichts herauskommt. Ehe die Patienten zu uns kommen, sind vorher oft eine ganze Reihe von Ärzten beteiligt. Die Patienten fühlen sich häufig nicht verstanden, wissen sich mit ihrer Angst nicht angenommen. Das steigert wiederum die Angst. Das ist ein allgemein bekanntes Phänomen, und die Betroffenen freuen sich, wenn endlich einmal ein Arzt gezielt fragt und versteht, was mit ihnen vorgeht. Wenn sie jemanden finden, der sich mit der Angst auskennt, wird den Patienten bereits ein Stück der Angst genommen.

W.W.: Nehmen wir an, Sie haben einen Menschen vor sich, der an Angstanfällen in der ersten Lebenshälfte leidet, und Sie haben Ihre Entwicklungsanamnesen bei stationärer Behandlung erstellt. Wie gehen Sie in Ihrer Therapie konkret weiter vor?

H. Lauer: Durchschnittlich hat der Patient einen sechswöchigen Aufenthalt, es können allerdings auch zwei oder drei Monate sein. Während dieses Aufenthalts absolviert man die vier schon erwähnten Bereiche: Training, Kunsttherapie, Gruppenaktivitäten und Medikation. Man setzt sich ein bestimmtes Ziel, z.B. alleine wohnen zu können. Die Behandlung wäre abgeschlossen, wenn der Patient denkt, daß er das schaffen kann. Dann setzt sich eine ambulante Therapie fort, die in drei- bis sechswöchigen Abständen erfolgt und manchmal auch von Heileurythmie oder Maltherapie begleitet wird. Die Behandlungstermine werden je nach Besserung des Zustandes der Patienten verabredet. Die gesamte Therapie dauert etwa zwei bis vier Jahre, der Patient braucht dann auch keine Medikamente mehr oder nur noch sehr wenige.

Das Schicksal kann zur Gesundung führen

Ich möchte an dieser Stelle ein weiteres Beispiel geben, weil diese Krankengeschichte uncharakteristisch und deshalb interessant ist: Die Angst dieser Patientin trat zum ersten Mal auf, als sie ein neugeborenes Kind einer Frau, der sie den Haushalt führte, versorgen sollte. Die Angst wurde begleitet von Herzrasen, Durchfällen und Erbrechen. Die Frau, deren Kind sie versorgte, war eine Ärztin, und sie fragte nach den Hintergründen dieser Ängste. Sie fand heraus, daß die Patientin eine frühe Schwangerschaft hatte – mit 18 oder 19 Jahren –, und dieses Kind hat adoptieren lassen, weil sie nicht in der Lage gewesen wäre, ein Kind zu versorgen. Als sie nun das Kind ihrer Arbeitgeberin versorgen sollte, hat ihre Sehnsucht, ein Kind zu bekommen, dazu geführt, daß die Ängste ausgelöst wurden. Ich habe sie stationär aufgenommen, behandelt und auch nachbetreut. Als weitere Komplikation trat ein, daß sie einen Mann hatte, der sie aus einem sehr ungeordneten Leben in ein geordnetes Leben geführt hatte, aber selber unter einer leukämieähnlichen Erkrankung litt, die vorzeitig zur Pensionierung führte, obwohl er erst Anfang 30 war. Sie hatten ein gemeinsames Unternehmen. Er durfte keine Kinder bekommen und wurde auch entsprechend behandelt. Der Kinderwunsch meiner Patientin war also nicht zu erfüllen. Das war 1990.

Im Juni letzten Jahres rief sie mich an und fragte, ob sie die Medikamente weiter nehmen könne, obwohl sie stille. Ich war etwas verwundert, da ihr Mann keine Kinder bekommen konnte, aber auf Nachfragen erfuhr ich, daß ihr Mann mittlerweile verstorben war und sie nun von einem neuen Freund ein Kind bekommen hatte. Die Schwangerschaft ist glücklich verlaufen, ihre Ängste sind verschwunden, aber sie hatte einfach die Medikamente weiter genommen. Das ist ein Beispiel, bei dem das Schicksal ausschlaggebend ist und auch letztendlich zur Gesundung beiträgt.

Psychosenahe Angstanfälle

W.W.: Wie unterscheiden Sie normale Angstanfälle von psychosenahen Angstanfällen?

H. Lauer: Mir scheint, daß bei den psychosenahen Ängsten die Verdrehung der Richtung der Gefühle das Wichtigste ist. Das kann man am Beispiel einer Patientin, die ich auch in meinem Buch „Angstanfälle" (Stuttgart 1991) erwähnt habe, gut ablesen. Es handelt sich um eine 22jährige Patientin, die 1983 zu mir ambulant in die Sprechstunde kam. Als Diagnose hatte ich vermerkt: sanguinisch-hysterische Persönlichkeit, impulsiv, Angstreaktion paranoid getönt. Sie hatte eine akute Angstreaktion und schilderte folgende Situation: Eines Abends hörte sie ein Stimmengewirr, und sie fühlte sich diesem Stimmengewirr wehrlos ausgesetzt. Sie versuchte, dagegen anzugehen. Schließlich kam immer deutlicher eine Stimme hervor, die ihr z.B. befahl: „Du mußt das jetzt tun, dich schneiden, dir etwas antun." Dann sollte sie sogar dem geliebten Kind ein Kissen auf den Kopf drücken. Sie konnte sich davor nur retten, indem sie zur Mutter ging und mit dieser sprach.

Diese Art der Symptombildung ist eigentlich charakteristisch für die psychosenahen Ängste. In solchen Fällen herrscht etwas über einen, aber man weiß nicht, was es ist. So eine Situation ist oft ernst, denn es hätte wirklich geschehen können, daß sie dem Kind etwas antut. Das ist mehr als eine Befürchtung, denn diese psychosenahen Ängste reichen oft bis in eine Handlung hinein. Eine Handlung kann tatsächlich eintreten.

Wenn ich eine solche Patientin aufnehme, gebe ich eine Medikation wie bei der Behandlung von Psychosen. Mit den Metallen reicht man hier nicht aus, und man muß ein Medikament hinzugeben, wie man es sonst bei schizophrenen

Psychosen braucht, wenn auch nur in kleiner und vorübergehender Dosis. Dann muß man daran arbeiten, daß die Patientin das, was sie erlebt, wieder in eine Beziehung setzen kann zu dem Erleben der anderen Menschen.

W.W.: Könnten Sie ein weiteres Beispiel eines psychosenahen Angstanfalles schildern?

H. Lauer: Manchmal sind diese Fälle auch mit Haschisch-Vorgeschichten verbunden. Seit 1989 habe ich eine Patientin, die bei ihrem ersten Angstanfall allein zu Hause war. Sie hatte Herzklopfen, Angst umzufallen – also das Übliche –, ferner Kopfweh. Sie hatte eine Nachbarin, die ihr mit Handauflegen geholfen hat, wodurch eine kleine Besserung eintrat. Aber in der Folgezeit wurde es so schlimm, daß man sie an einem Tag in die Nervenklinik einweisen wollte, denn sie konnte im Grunde nicht mehr allein bleiben. Sie dachte, daß alle Menschen ihr ansehen könnten, wie es ihr geht, und daß sie ihr auch schaden könnten. Als sie dann bei mir in Behandlung war, sagte sie über ihre Nachbarin, die sich Geistheilerin nennt, daß diese bei jeder Begegnung schlecht in sie einwirken würde. Vorher hatte sie Todesträume, die ihr die Geistheilerin allerdings als positives Zeichen für eine Neugeburt deutete. Das, was die Geistheilerin sagte, und das, was die Patientin empfand, paßte überhaupt nicht zusammen, aber sie war so sensibel, daß alles, was die Geistheilerin sagte, sehr stark in sie einzog. Sie mischte das Eigenerleben und das Erleben der Geistheilerin durcheinander. Zur gleichen Zeit betete sie ständig in einer Kirche, weil die Geistheilerin ihr das aufgetragen hatte, und im Zuge dessen fragte sie mich, ob ich an Gott glaube.

Dieses Verhalten ist auch nicht untypisch für diese Gruppe von Patienten. Denn für Menschen mit psychosenahen Angstanfällen sind oft alle Menschen in jeder Hinsicht auf gleicher Ebene, es gibt z.B. keine Autoritäten mehr, und alles wird sehr naiv, sehr offen und ohne Abstand betrachtet. Manchmal meinen sie auch, die Zukunft vorausdeuten zu können. Bei Männern ist es dann sogar so, daß sie glauben, für die gesamte Zukunft die Verantwortung zu tragen. Diese Ausweitung ist aber im Grunde schon ganz paranoid.

Die Patientin, die ich seit 1989 betreut habe, ist immer noch bei mir in Behandlung, und ihre Zustände haben sich langsam gebessert. Sie hat auch selber erkannt, wie sie durch Eigenaktivität zu ihrer Gesundung beitragen kann. Sie hatte zehn Jahre Haschisch geraucht, bevor ihre Angstanfälle eintraten. Ihre Leichtigkeit, ihre Lockerheit, mit der sie nicht ganz in der Wirklichkeit lebte, ist durch den Haschisch-Konsum vorbereitet worden. Sie war auch sehr leicht beeindruckbar und lernte in diesen sechs Jahren erst langsam, was sie selber will, und daß sie sich nicht in irgendwelche Ereignisse hineinsteigern darf. Ihre Mutter hat gerade einen Schlaganfall erlitten, und wenn sie sich jetzt wieder in dieses

Geschehnis hineinsteigern sollte, weil sie womöglich glaubt, sie müsse die Verantwortung dafür übernehmen, wird sie bestimmt einen Rückfall erleiden. – Das ist ein typischer Fall, den man über viele Jahre behandeln und begleiten muß.

Bei solchen Menschen liegt etwas ganz anderes vor als bei denjenigen, die einfach einen Panikanfall haben. Ihre seelische Entwicklung steht noch auf einer kindlichen Stufe. Diese Menschen sind so kindlich geblieben, daß sie von allen Menschen, die etwas Böses wollen, ausgenutzt werden können, weil sie immer das tun, was ein anderer sagt, ohne dem etwas entgegenstellen zu können.

W.W.: Wie gehen Sie mit Patienten um, die von einer Geistheilerin oder einem anderen Guru abhängig sind?

H. Lauer: In diesem Fall habe ich mit der Patientin einfach angeschaut, wie es ist, wenn man von einer beliebigen Person abhängig ist. Wir haben auch ihre Abhängigkeit von mir besprochen, da sie mich wegen jeder Kleinigkeit angerufen hat. Für eine Zeitlang konnte ich es erreichen, daß sie wirklich weniger von anderen Personen abhängig sein wollte. Aber das ist ein langer Prozeß. Ich habe ihr Blei als Grundmedikament gegeben, denn mit Blei kann man die Abgrenzung von anderen Personen eher erreichen.

Angstanfälle in der zweiten Lebenshälfte als Begleiter von Körperkrankheiten

W.W.: Was liegt vor, wenn ein erster Angstanfall in der zweiten Lebenshälfte auftritt?

H. Lauer: Nehmen wir z.B. einen Fall vorzeitiger Alterung mit Hirndurchblutungsstörung. Das ist ein Phänomen, durch das Angst ausgelöst werden kann. In der zweiten Lebenshälfte sind die Angstanfälle oft Vor- oder Begleiterkrankungen von Körpererkrankungen, und die gleichzeitig auftretende Angst mildert die Grundkrankheit. Das kann man dann mit den Patienten besprechen, so daß sie eine andere Haltung zu ihren Ängsten bekommen. Wie sie die Ängste erleben, das ist ähnlich wie bei den Patienten mit den Angstanfällen in der ersten Lebenshälfte. Nur die angstauslösenden Gründe sind andere.

W.W.: Wieso mildern Angstanfälle die jeweilige Grundkrankheit?

H. Lauer: Körperliche Krankheiten haben seelisch-geistige Ursachen. Jede Heilung dient der seelisch-geistigen Entwicklung und nur sekundär dem äußerlichen Wohlbefinden und der Arbeitsfähigkeit. Sie dient der Individualität und nicht primär der Gesellschaft. Angstanfälle fordern die innere Auseinandersetzung und Stellungnahme zur eigenen Erkrankung heraus. Das beste Ergebnis einer solchen Erkrankung kann ein neuer Lebensplan sein.

W.W.: Ist die engere Koppelung an körperliche Krankheiten der einzige Unterschied der Angstanfälle in der zweiten Lebenshälfte zu den in der ersten Lebenshälfte auftretenden Angstanfällen?

H. Lauer: Im Erscheinungsbild können die in der zweiten Lebenshälfte auftretenden Angstanfälle genauso sein, aber die Entstehung ist eine völlig andere. Es finden sich z.B. keine Störungen zwischen dem siebten und dem 14. Lebensjahr, und es ist nur selten etwas in der Vorgeschichte zu finden, allenfalls einzelne Erscheinungen, z.B. die Neigung zu Blutdruckschwankungen, ein erhöhter Cholesterinspiegel in früheren Jahren oder einzelne Erscheinungen im Stoffwechselbereich, die zeigen, daß der Patient nicht ganz gesund ist. Das heißt aber nicht im Umkehrschluß, daß alle Menschen mit erhöhtem Cholesterinspiegel Angstanfälle bekommen werden. Da muß man wiederum mehrere Faktoren zusammenschauen.

W.W.: Unterscheidet sich Ihre Therapie mit Menschen, die ihre Angstanfälle in der zweiten Lebenshälfte haben, von der mit Menschen, die die Angstanfälle in der ersten Lebenshälfte haben?

H. Lauer: Bei den Menschen, die die Angstanfälle in der zweiten Lebenshälfte bekommen, hängt es sehr stark davon ab, wie ihre Grundpersönlichkeit ist und ob sie z.B. noch arbeiten oder nicht. Wenn es Menschen mit 65 oder 70 Jahren sind, dann ist die Heilungschance wesentlich schlechter, als wenn sie noch im mittleren Lebensalter stehen. Ältere Menschen mit Angstanfällen haben ihren Lebensrhythmus oft nur mit Hilfe von Tranquilizern geschaffen. Das ist auch dann ein erhebliches Heilungshindernis, wenn diese nur niedrig dosiert waren. Es ist nicht selten, daß Tranquilizer über fünf oder zehn Jahre hinweg genommen wurden. In gleicher Weise kann das auch mit Schmerzmitteln geschehen sein. Bei diesen Menschen fehlt die Voraussetzung, mit innerer Kraft etwas gegen eine Krankheit zu unternehmen. Oft sind sie pensioniert, vereinsamt und wissen mit ihrer Zeit nichts anzufangen. In solchen Fällen sind die Chancen auf Heilung sehr schlecht. Häufig sind diese Menschen aber vorwiegend depressiv, und die Ängste sind nur eine Begleiterscheinung.

W.W.: Hätten Sie einen Tip für einen Menschen, der einen Angstanfall bekommt? Wie soll er reagieren?

H. Lauer: Wichtig ist, daß er möglichst genau anschaut, was wie und wann gekommen ist: Was ist zuerst aufgetreten? Was ist vorausgegangen? Was ist gegenwärtig vorhanden? Wenn man dann z.B. die letzten Jahre genau anschaut, dann ordnet es sich meist schon so, daß man den Anfang für das finden kann, was man tun muß. Das kann in einem therapeutischen Gespräch gemeinsam angeschaut werden.

Johannes Rogalla von Bieberstein:
Die These von der Verschwörung 1776–1945
216 S., kt. DM 33,– / ISBN 3-926841-36-2

Carola Cutomo:
Medialität – Besessenheit – Wahnsinn
188 S., kt. DM 19,80 / ISBN 3-926841-19-2

Klaus Engels:
**Destruktive Kulte im Spannungsfeld
von Kirche und Gesellschaft**
212 S., kt. DM 28,– / ISBN 3-926841-46-X

Hans-Diedrich Fuhlendorf:
**Rückkehr zum Paradies oder
Erbauen des Neuen Jerusalem?**
352 S., kt. DM 39,– / ISBN 3-926841-37-0

Wolfgang Gädeke:
**Anthroposophie und die
Fortbildung der Religion**
448 S.   Leinen DM 48,– / ISBN 3-926841-23-0
                        kt. DM 36,– / ISBN 3-926841-24-9

Dieter Hornemann:
Geheimnisvolles Afrika
102 S., 32 farb. Abb., kt. DM 26,– / ISBN 3-926841-60-5

Johannes Kiersch:
Fragen an die Waldorfschule
148 S., kt. DM 19,80 / ISBN 3-926841-33-8

Peter Krause:
Das Judasproblem
128 S., kt. DM 19,80 / ISBN 3-926841-38-9

Peter Krause:
Feuer in Tschernobyl
168 S., 37 farb. Abb., kt. DM 28,– / ISBN 3-926841-58-3

Peter Krause, Faustus Falkenhahn (Hg.):
Einsam – gemeinsam
192 S., kt. DM 22,80 / ISBN 3-926841-43-5

Ernst-Martin Krauss:
Holzwege, Steinwege ...
92 S., Großformat, 13 farb. Abb., geb., DM 56,–
ISBN 3-926841-35-4

Jukka Kuoppamäki:
Einsam – gemeinsam
Musikkassette, DM 22,–

Andreas Meyer (Hg.):
Seele und Geist
160 S., kt. DM 26,– / ISBN 3-926841-47-8

Heinz Schimmel (Hg.):
Tanz der Seelen
108 S., 14 farb. Abb., kt. DM 25,– / ISBN 3-926841-53-2

**FH 11
Über Tod und Sterben**
3. Aufl., 264 S., kt. DM 24,80 / ISBN 3-926841-11-7

**FH 13
Hexen, New Age, Okkultismus**
3. Aufl., 196 S., kt. DM 19,80 / ISBN 3-926841-08-7

**FH 14
Erneuerung der Religion.
Die Christengemeinschaft**
4. Aufl., 184 S., kt. DM 16,80 / ISBN 3-926841-07-9

**FH 15
Waldorfschule und Anthroposophie**
3. Aufl., 132 S., kt. DM 9,80 / ISBN 3-926841-00-1

**FH 16
Kulturvergiftung:
Rauschgift, Sucht und Therapie**
2. Aufl., 228 S., kt. DM 16,80 / ISBN 3-926841-21-4

**FH 17
Kulturvergiftung: Alkohol**
2. Aufl., 160 S., kt. DM 16,80 / ISBN 3-926841-34-6

**FH 18
Bio.-dyn. Landwirtschaft, Ökologie,
Ernährung**
2. Aufl., 184 S., kt. DM 19,80 / ISBN 3-926841-03-6

**FH 19
Musik**
2. Aufl., 184 S., kt. DM 16,80 / ISBN 3-926841-06-0

**FH 20
Sexualität, Aids, Prostitution**
2. Aufl., 170 S., kt. DM 14,80 / ISBN 3-926841-09-5

**FH 21
Aids**
164 S., kt. DM 14,80 / ISBN 3-926841-10-9

**FH 22
Erkenntnis und Religion**
132 S., kt. DM 14,80 / ISBN 3-926841-13-3

**FH 23
Engel**
2. Aufl., 172 S., 9 farb. Abb., kt. DM 19,80
ISBN 3-926841-15-X

**FH 24
Direkte Demokratie – 1789–1989**
240 S., kt. DM 14,80 / ISBN 3-926841-16-8

**FH 25
Rechtsleben und soziale Zukunftsimpulse**
244 S., kt. DM 16,80 / ISBN 3-926841-17-6

**FH 26
Michael / Januskopf Bundesrepublik**
184 S., 8 farb. Abb., kt. DM 16,80 / ISBN 3-926841-22-2

**FH 27
Strafprozeß, Strafvollzug, Resozialisierung**
224 S., kt. DM 16,80 / ISBN 3-926841-20-6

**FH 28
Naturwissenschaft und Ethik**
204 S., kt. DM 16,80 / ISBN 3-926841-25-7

**FH 29
Freie Schule**
248 S., kt. DM 19,80 / ISBN 3-926841-28-1

**FH 30
Märchen**
224 S., kt. DM 16,80 / ISBN 3-926841-29-X